O MELHOR PERDEDOR VENCE

Tom Hougaard

O MELHOR PERDEDOR VENCE

Por que o Pensamento Normal Nunca Vence o Jogo do Trading

ALTA BOOKS
GRUPO EDITORIAL
Rio de Janeiro, 2024

O Melhor Perdedor Vence

ISBN: 978-85-508-2252-5

Alta Books é uma Editora do Grupo Editorial Alta Books.

Translated from original Best Loser Wins. Copyright © 2022 by Harriman House Ltd. ISBN 745-2-58437-500-5. This translation is published and sold by Tom Hougaard, the owner of all rights to publish and sell the same. PORTUGUESE language edition published by Starlin Alta Editora e Consultoria Eireli, Copyright © 2024 by STARLIN ALTA EDITORA E CONSULTORIA LTDA.

Impresso no Brasil — 1ª Edição, 2024 — Edição revisada conforme o Acordo Ortográfico da Língua Portuguesa de 2009.

Dados Internacionais de Catalogação na Publicação (CIP)
(Câmara Brasileira do Livro, SP, Brasil)

Hougaard, Tom

O Melhor Perdedor Vence / Tom Hougaard. -- Rio de Janeiro: Alta Books, 2024.

ISBN 978-85-508-2252-5

1. Análise de mercado 2. Economia 3. Negociação 4. Securitização I. Título.

24-194237 CDD-330

Índices para catálogo sistemático:

1. Economia 330

Eliane de Freitas Leite - Bibliotecária - CRB 8/8415

Grupo Editorial Alta Books

Produção Editorial: Grupo Editorial Alta Books
Diretor Editorial: Anderson Vieira
Editor da Obra: José Ruggeri
Vendas Governamentais: Cristiane Mutüs
Gerência Comercial: Claudio Lima
Gerência Marketing: Andréa Guatiello

Produtor Editorial: Thiê Alves
Tradução: Vanessa Schreiner
Copidesque: Vivian Sbravatti
Revisão: Denise Himpel; Maria Rodrigues
Diagramação: Rita Motta

ALTA BOOKS
GRUPO EDITORIAL

Rua Viúva Cláudio, 291 — Bairro Industrial do Jacaré
CEP: 20.970-031 — Rio de Janeiro (RJ)
Tels.: (21) 3278-8069 / 3278-8419
www.altabooks.com.br — altabooks@altabooks.com.br
Ouvidoria: ouvidoria@altabooks.com.br

Editora
afiliada à:

Para a moça no terminal Bloomberg

SUMÁRIO

Caros Mercados

Desde o momento em que os vi pela primeira vez, fiquei fascinado. É provável até que eu tenha me apaixonado por vocês. Eu era muito jovem para saber o que isso significava, tinha apenas 10 anos. Vocês foram destaque em um jornal de circulação nacional — era uma espécie de competição.

Eu ainda era muito novo para brincar com vocês, então só observei. O tempo não estava a meu favor. Nasci algumas décadas cedo demais para participar do mundo do trading como ele é atualmente. Tive que seguir com minha vida e ser criança, enquanto vocês foram cuidar de seus assuntos.

Quando vocês passaram pelo devastador bear market em 1973, eu estava aprendendo a andar. Quando vocês gritaram de raiva durante a crise de 1987, eu estava terminando a escola. Quando vocês deram os primeiros passos em direção ao bull market épico dos anos 1990, aí eu estava quase pronto. Mas ainda não tinha chegado lá.

Então, vocês me enviaram uma mensagem que mudaria minha vida, e eu aceitei o convite, deixando tudo para trás a fim de persegui-los. Eu os estudei na universidade — na verdade, fiz duas graduações. Trabalhei horas a fio tentando entendê-los através das lentes dos estudiosos de economia convencionais, dos ganhadores do Prêmio Nobel e de jornalistas e especialistas bem-intencionados.

Quem dera vocês pudessem ter me dito, naquela época, para não me preocupar. Vocês não são uma equação a ser resolvida. Vocês são muito mais complexos do que um modelo jamais poderia capturar. Cada vez mais, vocês provam ser como uma pessoa evasiva que ninguém de fato entende. Vocês estão em todos os lugares e, ao mesmo tempo, em lugar nenhum. As leis universais não se aplicam a vocês.

Meu amor por vocês foi profundo. Vocês me proporcionaram muita alegria. E eu dei meu máximo. Vocês estavam lá desde a hora em que eu acordava até a hora em que eu ia dormir. Vocês me incentivaram quando fiz corpo mole e me recompensaram com muito mais do que eu poderia ter sonhado quando fui dinâmico. E também me puniram quando fui ascético e teimoso, tomando de volta todos os presentes que vocês me deram — com juros.

E, cara, como eu fui atrás de vocês. Eu os persegui como um adolescente apaixonado. Eu os abordei de todas as maneiras possíveis, desde a Sequência de Fibonacci até os Canais de Keltner, as Bandas de Bollinger e as estratégias do Tridente, bem como as vibrações míticas de Gann e a Linha Matemática de Murrey X.

Desenvolvi modelos de ondulação da maré do rio Hudson para ver se vocês me notavam. Imprimi milhares de gráficos, desenhando linhas e círculos, tentando encontrar uma maneira de acompanhar o ritmo da dança de vocês, para que meus pés não fossem tão pisoteados.

Os dedos dos meus pés já estavam doloridos, meus caros. Às vezes, doíam tanto que eu tinha que ir à praia, passar um tempo jogando pedrinhas na água por horas a fio, com raiva porque vocês não queriam me conceder essa dança.

Fiquei noites sem dormir por causa de vocês. Chorei muito, senti muita raiva e uma dor tão profunda... ainda assim, não consegui abandoná-los. Eu sabia que havia mais e que eu precisava continuar minha busca.

Eu lhes entreguei tudo porque vocês faziam eu me sentir vivo. Vocês me deram um propósito, impuseram-me tantos desafios que até um sargento bateria continência para mim. E eu sempre os amarei por isso. Vocês me mantiveram alerta, como um pai que só quer o melhor para o filho.

Mas as lições de vocês foram duras demais. Vocês as projetaram para parecerem fáceis. Mas nunca foram. Vocês fizeram todos acreditarem que era possível dançar no ritmo de vocês por meio de modelos, equações, indicadores, pensamento convencional e lógica. Mas, muitas vezes, há pouca lógica envolvida. E foram anos de esforço para dançar conforme sua música, até que, um dia, por acaso, vocês me contaram seus segredos. Vocês me disseram para parar de tentar entendê-los e começar a entender a mim mesmo.

Então eu parei de fazer trading. Dediquei um tempo para compreender quem eu era e, depois, voltei. Quando retornei, vocês me receberam de braços abertos, com um sorriso, e disseram: "Bem-vindo de volta, vejo que agora você entendeu. Trouxe os curativos?"

E eu entendi. O melhor perdedor vence.

Prefácio

A MANEIRA COMO VOCÊ SE sente em relação ao fracasso definirá, em grande parte, seu crescimento e sua trajetória em praticamente todos os aspectos de sua vida.

Você deveria fechar este livro e refletir sobre isso por um tempo. É muito assustador quão profunda é essa frase.

O que 99% dos traders não percebem é que estão buscando respostas nos lugares errados. Conhecimento sobre técnicas, fundamentos, indicadores, índices, padrões e linhas de tendência... bem, todos têm isso — e todos têm perdas, exceto 1% deles.

O que esse 1% está fazendo que os 99% não estão?

O que estou fazendo, que me permite ter sucesso como trader, que os outros não estão?

A resposta é tão simples quanto complexa. Sou um excelente perdedor.

O melhor perdedor vence.

Condicionei minha mente para perder sem ficar ansioso, sem perder o equilíbrio mental, sem me apegar emocionalmente e sem alimentar sentimentos de ressentimento ou o desejo de *vingança*.

É por causa de como minha mente funciona que sou capaz de fazer o que faço. Meu conhecimento sobre análise técnica é, na melhor das hipóteses, mediano. Meu conhecimento sobre mim mesmo é o que me diferencia dos demais.

A verdadeira medida de seu crescimento como ser humano não é o que você sabe, mas, sim, o que você faz com esse conhecimento.

Escrevi este livro para descrever como me transformei no trader que sou hoje e como fui capaz de preencher a lacuna entre o que eu sabia que era capaz de fazer e como, de fato, conquistei tudo o que tenho.

Introdução

Meu nome é Tom Hougaard. Tenho 52 anos. Há trinta anos, deixei minha terra natal, a Dinamarca. Eu queria operar nos mercados financeiros e queria fazer isso em Londres.

Eu tinha uma ideia do que precisava fazer para me tornar trader. Tenho bacharelado em Economia e mestrado em Money, Banking and Finance. Eu achava que tinha tudo de que precisava para me tornar um *trader*: a formação certa, uma boa ética de trabalho e paixão pelos mercados financeiros.

Eu estava errado.

No papel, eu estava qualificado para navegar nos mercados financeiros. Na vida real, minhas competências educacionais significam pouco no mundo do trading.

Este livro descreve a jornada que percorri para chegar aonde estou hoje.

E onde estou hoje?

Enquanto escrevo este livro, não tive um dia de perdas em 39 dias de negociação. Tenho um canal sobre trading no Telegram, onde meus seguidores testemunharam um ganho de £325 mil somente no último mês — em tempo real, com entradas em tempo real, gestão de capital, position sizing e, por fim, saída da posição. Sem delay. Sem defasagem. Tudo feito diante de seus olhos — com registro de data e hora.

Este livro desfaz os mitos sobre o que é preciso para ser um trader autônomo ou qualquer outro tipo de trader. Foi uma jornada que, inicialmente, me levou a seguir o caminho que todos seguem — ler muitos livros sobre diversos indicadores, padrões e índices — antes de finalmente perceber que a verdadeira resposta para a indescritível busca por lucros em trading estava dentro de mim todo esse tempo. Realmente foi o último lugar que pensei em procurar.

Um Início Promissor

Após concluir meus estudos na universidade, comecei a trabalhar para a JPMorgan Chase & Co. Não era um trabalho de trader, mas estava próximo disso. Então, em 2000, trabalhei como trader autônomo por um ano e meio. Durou apenas dezoito meses porque fiquei sem dinheiro.

Fiz amizade com a equipe da corretora em que fiz operações de trading. Eles me contrataram como analista financeiro. O nome era *analista*, mas a verdade é que eu fazia de tudo para chamar a atenção da mídia. Minha função era fazer com que a corretora aparecesse na TV, e a descrição de minhas *credenciais* era de analista técnico.

Iniciei nesse trabalho no verão de 2001. Minha primeira experiência com o cliente foi quando o CEO me levou ao Royal Ascot, um evento importante no calendário social dos ricos e famosos. É um evento de corrida de cavalos — com muito champanhe, chapéus engraçados e grandes charutos.

Apenas os melhores e mais lucrativos clientes eram convidados para esse evento VIP. A bordo do ônibus executivo que levava os clientes de prestígio até o Ascot, fui apresentado como o novo analista financeiro da empresa. "Pergunte a ele qualquer coisa", disse o CEO.

Um cliente me perguntou o que eu achava da Marconi. A Marconi era membro da Bolsa de Londres, a FTSE 100. Já tinha sido melhor. Tinha caído de 1.200 para 450 pences esterlinos nos 12 meses anteriores.

"Você acha que a ação da Marconi está barata?", perguntou um farmacêutico de Luton, na Inglaterra.

Eu não sabia na época, mas minha resposta — e uma semelhante que dei na TV alguns meses depois — acabaria por me fazer perder o emprego. Mesmo se eu soubesse, não a teria mudado:

> A Marconi é um lixo, senhores. Por que vocês estão buscando ações que caíram de preço? A bolsa de valores não é um supermercado, onde faz sentido comprar papel higiênico quando está em liquidação.
>
> Claro, faz sentido comprar papel higiênico com 50% de desconto, mas não faz sentido comprar uma ação que caiu mais de 50%. Conceitos como "barato" e "caro" podem funcionar para as compras de fim de semana no supermercado, mas não nos mercados financeiros.

Minha resposta pairou no ar como uma piada mórbida em um funeral. Eu mal tinha terminado meu veredicto quando notei o olhar fuzilante de meu chefe. Todos esses clientes estavam comprados na Marconi e perderiam fortunas. Mais tarde, naquele ano, durante uma entrevista na CNBC, me pediram para fazer uma análise do gráfico da Marconi.

A essa altura, as ações da empresa já haviam caído de 1.200 para 32 pences. E, ainda assim, as pessoas estavam comprando. Sugeri que, com base no padrão do gráfico, esse valor chegaria a zero.

Alguns jornais tomaram conhecimento dessa história e, poucos dias depois, fui chamado à redação da Sporting Index. O CEO queria me perguntar se era possível deletar esses comentários sobre a Marconi "dessa tal internet".

As ações da empresa foram a zero e me pediram para procurar outro emprego. Felizmente, a City Index me contratou no mesmo dia em que saí da Financial Spreads. Passei sete anos no pregão da City Index. Em 2009, fui demitido e, desde então, sou trader privado.

Passei os últimos doze anos da minha vida aperfeiçoando meu ofício. Sou o que os corretores chamam de trader de alto risco. A aposta média entre os traders de varejo é de cerca de £10 por ponto de risco. Eu arrisco entre £100 e £3.500 por ponto de risco.

Em dias com grande volatilidade, operei mais de £250 milhões em valor nocional. Certa vez, ganhei pouco mais de £17 mil em menos de sete segundos. E uma vez perdi £29 mil em oito segundos.

A quantia envolvida nessa aposta aguça os sentidos. Sim, é uma vida excelente quando tudo vai bem, mas muito desafiadora quando a adversidade se instala.

Este livro descreve minha jornada de corretor financeiro desempregado, em fevereiro de 2009, a trader de alto risco, o que sou hoje. Mas este não é um livro convencional sobre trading.

Só Mais um Livro sobre Trading?

O mundo não precisa de mais livros sobre trading. Então, decidi não escrever um. Sei o suficiente sobre análise técnica para escrever alguns livros. Também sei que essa mesma análise não faz de você um trader bem-sucedido, nem um bom trader.

Eu não tinha a ambição de escrever um livro, mas, um dia, enquanto assistia a um documentário no YouTube, apareceu um anúncio em meu monitor. Reconheci o rosto da pessoa no anúncio imediatamente.

Era um cara que uma vez assistiu a algumas palestras que dei sobre análise técnica enquanto eu trabalhava como trader na City Index, em Londres. Agora ele estava em um anúncio, prometendo revelar os segredos do mercado financeiro por meio de seus cursos.

No anúncio, ele declarava com orgulho que, se você quisesse aprender a ser um trader profissional, precisava fazer seu curso.

Acontece que um amigo meu havia feito o curso. Foi durante um fim de semana em um dos muitos escritórios luxuosos de Londres. O lugar estava lotado, e os futuros traders esperançosos prestavam atenção a cada palavra que esse autoproclamado guru falava enquanto conduzia a "aula", mostrando um gráfico após o outro.

Ele não apresentou um pensamento crítico sequer. E ninguém questionou suas afirmações. Todos deixaram aquele prédio de escritórios no domingo à noite pensando que, na sexta-feira seguinte, estariam ganhando rios de dinheiro.

Eu tive acesso ao ebook do curso. Eram centenas de páginas de material regurgitado de um livro padrão sobre análise técnica. Não havia nenhum pensamento original por trás daquele texto. Também não tinha nenhuma nova contribuição para o campo de análise técnica.

Qualquer pessoa com uma tarde livre seria capaz de encontrar as mesmas informações na internet gratuitamente. E, o mais importante, meu amigo me contou que, durante esse fim de semana, o guru não perdeu uma oportunidade de lançar produtos adicionais, como uma mentoria individual e um curso avançado.

Quem Sabe Faz

Existe um ditado que diz que quem sabe faz; quem não sabe ensina.

Não concordo com isso. Há muitas pessoas que "fazem" e que também "ensinam". Uma coisa não exclui a outra. Muitos grandes "fazedores" veem como parte de sua missão de vida transmitir conhecimento às pessoas ao seu redor. Quando trabalhei na City Index, posso não ter sido um oráculo da análise técnica, mas certamente sabia mais do que a maioria de nossos clientes. Por esse motivo, dei aulas quase todas as noites para eles e para os diversos clientes de produtos de marca branca que a City Index tinha, como Barclays Bank, Hargreaves Lansdown e TD Waterhouse.

Gosto muito de ensinar e fiz o melhor que pude com o conhecimento que tinha. No entanto, o que eu não percebi na época é que a análise técnica é inútil, a menos que seja combinada com um treinamento de resposta comportamental.

Minha principal crítica em relação a esses gurus que vendem cursos de fim de semana escandalosamente caros é o foco no resultado. Eles vendem essa ideia usando estímulos externos, como uma foto deles em um helicóptero ou um jato particular, e retratam o trading como uma profissão de fácil domínio ou sobre a qual existe um segredo a ser aprendido e, uma vez de posse desse cobiçado segredo, você se torna uma espécie de caixa eletrônico particular. Esses gurus raramente, ou NUNCA, arriscam sua reputação divulgando suas operações em tempo real. Eles sempre divulgam o resultado após a operação. Nunca ouvimos falar das operações em que eles perdem dinheiro. Isso dá a ilusão de que perder é um mero inconveniente que você experimenta de tempos em tempos ao fazer trading.

Então você se senta em frente ao seu computador na segunda-feira de manhã, após seu curso de fim de semana superfaturado sobre trading. Na tela à sua frente, você tem o mercado se movimentando, mas não tem o gráfico *pós-negociação* que o guru mostrou. É somente aí que você percebe que esse jogo não é tão fácil quanto ele lhe disse durante o fim de semana.

Este livro é um antídoto para todo o lixo que está sendo vendido na área de trading por charlatões que são 99% marketing e 1% trading. Eles pregam sua mensagem para pessoas desavisadas — que, infelizmente, acreditam neles — sem que nem o professor, nem o aluno percebam que só entenderam 10% da história.

E, o mais importante, escrevi um livro que é sobre o aspecto do trading que eles nunca ensinam e como chegar ao topo da pirâmide deste.

Enquanto escrevia este livro, vi um anúncio de um curso sobre análise técnica em meu país natal, a Dinamarca. Somente no ano anterior, a pessoa que estava ministrando o curso havia perdido 35% de seu capital de trading em uma conta de copy trader para seus seguidores, antes de fechá-la.

Esse é o problema da análise técnica. É muito fácil de aprender, mas não deve ser apresentada como o caminho para alcançar riquezas incalculáveis nos mercados financeiros. Os gurus lançam anúncios sugerindo que tudo o que você precisa saber para ganhar dinheiro com o mercado é aprender análise técnica.

Eu gostaria que fosse tão fácil assim, mas não é.

Se Não a Análise Técnica, o que Então?

Existe uma lei na Europa que estabelece que as corretoras que oferecem serviços de trading para clientes de varejo devem divulgar a porcentagem de perda de dinheiro de seus clientes.

Pesquisei os principais players do setor. De acordo com os sites dessas corretoras, cerca de 80% de seus clientes perdem dinheiro.

Liguei para uma corretora para perguntar como esse número era calculado. O número é ajustado a cada trimestre. A corretora compara os saldos das contas de seus clientes do trimestre anterior e simplesmente obtém a porcentagem de contas com um saldo menor do que três meses antes.

Se a resposta para a questão do trading fosse estudar análise técnica, você não teria taxas de inadimplência de 80%. A propósito, o guru que deu o curso de fim de semana para meu amigo também é dono de uma corretora para a qual ele indica todos os que participaram do curso. Pesquisei sua taxa de inadimplência.

Mais de 80%!

Então, ou seus clientes são péssimos traders, ou ele é um péssimo professor.

Vou ajudar os dois setores e afirmar que, para se tornar um trader bem-sucedido, você precisa de muito mais do que apenas conhecimento em análise técnica em seu currículo.

É por isso que escrevi este livro — para descrever o caminho que percorri para chegar aonde estou hoje. Nos últimos vinte anos, li muitos livros sobre análise técnica e estratégias de trading. Pessoalmente, acho a maioria deles chatos e sem sentido.

Tudo o que vejo nesses livros são diversos exemplos de gráficos perfeitos. Isso cria um devaneio na mente do leitor. Ele absorve essas histórias presunçosas, escritas por traders que adotam o mesmo material que todos os outros — materiais que apresentam pouca semelhança com o mundo real das operações de trading. Isso deixa o leitor cego para a realidade do pregão.

É claro que há exceções. Existem alguns livros muito bons sobre técnicas e estratégias de trading, mas a maioria deles não presta porque o autor sofre com a ilusão de que deve mostrar apenas exemplos de operações perfeitas.

Eles perpetuam o mito de que o trading é um empreendimento fácil. Acho que é justo dizer que, com uma taxa de falha em torno de 80%, não há absolutamente nada fácil a respeito disso.

Ouso dizer que, se a análise técnica como disciplina fosse comparável a algo como a odontologia, essa profissão já teria sido extinta por conta da taxa de reprovação de 80%. Não existe essa taxa de falha entre os dentistas.

As Milhões de Visualizações no YouTube

Fui convidado por uma das maiores corretoras do mundo para dar uma palestra sobre a vida de um trader autônomo. Eles filmaram o evento, que durou algumas horas. Dei um título provocativo à palestra:

O Normal Não Dá Dinheiro

No ano passado, a corretora me enviou um e-mail para dizer que meu vídeo recebeu cinco vezes mais visualizações do que o segundo melhor vídeo e que já havia ultrapassado um milhão de visualizações no YouTube.

Isso me deu confiança para seguir em frente com o projeto do livro, porque pude ver que minha mensagem repercutiu em um público que quer ir além dos ensinamentos convencionais sobre trading.

Embora este não seja um livro sobre técnicas de trading, não estou dizendo que se possa prescindir da análise técnica ou de algum tipo de análise.

Deve existir alguma coerência ou um motivo para suas entradas e saídas e para a colocação de seu stop loss.

No entanto, também estou dizendo que as técnicas por si só não o deixarão rico. Você não chegará aonde quer apenas com a análise. Eu imagino que você queira que o trading lhe proporcione uma renda extra significativa ou que, talvez, seja até sua principal fonte de renda.

Mas, em minha opinião, um ser humano normal, com padrões e características normais de pensamento, nunca terá a chance de ganhar dinheiro como trader. Ou seja, o normal não vai funcionar.

Um dos melhores livros já escritos sobre trading é *Reminiscências de um Especulador Financeiro*. Não há uma única menção sobre técnicas de trading nesse livro.

Vamos ser sinceros, qualquer pessoa pode aprender a andar em uma corda bamba suspensa a um palmo do chão. Porém, você consegue atravessar a mesma corda bamba quando ela está suspensa a 30 metros do chão?

Seguindo essa mesma linha de raciocínio, qualquer pessoa tem coragem e agressividade para fazer uma operação de trading de um lote; mas você seria capaz de fazer essa mesma operação, com absoluta clareza e desapego emocional, quando se trata de dez ou cem lotes?

Não posso garantir que você fará uma operação de cem lotes, porém descreverei o processo que me levou a negociar essa quantia.

Não estou deixando nada de fora. Descrevi todas as facetas da vida como trader, desde a mais mundana até a mais empolgante, e retratei exatamente o que faço todos os dias, semanas, meses e anos para garantir que estou à altura do trabalho.

Primeiramente, uma declaração muito importante: não serei doce nas palavras. Essa é uma profissão insanamente difícil, que está além das aparentes habilidades mentais de quase todas as pessoas, mas, ao mesmo tempo, é uma profissão que o recompensará com riquezas que você nem pode imaginar, uma vez que entenda como esse jogo realmente deve ser jogado.

Este livro descreve como jogar o jogo do trading.

Agora você sabe seu destino final. Se não gostou de minha proposta, este é um bom momento para largar o livro e ir assistir aos vídeos do YouTube e do TikTok ou aos coaches de trading de 20 anos que dirigem uma Ferrari e contam o segredo de tudo o que precisa ser feito.

No entanto, se você deseja uma mudança duradoura — não apenas em suas operações, mas na forma como vive sua vida —, fique comigo. Sua transformação em um trader de maior credibilidade permeará outras áreas de sua vida. E isso lhe trará uma enorme compreensão de quem você é e o que pode fazer para melhorá-la. O resultado não é apenas mais dinheiro em sua conta na corretora, mas uma jornada mais harmoniosa e emocionante.

O Jogo da Mentira

MINHA JORNADA COMO trader começou quando conheci um livro chamado *O Jogo da Mentira*. Eu estava em casa com gripe e meu pai me trouxe alguns livros da biblioteca. *O Jogo da Mentira* foi um deles.

É um relato de uma época, escrito por Michael Lewis, o homem por trás do livro *A Jogada do Século*, que foi transformado em filme e se tornou um grande sucesso de Hollywood.

Em *O Jogo da Mentira*, Lewis descreve a vida como um trader de títulos durante os excessos da década de 1980. Nas palavras dele, o objetivo era servir como um alerta para as gerações futuras sobre a ganância do setor financeiro, bem como um aviso para os jovens que desejam trabalhar nesse mesmo setor.

Mas acho que teve o efeito contrário. Suspeito que milhares de meninos e meninas como eu leram o livro e pensaram que Wall Street era o lugar certo para se estar.

O livro narra a história de um jovem que viaja dos Estados Unidos para a Grã-Bretanha para estudar em uma universidade de Londres e, depois, é contratado para trabalhar em um banco de investimentos norte-americano. Ele descreve como foi trabalhar em um pregão e observar alguns dos grandes traders locais.

Eu fiquei viciado e sabia que o trading seria minha vocação. Desde então, li muitos outros livros sobre o assunto que talvez sejam mais específicos sobre trading do que *O Jogo da Mentira*, mas, como livro inicial, foi perfeito.

Minha vida mudou depois que li esse livro. Foi uma virada de chave. Deixei de ser fanático por futebol e amante do skate para ser uma pessoa focada e motivada. Eu tinha encontrado minha vocação.

Comecei a me inscrever em cursos universitários em toda a Europa. Eu já era estagiário de um escritório de fundo de pensão, mas, após ler o livro, sabia que aquele não seria meu destino final.

No ano seguinte, fui aceito em uma universidade na Grã-Bretanha, contudo tive um problema. Não consegui bolsa. Tive que arcar com todos os custos. Eu trabalhava o tempo todo, dia e noite. Durante o dia, trabalhava no escritório e, à noite, andava 8 km de skate até um parque de diversões para trabalhar lá até a meia-noite.

Absorvi o máximo de informações que consegui por meio das páginas de finanças dinamarquesas. Eu lia livros em inglês para aprimorar minhas habilidades no idioma.

Minha família não me deu muito apoio. No grande dia da partida, tive que ir sozinho até o aeroporto. Eles acabaram mudando de ideia e compartilharam minhas provações e tribulações ao longo dos anos. Certa vez, minha irmã me disse que roeu as unhas na primeira vez em que me viu na TV. Ela estava tão nervosa que seu coração quase parou.

Minha Primeira Grande Operação

Existe um ditado nos mercados financeiros que resume perfeitamente meu primeiro contato com o trabalho de especulação. Não confunda talento com sorte. Eu não tinha ideia do caminho que trilharia nos mercados financeiros, mas tive uma sorte incrível.

Era setembro de 1992. Eu tinha acabado de ser aceito na universidade. Trabalhei duro para ganhar dinheiro suficiente para pagar as mensalidades e as despesas de moradia por três anos, mas não consegui todo o dinheiro. Imaginei que trabalharia durante as férias para conseguir compensar.

Enquanto eu ajeitava as coisas e me preparava para viajar para o Reino Unido em meu primeiro ano como estudante universitário, abriu-se uma grande oportunidade nos mercados de câmbio.

O Reino Unido era membro do Mecanismo Europeu de Taxas de Câmbio (ERM, na sigla em inglês). Era um sistema que foi introduzido pela Comunidade Econômica Europeia para reduzir a variabilidade da taxa de câmbio e alcançar a estabilidade monetária na Europa.

O Reino Unido aderiu ao ERM em 1990, mas, em 1992, o país estava passando por uma recessão. O Banco da Inglaterra achava cada vez mais difícil honrar seu compromisso de manter a libra esterlina dentro de uma faixa estreita em relação a outras moedas na Europa. Os especuladores estavam apostando ativamente contra a libra, pensando que ela estava fortemente supervalorizada.

Enquanto eu caminhava até meu banco local na Dinamarca com minhas economias, a fim de trocar minhas coroas dinamarquesas por libras esterlinas, um grande drama estava se desenrolando nos mercados financeiros. Foi a chamada Quarta-Feira Negra.

Em 16 de setembro de 1992, o governo britânico foi forçado a retirar a libra esterlina do ERM após uma tentativa fracassada de manter a moeda acima do limite inferior de câmbio exigido pelo grupo.

Encontrei as seguintes informações sobre a Quarta-Feira Negra na Wikipédia. Elas definem bem o tom do que eu estava prestes a vivenciar e o que causou uma enorme perda de dinheiro para um aspirante a trader de 22 anos:

> O Quantum Fund de Soros iniciou uma liquidação massiva de libras na terça-feira, 15 de setembro de 1992. O Mecanismo de Taxa de Câmbio determinou que o Banco da Inglaterra aceitasse qualquer oferta de venda de libras. No entanto, ele só aceitou ordens durante o dia de negociação. Na manhã seguinte, quando os mercados abriram em Londres, o Banco da Inglaterra iniciou sua tentativa de sustentar a moeda de acordo com a decisão tomada por Norman Lamont e Robin

> Leigh-Pemberton, o então chanceler do Tesouro e o governador do Banco da Inglaterra, respectivamente.
>
> Eles começaram a emitir ordens de compra no valor de 300 milhões de libras duas vezes antes das 8h30, o que surtiu pouco efeito. A intervenção do Banco da Inglaterra foi ineficaz porque o Quantum Fund de Soros estava liquidando libras muito mais rapidamente. O Banco da Inglaterra continuou a comprar, e o Quantum continuou a vender, até que Lamont disse ao primeiro-ministro John Major que a compra de libras não estava dando resultado.
>
> Às 10h30 do dia 16 de setembro, o governo britânico anunciou um aumento na taxa básica de juros de 10%, já alta, para 12%, em uma tentativa de fazer com que os especuladores comprassem libras. Apesar disso e de uma promessa feita mais tarde no mesmo dia de aumentar as taxas básicas novamente para 15%, os operadores continuaram vendendo, convencidos de que o governo não cumpriria sua promessa.
>
> Por volta das 19h, Norman Lamont, então chanceler, anunciou que a Grã-Bretanha deixaria o ERM e que as taxas permaneceriam no novo nível de 12%; no dia seguinte, no entanto, a taxa de juros voltou a 10%.

É claro que tudo isso era desconhecido para mim, mas teve um impacto material em meus estudos. Se eu tivesse ido ao banco apenas alguns dias antes, teria pagado cerca de 12 coroas dinamarquesas por uma libra esterlina. Por pura sorte, entrei em uma das maiores quedas cambiais da atualidade e me beneficiei dela — consegui converter minhas coroas dinamarquesas a uma taxa de câmbio de cerca de 9 coroas por libra esterlina.

Ganhei £4 mil extra de minhas economias. Meu orçamento anual com mensalidades e hospedagem era de £2.500. “Tio George” me livrou dessa dívida estudantil.

Embora o dia tenha sido chamado de Quarta-Feira Negra, muitos historiadores argumentam que foi uma Quarta-Feira Dourada, porque a queda no valor da libra esterlina atraiu investimentos. Isso preparou o terreno para um surto de crescimento econômico no Reino Unido.

O Preço de um Cachorro-quente em Paris

Não fui o único que ganhou uma quantia de dinheiro que mudou o rumo da vida naquele dia. George Soros ganhou US$1 bilhão. Isso consolidou seu nome como um dos maiores especuladores de todos os tempos.

E não foi somente ele que notou grandes diferenças de valor entre as moedas europeias antes daquele dia fatal de setembro de 1992. Outro operador também havia notado isso. Na verdade, ele nem era trader. Ele era dono de uma gráfica no leste de Londres. Vamos chamá-lo de "o inglês".

Quando comecei a trabalhar na City Index de Londres, ouvi a história de um cliente que estava de férias na França. Durante uma visita a Paris, ele foi comprar um cachorro-quente em uma banquinha de esquina, perto da Torre Eiffel.

Na hora de pagar pelo cachorro-quente, o inglês ficou tão chocado com o preço que pensou que o dono da banquinha estava tentando enganá-lo.

O homem lhe garantiu que esse era o preço de um cachorro-quente em Paris. Então o inglês decidiu comprar outro cachorro-quente em outro lugar, só para ter certeza de que não havia sido enganado na primeira vez. O resultado foi o mesmo.

O inglês estava lançando as bases para uma das maiores apostas individuais da história do setor de trading de varejo. Ele entrou em um supermercado de Paris e começou a anotar os preços dos alimentos, das bebidas e de outros itens domésticos.

De volta a Londres, o inglês comparou os preços dos itens franceses com os preços dessas mesmas mercadorias no supermercado local e concluiu que o franco francês estava extremamente supervalorizado. Ele ligou para sua corretora financeira e falou com um jovem corretor, que, mais tarde, se tornaria meu chefe.

Meu chefe adorava contar essa história, de como seu cliente conseguiu transformar um depósito de £5 mil em um lucro de £8 milhões (oito milhões de libras!). Ele perseguiu de maneira incansável a ideia de que o franco francês estava irremediavelmente supervalorizado e lucrou muito com isso.

O motivo para compartilhar essa anedota não é apenas contar uma boa história, mas também prepará-lo para o tema deste livro. Veja bem, essa poderia ter sido uma ótima narrativa, não fosse pelo fato de que o cliente, mais tarde, perdeu todo o dinheiro e mais um pouco.

O trading de sucesso não se trata de ganhar dinheiro e, também, de saber mantê-lo?

O que 99% das pessoas não percebem é que, quando você vence, há coisas acontecendo na química de seu cérebro que, se não forem notadas e controladas, terão um efeito prejudicial em sua tomada de decisão.

Teoria e História Econômicas

Na universidade, aprendi tudo sobre a teoria econômica. Aprendi como os mercados financeiros foram montados e como a teoria econômica atual tentou dar sentido ao mundo ao nosso redor.

No entanto, não aprendi a fazer uma operação de trading na universidade. Ninguém me ensinou como o momento, a psicologia e as emoções têm grande influência nos mercados financeiros. Meu curso de graduação pouco adiantou para me preparar para o mundo real. Achei que fazer um mestrado ajudaria a mudar isso e, embora tenha sido um pouco mais relevante para o setor, continuei com a sensação de que o mercado era um grande mistério.

A ideia de que é possível testar variáveis dentro de um sistema econômico, mantendo a constância de outros componentes, não me agradava muito. Não tenho certeza se eu estava ciente disso naquele momento, mas sempre enxerguei o mundo de maneira diferente.

Eu não considerava os mercados eficientes. Tinha uma forte crença de que eles eram tudo menos racionais. Os mercados são conduzidos por humanos, e se há algo que os humanos não são, é racionais ou lógicos quando expostos ao estresse.

O Pânico do Homem Rico

Eu gostava mais de estudar a história econômica do que os modelos econômicos. Um dos momentos mais importantes foi quando estudei sobre o pânico do homem rico de 1903 e o pânico financeiro de 1907. Bernard Baruch, um famoso especulador de Wall Street, ganhou uma quantia considerável de dinheiro ao prever corretamente as consequências de uma falha na curva das ações de uma ferrovia.

Uma curva é quando um grupo de pessoas ou um sindicato inflaciona o preço de uma ação para criar um burburinho, tentando atrair investidores mais crédulos para se juntarem ao movimento e, em seguida, liquidam as ações para os retardatários. Atualmente, isso seria chamado de pump-and-dump. Quem se lembra da GameStop?

O que me impressionou foi como Bernard Baruch antecipou a sequência dos eventos. Ele começou a vender a descoberto uma ampla gama de ações populares porque pensou que o sindicato teria que levantar dinheiro para manter viva sua malfadada curva. E ele estava certo. O mercado geral caiu rapidamente. O índice Dow Jones despencou 49% em poucos meses, e Baruch lucrou com isso.

A partir de então, tive dificuldade em estudar os modelos econômicos. Eu acreditava que eles eram muito rígidos e traziam conceitos muito teóricos. Senti que suas suposições eram falíveis. Todos usavam o mesmo argumento de que os humanos sempre agem de maneira racional.

Mas a humanidade certamente nem sempre se comporta de modo lógico. Enquanto eu escrevia esta página do livro, olhei para meu monitor e fiquei analisando as cotações. O Dow Jones havia caído 500 pontos. O índice DAX já havia caído 250 pontos. Tenho certeza de que escutei você perguntar: "Por que isso aconteceu?" É porque havia um vírus grave chamado coronavírus que estava se espalhando pelo mundo. E, só naquele dia, cerca de oitenta pessoas já haviam morrido.

O mercado não estava tão preocupado com essas oitenta pessoas. O mercado temia que essa situação piorasse. Os mercados têm TUDO a ver com a percepção, com uma pitada de realidade econômica. Não entendo os fundamentos por trás de um vírus, nem preciso entender.

Meu trabalho NÃO é entender as implicações de um vírus. Meu trabalho é entender os players do mercado e o que eles estão sentindo. Eles estavam assustados, e eu consegui detectar o medo deles. Então é claro que, naquele momento, eu estava em uma posição vendida. Não estava vendido no mercado porque acreditava que um vírus causaria estragos na economia global, mas porque acreditava que *eles pensavam* que algo terrível estava prestes a acontecer.

Aconteça o que acontecer no mundo, meu trabalho é ler o sentimento dos mercados e manter minhas emoções sob controle.

Isso é basicamente o que vou lhes ensinar neste livro. Estou alinhado com a razão quando se trata de explicar os bull markets e os bear markets. A saúde da economia de base conduzirá um mercado para cima ou para baixo. No entanto, como day trader, preciso ter uma flexibilidade mental que nunca é descrita ou considerada na teoria econômica.

Também preciso saber "quando manter e quando desistir", como diz a letra da canção *The Gambler*, de Kenny Rodgers. Será que sou apostador? Se eu disser que sim, você pode pensar que não há diferença entre mim e o cara que vai ao cassino para se divertir um pouco.

E se eu lhe dissesse que ganho mais dinheiro do que a média dos jogadores de futebol profissional, e não porque sou dotado de habilidades especiais para ler os mercados, mas porque aprendi a controlar minhas emoções?

Não sou um sociopata sem emoções. Eu tenho sentimentos. Amo. Choro. Sofro. Lamento. Dou risada. Também sorrio para as pessoas. Você pode ser um cara legal e, ainda assim, acabar no topo. Mas você precisa aprender a pensar de maneira diferente dos 99% quando está operando. Falaremos sobre isso em breve.

JPMorgan Chase

Após minha graduação, fiz muitas entrevistas de emprego para trainee nos setores bancário e financeiro. Não consegui o emprego dos meus sonhos, trabalhar como trainee de trader, mas consegui um bom emprego no Chase Manhattan Bank, mais tarde chamado de JPMorgan Chase.

Foi uma experiência inestimável. Cheguei com uma bagagem cheia de entusiasmo. Para mim, trabalhar para um banco de investimentos norte-americano provavelmente foi a melhor coisa que poderia ter acontecido.

Consegui canalizar meu entusiasmo pelos mercados financeiros para meu trabalho. Trabalhei com análise de portfólio e benchmarking de desempenho, o que significa que observava o desenvolvimento dos mercados financeiros de perto todos os dias.

Por acaso, eu me sentei ao lado de um terminal Bloomberg. Eu adorava aquela máquina. Muitas vezes, eu entrava escondido no prédio do escritório aos sábados e domingos para devorar análises e histórias de operações de trading e para baixar dados.

O melhor de trabalhar para um banco norte-americano é que a ética de trabalho é muito diferente das empresas europeias típicas. Isso pode ter mudado nos últimos vinte anos, mas, quando eu trabalhava no JPMorgan, tínhamos literalmente permissão para fazer quantas horas extras quiséssemos.

Trabalhei no JPM por quase três anos e, nesses três anos, nunca houve um mês em que eu não fizesse pelo menos quarenta horas extras. Você se acostumava a trabalhar longas horas focado, pois o trabalho exigia atenção forense aos detalhes.

Quando saí do banco, eu era um workaholic experiente e obstinado. Não digo isso com orgulho, porém acho que não faz sentido esconder o fato de que o motivo de meu sucesso não se deveu à minha inteligência incrível, mas, sim, à minha ética de trabalho. Eu simplesmente trabalhava mais horas do que os outros. Um sacrifício em troca do que eu almejava.

Minha atitude me lembra o ethos dos Navy Seals, a unidade das forças especiais norte-americanas: tudo na vida que vale a pena fazer, vale a pena exagerar. A moderação é para os covardes.

Meu sonho finalmente se tornou realidade quando pisei em um pregão pela primeira vez.

O Pregão

ENTRAR EM UM PREGÃO é uma experiência especial. Eu me lembro muito bem da entrevista de emprego que fiz depois que me formei na universidade, para trabalhar com trading. Foi no pregão do Handelsbanken, o banco escandinavo, e o cara que me entrevistou era o chefe do setor de trading.

Eu percebi que ele estava pensando em outra coisa e que eu era uma distração inconveniente. Já estive nessa situação muitas vezes em minha vida como trader. Estar em uma posição importante no mercado e, então, ter que lidar com as trivialidades do mundo fora do trading pode ser uma experiência peculiar.

O Boxing Day 2018 é um ótimo exemplo disso. Eu estava operando em meio ao maior rali de um dia na história do índice Dow Jones enquanto comia o pudim de Natal. Tive que esconder meus celulares embaixo da mesa de jantar para não ofender o anfitrião e fingir várias idas ao banheiro para verificar o gráfico em um telefone e a plataforma da corretora em outro.

Cheguei ao pregão da Financial Spreads com uma atitude muito diferente da maioria de meus colegas. Como sei que muitos deles lerão este livro, quero deixar claro que não estou dizendo que eles são preguiçosos. Eu tinha muito o que aprender, incluindo o fato de que, quando os mercados estão calmos, não há muito o que os corretores podem fazer.

Foi assim que descobri que as pessoas ficavam sentadas, lendo jornais ou histórias em quadrinhos. Se o telefone não tocasse, você dificilmente conseguiria forçar um corretor a fazer qualquer outra coisa. Acho que esse foi o maior choque cultural que experimentei — o contraste entre um trabalho normal de escritório e um pregão.

Trabalhar em um pregão é intimidante no início. Após alguns meses, você se habitua a ver o dinheiro mudando de mãos. Passamos a enxergar apenas números em uma tela. Certa vez, cheguei às 6h e descobri que um cliente russo estava em uma margin call para US$10 milhões. Fiz um cálculo rápido... com meu salário atual, eu levaria 133 anos para ganhar US$10 milhões. Por volta das 7h, ele tinha transferido os fundos. Ele era trader privado. Eu fiquei maravilhado. Inspirado!

A atmosfera de um pregão é única. Quando está cheio, é um gigantesco caldeirão de emoções humanas. Em uma ocasião, vi um colega chutar seu PC com tanta força — várias vezes — que os engenheiros de TI tiveram que substituí-lo.

É difícil entender que os mercados financeiros são um mecanismo complexo, se olharmos apenas para o que se passa em um pregão. O ambiente lembra uma banquinha de feira de alguma cidade, de qualquer lugar do mundo, durante uma movimentada manhã de sábado, cujo dono está tentando vender mais do que a banquinha vizinha.

Quando você testemunha as emoções cruas e sem censura que se desenvolvem perante nossos olhos no pregão, é difícil perceber como isso se enquadra em um ambiente de economia global equilibrado que forma a estrutura da sociedade e da civilização modernas.

Podemos observar todo tipo de emoção nesse lugar: compra por impulso, venda em momento de pânico, apego às perdas, recusa em admitir a derrota, ganância, estupidez, teimosia, desespero, lágrimas, depressão abjeta, alegria e agitação. E todas acontecendo ao mesmo tempo, uma atrás da outra em rápida sucessão.

Trabalhei para a Financial Spreads por um ano e fui convidado a me retirar. No mesmo dia, a City Index, propriedade da ICAP — a maior corretora de títulos do governo dos Estados Unidos no mundo —, entrou em contato comigo.

A City Index tinha cerca de 25 mil clientes, dos quais 3 mil estavam ativos quase todos os dias. Esses clientes negociavam moedas, commodities, índices de ações, ações individuais, opções, títulos e tudo o mais. Devo ter assistido a dezenas de milhões de transações sendo executadas por milhares de pessoas em toda minha carreira. Pouquíssimas, ou nenhuma delas, se destacaram; e, se algumas o fizeram foram pelos motivos errados. Para cada história de sucesso, posso contar dez de terror.

Sem Lembrança de Grandes Traders

Recentemente, conversei com um amigo que é CEO de uma corretora em Londres. Perguntei a ele se, durante seus trinta anos trabalhando em pregões, algum trader tinha se destacado. Ele respondeu que, ao longo dos anos, tinha testemunhado muitas coisas bizarras, mas que, em termos de bons traders, tinha visto bem poucos.

Eis um homem que passou toda sua vida adulta em pregões e que, no entanto, é incapaz de se lembrar de pessoas que se deram bem. Estamos falando de uma porcentagem de traders bem-sucedidos tão infinitamente pequena que faz você se perguntar por que alguém iria querer ser trader, afinal, ou se alguém poderia se tornar bom nessa profissão. Esta foi a conversa que tive com ele:

Tom: Você trabalhou no setor de contratos por diferença (CFD) durante trinta anos. Deve ter visto alguns bons traders ao longo do caminho. Pode me falar um pouco sobre eles?

CEO: Queria que fosse o caso. Já vi diversas pessoas ganharem muito dinheiro, mas poucos profissionais não perderam tudo em seguida. Comecei a trabalhar nesse setor em uma época em que o CFD trading não era uma ferramenta convencional. As pessoas que tinham contas CFD eram, sobretudo, pessoas muito ricas ou que trabalhavam no setor. Na época, esses clientes realizavam operações, muitas vezes, como parte de uma espécie de clube dos mais velhos. Isso significava que eles negociavam principalmente ações específicas e algumas commodities. Naquela época, o trading não era nem de longe tão prolífico quanto é hoje.

Tom: Eles eram bons traders?

CEO: Não, eu não diria isso. Tínhamos clientes que eram personalidades bastante conhecidas na cidade, e suas negociações pessoais costumavam ser deploráveis, mesmo sendo feitas por operadores de fundos de hedge ou gestores de fundos. Era quase como se eles não tivessem disciplina para negociar o próprio dinheiro. Tenho certeza de que eles não teriam permissão para negociar para seus clientes da maneira que negociavam para si mesmos.

(continua)

(continuação)

Atualmente, temos muito mais traders pequenos, mas o padrão entre um trader pequeno e um grande é muito semelhante. Quase todos os clientes têm mais sucesso do que fracasso nas operações. Por isso, posso dizer que são bons traders.

Mas eles tendem a perder mais dinheiro, muito mais, em uma operação fracassada do que ganhar nas operações bem-sucedidas. A proporção é que, para cada libra que ganham, perdem cerca de £1,66.

Tom: Como um corretor de CFD ganha dinheiro com isso?

CEO: Bem, acredite ou não, queremos que os clientes ganhem. Tenho uma rede de contatos no setor de CFD. E me reúno com CEOs de empresas concorrentes com certa regularidade. Embora sejamos adversários e façamos qualquer coisa para superar um concorrente, temos um desejo em comum. Desejamos que nossos clientes façam boas negociações.

Tentamos dar o nosso melhor para ajudá-los. Oferecemos a eles todas as ferramentas disponíveis. Damos spreads favoráveis e relatórios atualizados. Oferecemos pacotes de gráficos sofisticados, com todos os tipos de dados, e compartilhamos ferramentas analíticas para que eles meçam seu desempenho.

Resumindo, fazemos absolutamente tudo o que está ao nosso alcance para garantir que eles tenham todas as ferramentas necessárias para ganhar dinheiro. Então, deixamos que façam as operações. O problema é que a maioria das contas menores tende a perder em um curto espaço de tempo.

Acredite em mim quando digo que eu gostaria que fosse diferente. Não sei o que mais nós, corretores, podemos fazer por nossos clientes. Preferimos que eles ganhem dinheiro, porque há evidências claras de que aqueles que fazem trading e ganham, continuam fazendo. E isso é melhor para os negócios.

A questão é que é possível enxergar claramente a diferença entre um trader consistentemente lucrativo e um trader normal. A abordagem dos dois é muito diferente.

Tom: Como é possível perceber se alguém sabe o que está fazendo?

CEO: Há uma infinidade de parâmetros que podemos observar. Se eu tivesse que escolher os cinco mais importantes, seriam estes:

1. Tamanho da conta;
2. Frequência de operações;
3. Proporção de tempo gasto em operações bem-sucedidas versus operações fracassadas;
4. Aumento das operações bem-sucedidas ou aumento das operações fracassadas;
5. Trading com stop loss.

Infelizmente, é quase certo que alguém que abre uma conta com menos de US$100 perderá esse dinheiro. E alguém que negocia tudo e qualquer coisa, ou seja, realiza overtrading, acabará perdendo seu dinheiro.

Qualquer pessoa que seja incapaz de manter seus ganhos, mas continua tendo fracasso em suas negociações, acabará perdendo seu dinheiro.

Qualquer pessoa que tiver um aumento no número de operações bem-sucedidas chamará nossa atenção (positivamente), porém um indivíduo que tiver um aumento nas operações fracassadas, quase com certeza, perderá o depósito em sua conta em algum momento.

Qualquer pessoa que opere sem stop loss também seguirá esse caminho. Lamentavelmente, vemos isso o tempo todo.

Como você pode perceber, nós fazemos de tudo para ajudar as pessoas a ganhar dinheiro; mas são seres humanos, o que significa que encontrarão uma maneira de se autossabotar.

As Condições Vinte Anos Atrás

Sempre fico de olho em todas as corretoras, para ter certeza de negociar com as melhores e as mais baratas. Por que eu pagaria 1,5 de spread se posso pagar 1? Isso representa uma economia simples. Tenho uma empresa e quero gastar o mínimo possível em taxas de transação.

Uma de minhas ferramentas de negociação preferidas é o DAX, índice de ações alemão. Atualmente, quando opero, pago um spread de 0,9 ponto no DAX.

No entanto, quando comecei a fazer trading, há cerca de vinte anos, o spread intradiário no DAX era de 6 a 8 pontos. Lembro-me muito bem de negociar o Dow intradiário. Você tinha que pagar um spread de 8 pontos no Dow para um produto intradiário.

Se quisesse negociar o contrato trimestral, o spread era de 16 pontos. Isso foi em uma época em que o Dow estava sendo negociado em torno de 10.000. Hoje, estou negociando o Dow com um spread de 1 ponto, e o Dow está em torno de 35.000 pontos.

Operar nos mercados de ações em 2020 se tornou muito mais fácil do que era em 1999. Era muito mais difícil ganhar dinheiro fazendo operações de trading naquela época. O mercado precisa se movimentar muito menos a seu favor para que você atinja o ponto de equilíbrio agora, em comparação com 1999.

Outra grande vantagem para as pessoas que começaram a fazer trading agora são as ferramentas disponíveis nas corretoras. Observe praticamente qualquer plataforma de negociação atual e você verá quanto as corretoras se esforçam para ajudá-lo a ganhar dinheiro.

É possível ter acesso a centenas de análises técnicas e a um fluxo de notícias instantâneo. Há a opção de cursos online e webinars, além de acesso a cotações Level 2 de ações do mundo inteiro.

Há, também, bid ask spreads decentes. Se um trader institucional visse, trinta anos atrás, os dispositivos com os quais é possível operar atualmente, ele ficaria verde de inveja.

Todas as ferramentas analíticas concebíveis disponíveis no vasto conjunto de recursos de indicadores técnicos estão à sua disposição. Ademais, temos as Bandas de Bollinger, os Canais Keltner, médias móveis e mecanismos que eu nunca usei nem ouvi falar.

Basta dizer que todas as corretoras do mundo não poupam esforços para oferecer às pessoas todas as oportunidades de ganhar o máximo de dinheiro possível com os mercados.

Mas isso não importa. A maioria delas fracassará. No setor de trading, a taxa de falha é astronômica. Ninguém está imune às estatísticas.

O Normal É Perdedor

Há algo inerentemente errado com a abordagem das pessoas que fazem trading. Temos que presumir que a maioria dos indivíduos na sociedade são seres humanos normais e equilibrados. O padrão de comportamento destes, embora ainda tenha espaço para a personalidade, provavelmente é muito semelhante.

Do berço ao túmulo, da manhã até a noite, de um ano para o outro, as pessoas comuns seguem um padrão de pensamento, de ação, de esperanças e sonhos, medos e inseguranças bastante semelhante. Chamamos esse tipo de pessoa de *normal*.

Se "normal" é o padrão que conhecemos, e se "normal" é abrir uma conta em uma corretora de CFD e perder dinheiro (mais cedo ou mais tarde), então uma pessoa normal é basicamente uma representante de todas as outras. Todas as pessoas que são consideradas normais acabam perdendo.

Estou indo longe demais? Vamos olhar as evidências. Vejamos qual é a norma para um típico CFD trader na plataforma de trading de varejo.

Mesmo que sua corretora disponibilize todos os meios, ninguém está imune às estatísticas dos mercados financeiros. A menos que você tenha passado por algum tipo de treinamento estruturado, tenha sido instruído por alguém que está trilhando o caminho que você deseja percorrer ou, ainda, tenha pensado seriamente nessa empreitada, você provavelmente fracassará nos mercados financeiros.

Basta entrar no site de qualquer corretora na União Europeia para observar a taxa de fracasso. As corretoras são obrigadas por lei a publicar isso na página inicial de seu site. Eis algumas das maiores e mais conhecidas corretoras de CFD do mundo e suas taxas de fracasso:

CORRETORA	TAXA DE FRACASSO
IG Markets	75%
Markets.com	89%
CMC Markets	75%
Saxo Bank	74%
FX PRO	77%

Taxas ajustadas a partir de 7 de novembro de 2019.

Eu sei que você gosta de pensar que é diferente. No entanto, aos olhos dos mercados financeiros, você é estatisticamente igual a todas as outras pessoas.

Dê uma olhada nas dez principais corretoras do mundo; as estatísticas não mudam. Você pode analisar a CMC Markets, a IG Markets, a Gain Capital ou qualquer uma das corretoras de CFD de primeira ou segunda linha. Nenhuma terá uma taxa de fracasso inferior a 70%.

O Normal Não É Bom o Suficiente

As ferramentas não fazem de você um grande trader. As técnicas não fazem de você um grande trader. Se você quer ser um bom trader, se quer alcançar o nível de sucesso que sabe que é possível, precisa imediatamente parar de pensar que o caminho para a riqueza no trading tem algo a ver com as ferramentas ou as técnicas que você está usando.

Sim, é claro que você precisa ter uma estratégia. E precisa ter um plano. Você também precisa entender os mercados. Então, do que trata este livro senão sobre ferramentas e estratégias?

Quero abordar essa questão de uma perspectiva diferente. Vou abordá-la do ponto de vista de pessoas que trabalham no setor como corretores e traders e como profissionais de marketing.

Se eles fazem trading?

Eu diria que provavelmente não. No entanto, os traders recebem conselhos, orientação e treinamento dessas pessoas; eles são orientados por aqueles que não são melhores do que eles em trading.

Isso me lembra do livro de Fred Schwed, *Where Are the Customers' Yachts?*, no qual ele diz que Wall Street é o único lugar do mundo onde pessoas que pegam trens e ônibus para ir até o trabalho dão conselhos a pessoas que andam de limusine e helicóptero (ligeiramente parafraseado para ficar mais atual). Os traders estão sendo orientados por indivíduos que não sabem operar!

Foco Errado

Quando você vai a feiras de trade, lê revistas sobre trading ou consulta materiais online em sites de corretoras, 100% do foco está no que chamo de *Como Fazer*:

- Como fazer scalping?
- Como fazer swing trade?
- Como fazer day trade?
- Como fazer trend following?
- Como operar no mercado de câmbio (Forex)?
- Como usar o indicador Ichimoku?
- Como operar com Média Móvel Convergente e Divergente (MACD) ou com o indicador estocástico?

Isso é perfeitamente normal. As feiras de trading e as revistas sobre o assunto são voltadas para fornecer as soluções das quais a maioria das pessoas acredita que precisa para ganhar dinheiro no mercado financeiro. As corretoras seguem o mesmo caminho. Elas fornecem as informações que acham que os traders precisam e que estes pensam que necessitam.

As pessoas que entram no setor de trading, muitas vezes, são orientadas pelas mesmas pessoas que, provavelmente, as colocarão no caminho errado. Elas são levadas a acreditar que tudo se resume a técnicas e estratégias — ninguém as prepara para o fato de que não é a estratégia que as diferencia dos outros traders.

A forma como os traders pensam sobre sua estratégia — e sua capacidade de seguir esta — é o que os diferencia dos demais.

Você não se pergunta se esse é o caminho certo para você? Não se pergunta sobre a futilidade de dedicar todos os seus recursos a uma busca, quando praticamente todos que trilharam esse trajeto antes de você falharam?

Você deve pensar nisso! Deve se perguntar o que o torna diferente de 90% dos traders que não ganham dinheiro. Se você for uma pessoa normal — faz o que todos estão fazendo —, não vai conseguir.

O Normal Não Vai Dar Certo

Os organizadores de uma dessas feiras me convidaram para dar uma palestra. Essa feira aconteceu em Londres, e eles me disseram que eu poderia falar sobre o que quisesse. Decidi dar uma palestra sobre a desastrosa taxa de fracasso no setor de trading.

Minha opinião é que, se 90% de todas as contas CFD perdem dinheiro, o problema é humano. Acho que estou fazendo uma suposição razoável quando digo que todos que abrem uma conta CFD são pessoas normais com um jeito normal de pensar. Deve haver algo de muito errado na maneira como as pessoas normais pensam e agem que faz com que as operações que elas realizam sejam tão ruins.

Deveria Ser Mais Fácil do que Nunca Ganhar Dinheiro Fazendo Trading

Mencionei anteriormente como os spreads atuais de compra e venda são pequenos em comparação a vinte anos atrás. Portanto, deve ser mais fácil do que nunca ganhar dinheiro fazendo trading. Só que não é.

As pessoas ainda estão tendo dificuldade em ganhar dinheiro fazendo trading. Meu principal objetivo neste livro é desvendar esse enigma. A abordagem que adotei está baseada nos seguintes fatos:

1. Nunca foi tão fácil fazer trading. A infraestrutura de TI é excelente para os traders.
2. Os spreads nunca foram tão baixos.
3. As margens nunca foram tão favoráveis.
4. As ferramentas nunca estiveram tão prontamente disponíveis.
5. Os corretores nunca trabalharam tanto por seus clientes quanto agora.
6. Os índices de ações nunca estiveram tão altos, o que significa que há volatilidade.

Para reiterar, presumo que as pessoas que abrem contas em corretoras são seres humanos normais e equilibrados. Isso não é uma ofensa ou um insulto. São pessoas perfeitamente capazes de viver em sociedade.

As perguntas que quero fazer e responder são as seguintes: como é o comportamento normal? Como posso evitar ser normal quando estou fazendo trading? Se presumirmos que 80–90% das pessoas que fazem trading são normais, quero evitar agir como elas.

Você É uma Pessoa Normal?

Meu argumento, por mais provocativo que seja, envolve uma pergunta básica: você pensa igual a todo mundo e aborda o trading como todo mundo?

Se assim for, você terá um problema.

Se você pensa como todo mundo, é assim tão estranho que obtenha os resultados que todos conseguem?

Vamos dar uma olhada no que é um comportamento normal.

O comportamento normal é se engajar em um ciclo interminável de estudo, buscando sempre a próxima nova vantagem. Desde que li *O Jogo da Mentira*, eu sabia que queria ser trader, mas nunca tive um treinamento formal sobre como um bom trader se comporta. Por que eu deveria? Sempre me disseram que um bom trader compra na baixa e vende na alta. Mas toda vez que eu comprava na baixa, o mercado sempre caía mais. Então que tipo de conselho é esse?

No entanto, esse é o conselho que ouvimos quando começamos. Essa é a referência e, se essa é a orientação, então é um milagre que apenas 90% dos traders estejam perdendo. Deveriam ser 100%, porque comprar na baixa e vender na alta é uma receita certa para a ruína.

As pessoas participam de cursos de fim de semana na esperança de aprender alguns segredos. Elas estudam e aprendem a usar ferramentas como análise de candlestick, índice estocástico, Índice de Força Relativa (RSI, na sigla em inglês), MACD e médias móveis. A lista é interminável. Resumindo, esse é um comportamento normal.

Até a Bíblia Está Errada

Mesmo a bíblia da análise técnica não ajuda muito a pessoa a seguir um caminho, uma vez que a curva inicial de aprendizado termina.

A bíblia da análise técnica foi escrita por Robert D. Edwards e John Magee. O livro se chama *Análise Técnica das Tendências das Ações* e vendeu milhões de exemplares desde a primeira impressão, em 1948.

O que a maioria dos leitores não se dá conta, porém, é que Edwards e Magee não foram os verdadeiros criadores da análise técnica moderna. Foi um analista técnico pouco conhecido chamado Richard W. Schabacker.

Schabacker, um técnico de mercado brilhante, codificou quase tudo o que havia para aprender sobre análise técnica até sua época — o que incluiu trabalhos pioneiros como a Teoria de Dow, de Charles Dow.

Entre 1930 e 1937, Schabacker ministrou diversos cursos para traders e investidores sérios de Wall Street. Infelizmente, ele morreu em 1938, quando não tinha completado nem 40 anos de idade.

Pouco antes de sua morte, Schabacker deu uma cópia mimeografada de suas aulas para seu cunhado, Robert D. Edwards, que reescreveu as lições de Schabacker com a ajuda de seu colaborador, John F. Magee, um engenheiro formado pelo MIT.

Ou seja, não foi Schabacker quem recebeu o crédito pela compilação original da análise técnica, mas Edwards e Magee, cujo trabalho se tornou um eterno best-seller.

Preciso ser claro aqui: é obrigatório ler um livro como *Análise Técnica das Tendências das Ações*, mas, por favor, não pense que isso fará de você um trader profissional e bem-sucedido; assim como ler um manual de tênis não o qualificará para competir com Rafael Nadal.

Vejo os traders iniciantes cometendo erros básicos após ler livros sobre análise técnica. Eles estudam indicadores como RSI e estocástico e declaram com entusiasmo que determinado mercado está "em sobrecompra" ou "em sobrevenda".

No entanto, eles não percebem que "sobrecompra" é um termo emocional para uma conceituação psicológica de "caro". As pessoas que leem um gráfico estocástico são levadas a acreditar — por meio de uma manipulação matemática de dados — que o mercado está caro e deve ser vendido.

O mesmo vale para o termo "sobrevenda". É outra maneira de a mente nos dizer que o mercado está barato e que há valor associado a ele.

Vou dar um exemplo. O dia 1º de outubro de 2019 foi um dia particularmente pessimista no índice Dow Jones e no índice alemão DAX 40. Permaneci vendido o dia todo; foi um de meus melhores dias, está tudo comprovado e documentado em meu canal do Telegram.

No final desse dia, quando o Dow estava caindo ainda mais, um aluno meu entrou em contato comigo e me fez uma pergunta bastante alarmante. A conversa foi em dinamarquês, ela está traduzida a seguir.

"Tom, você viu o indicador estocástico? Está totalmente no território de 'sobrevenda'. Você acha que é uma boa ideia comprar agora, antes do fechamento?"

Eu respondi: "Estou em posição vendida... talvez você devesse perguntar a outra pessoa".

Ele continuou expressando seu choque absoluto pelo fato de eu estar vendido e, um pouco mais tarde, disse que comprou com o Dow a 25.590 pontos.

Claro, se existe um comprador, existe um vendedor. No entanto, não estou convencido de que comprar o índice Dow dez minutos antes do fechamento, em um dia que ele caiu 400 pontos, seja uma boa ideia.

Isso me faz lembrar do tipo de pensamento que eu teria tido vinte anos atrás. Hoje não mais. Se eu comprar o Dow em um dia fraco, pouco antes do fechamento, é para fechar uma posição vendida. Valorizo demais minha noite de sono para manter uma posição durante a noite.

Eu disse a ele: "Você teve o dia todo para encontrar uma posição vendida. O que espera conseguir comprando agora? Você achou que, só porque o índice caiu 400 pontos, agora está barato e, talvez, possa aproveitar para comprar alguma dessas ações baratas um pouco antes do fechamento?"

Eu também pensava assim quando eu *não* era bem-sucedido.

O Dow não se recuperou no fechamento. Não houve recuperação. Tenho certeza de que meu aluno não perdeu muito dinheiro. Não foi tanto com a carteira dele que eu fiquei preocupado — foi com seu modo de pensar.

É disso que este livro trata: de fazer com que você pense do modo certo sobre o mercado. É aí que 80–90% dos traders perdedores tendem a fracassar.

Feche a Escola

Se o trading fosse uma escola, ela estaria fechada. Nenhuma escola ou universidade poderia funcionar se 90% de seus alunos fossem reprovados nas provas finais.

A grande maioria das pessoas é praticamente normal. Nós nos encaixamos e funcionamos bem dentro da estrutura da sociedade moderna. Se todas as pessoas envolvidas no trading são seres humanos normais — e presumo que sejam, o que significa que funcionam bem, são inteligentes, atenciosos e trabalhadores —, então por que há uma taxa de fracasso de 90% nesse setor?

Isso não faz o menor sentido. Geralmente, quando as pessoas trabalham duro em algo, elas são bem-sucedidas ou obtêm algum tipo de recompensa. Isso não parece ser o caso do trading. Acredito que nenhuma outra profissão tenha uma taxa de fracasso de 90%.

Se você for a um dentista e ele lhe disser que há 90% de chance de não conseguir arrumar seus dentes, você certamente sairá de lá correndo. No entanto, essas são as probabilidades que um trader privado enfrenta. Mas não precisa ser assim.

Como traders, tendemos a nos envolver em um ciclo previsível e sem fim. Nós operamos bem por um tempo. Ficamos felizes. Depois relaxamos na disciplina e perdemos dinheiro. Assim, reforçamos nossa determinação e estudamos mais. Nós nos saímos bem por um tempo e, então, perdemos dinheiro. Paramos — às vezes por um período, às vezes para sempre.

Isso soa familiar?

A parte triste sobre esse ciclo é que todos têm bons períodos de negociação. Todos passam por períodos em que ganham dinheiro. Todos têm seus momentos. Tenho certeza de que você também.

Então o que acontece? Acontece que 99% das pessoas não sabem perder. As emoções que elas experimentam quando perdem as levam a agir de uma maneira que não é de seu interesse.

As emoções são guiadas por respostas. Digamos que você ouça uma piada engraçada e ria alto. Isso é uma emoção. Quando você ouve a piada novamente, não ri mais. Sua mente se habituou a ela.

Quando você se apaixona por um belo homem ou uma bela mulher, experimenta emoções fortes e uma gostosa agitação se inicia dentro de você. Quando vê essa pessoa, você só quer expressar seu amor por ela, ficar com ela e olhar em seus olhos.

Com o tempo, essa agitação é substituída por uma sensação de calma. Você adora estar com a pessoa, mas a paixão é menos acentuada do que era no início. Isso significa que você se habituou à pessoa.

Um alpinista solo, ao escalar superfícies rochosas intimidadoras sem cordas, enfrenta graves consequências se perder a aderência. Os anos de prática fazem com que sua mente se acostume, de modo que a amígdala — o centro de resposta emocional da mente — não está funcionando a todo vapor quando ele está escalando. Ele fica calmo.

Um soldado de elite morre de medo na primeira vez em que entra em uma situação de combate. É por isso que ela é uma simulação. E a seguinte também. E mais uma. Pouco a pouco, seu medo será treinado por meio do uso da repetição, da consciência respiratória e da força do hábito.

Para cada hora que você gasta estudando análise técnica, deve reservar pelo menos 25% desse tempo para o que chamo de análise interna. Você precisa conhecer quais são suas fraquezas. Precisa saber quais são suas fortalezas. Precisa saber no que é bom e no que não é.

Se você não dispender algum tempo tentando aprimorar esses aspectos, como espera melhorar? Pouquíssimas pessoas, se é que existem algumas, se envolverão nesse nível de introspecção para obter os resultados que desejam. Se a meta é ganhar dinheiro fazendo trading, e 99% das pessoas perdem e pensam que as análises e as estratégias são a chave para obter lucro, você pode ter 100% de certeza de que as estratégias e as análises não são a chave para obter lucro no trading.

43 Milhões em Operações Analisadas

Existe um trabalho de pesquisa que é uma leitura muito interessante. Ela foi elaborada por um analista chamado David Rodriguez e é brilhante. Rodriguez trabalhava para uma grande corretora de câmbio e tentou descobrir por que havia uma taxa de fracasso tão alta entre seus clientes que negociavam moedas. A corretora tinha cerca de 25 mil pessoas operando câmbio diariamente.

Rodriguez investigou todas as operações realizadas durante um período de quinze meses. O número de operações foi realmente impressionante. As 25 mil pessoas realizaram cerca de 43 milhões de operações. Do ponto de vista estatístico, isso criou um espaço amostral importante e muito interessante para ser investigado.

Especificamente, Rodriguez e seus colegas analisaram o número de operações bem-sucedidas. Eu gostaria de lhe dar a oportunidade de pensar em quantas operações foram bem-sucedidas e quantas fracassaram. Essa representação pode ser feita por meio de uma porcentagem do total de 43 milhões de operações.

Se você acha que tem alguma influência na resposta que deseja dar, posso lhe dizer que a maioria das operações foram realizadas nestes pares de moedas: euro/dólar, dólar/libra esterlina, dólar/franco suíço e dólar/iene.

No entanto, a grande maioria das operações foi realizada em euro/dólar, cujo spread é muito pequeno. Infelizmente, isso não parece fazer muita diferença no resultado.

Um total de 62% de todas as operações dos clientes da corretora tiveram lucro. Isso representa um pouco mais de 6 em cada 10 operações. Essa é uma boa taxa de acerto. Um trader com uma taxa de acerto de 6 em 10 deve conseguir ganhar dinheiro com trading.

É claro que depende muito de quanto ele ganha quando ganha e de quanto perde quando perde. É aí que reside o problema para as 25 mil pessoas.

Elas foram muito bem-sucedidas em termos de taxa de acerto. No entanto, quando analisamos quanto, em média, elas ganharam por operação e quanto perderam, logo percebemos que elas tinham um grande problema. No momento em que ganharam, fizeram cerca de 43 pips. Quando perderam, perderam cerca de 78 pips.

Não há nada de errado em ter um sistema em que você perde mais em suas operações fracassadas do que ganha nas operações bem-sucedidas. No entanto, isso requer que você tenha uma taxa de acerto suficientemente alta para absorver as operações que falharam.

Um colega meu, um trader profissional da África do Sul que opera um fundo de hedge, tem uma taxa de acerto de cerca de 25%. Conto a história dele com detalhes em outro momento neste livro, mas quero explicar o termo *taxa de acerto* no contexto de seu fundo de hedge.

Quando seu fundo de hedge perde em uma operação, eles perdem 1X. Quando ganha, ganham até 25X. É claro que meu amigo é extremamente bem-sucedido, embora não tenha uma taxa de acerto convincente, pelo menos não de uma perspectiva tradicional.

O que eu considero particularmente interessante é a quantidade de conselhos ruins que circulam no setor de trading. É comum ouvir os traders falarem sobre a relação entre risco e recompensa, o que, em si, é bastante inocente, a menos que o trader a leve ao pé da letra e a aplique em uma base de negociação por negociação.

Quando realizo operações ao vivo em meu grupo do Telegram, o TraderTom, sempre anuncio um stop loss. Sempre! Porém, muitas vezes, me perguntam se tenho um objetivo em mente. A resposta costuma ser um pouco sarcástica: "Não, minha bola de cristal está no conserto"; ou se eu estiver particularmente mal-humorado e cansado, serei rude e direi: "Desculpe, amigo, mas pareço uma cartomante para você?"

Sim, eu sei — isso não é muito educado. Desculpe-me. Ignore minha flagrante incapacidade de ser educado quando me deparo com a mesma pergunta pela 450ª vez. Para mim, existe um significado mais profundo em não ter metas em minhas operações. E isso tem muito a ver com risco versus recompensa.

Risco versus Recompensa

Pessoalmente, considero o conceito de risco e recompensa extremamente falho, mas, como sou o único que fala isso, pode ser que eu esteja errado. Ainda assim, preste atenção ao que vou dizer.

Como posso saber qual será minha recompensa? Eu literalmente não sei. Mesmo que fingisse saber — digamos, usando um cálculo de movimento medido ou uma extensão de Fibonacci —, eu me conheço bem o suficiente para compreender que terei acrescentado algo à minha operação ao longo do caminho. Quando atingisse meu objetivo, eu não fecharia, porque essa é minha filosofia.

Eu me daria um soco se fechasse uma operação ao atingir minha meta e ela fosse ainda mais longe. Prefiro abrir mão de alguns de meus lucros abertos do que perder a possibilidade de obter ainda mais lucro.

Posso estar fazendo um grande estardalhaço por nada, mas metas não são para mim. Gosto de ver o que o mercado tem a me oferecer. Estou preparado para aceitar que isso pode significar que abrirei mão de alguns de meus lucros abertos. Perdi a conta de quantas vezes tive uma operação bem-sucedida de 100 pontos no Dow, que depois se transformou em zero.

Uma semana antes de escrever isso (tudo documentado, é claro), realizei uma dessas operações, o que se transformou em um grande e gordo zero. Alguns traders não muito satisfeitos me confrontaram em minha sala de trading ao vivo sobre o motivo de eu não ter obtido os lucros. É difícil explicar, mas tem tudo a ver com dor.

Para mim, é muito menos dolorido dar adeus a uma operação bem-sucedida de 100 pontos do que ficar com meus 100 pontos para, depois, ver o mercado se movimentando ainda mais a meu favor.

É por causa dessa filosofia que, às vezes, consigo obter ganhos de 400 a 500 pontos, como aconteceu no dia em que escrevi esta página. É uma coisa ou outra. Não acho que seja possível ter o melhor dos dois mundos!

Entrevista com a CNN

Em uma entrevista à CNN alguns anos atrás, fui questionado sobre as características dos traders vencedores. Fui muito franco nessa entrevista e destaquei alguns pontos que considero diferenciais entre os traders vencedores e os perdedores. Tomei como base minhas experiências de observação de milhões de operações de traders de varejo enquanto eu trabalhava no pregão da corretora. Estas foram as principais diferenças que identifiquei:

1. TENTAR ENCONTRAR A MÍNIMA

Se o mercado estiver em tendência de baixa, seja intradiário ou em um período mais longo, os traders de varejo podem tentar encontrar a mínima do movimento.

Não sei se é apenas pelo desejo de comprar barato ou porque eles usam ferramentas ineficazes. O que sei é que essa característica é extremamente prejudicial para a conta de trading de qualquer pessoa.

Os traders vencedores parecem confiar muito mais na tendência predominante. Ter esse tipo de atitude pode parecer trivial, mas faz total diferença entre o trader vencedor e o perdedor.

Com o tempo, o trader perdedor repetirá sua desconfiança na tendência predominante e assumirá posições contra ela. Ele fará isso porque, da perspectiva emocional, parece que está comprando barato ou vendendo a descoberto em um mercado caro.

Isso é emocionalmente satisfatório, é como comprar papel higiênico com 50% de desconto no supermercado; os mercados financeiros, contudo, não são supermercados. Não existe "barato" e "caro". Existe apenas o preço vigente.

O trader vencedor, no entanto, não está emocionalmente apegado à ideia de "barato" ou "caro". Ele está focado no momento presente e, neste momento, o mercado está em tendência e, por confiar nessa tendência, ele pode aderir a ela sem emoção ou qualquer sensação de desconforto.

2. TENTAR ENCONTRAR A MÁXIMA

O oposto também é verdadeiro. Quando o mercado está em tendência de alta, os traders tendem a querer encontrar um lugar para vender a descoberto. Embora devamos lembrar que as pessoas, em geral, são mais propensas a entrar em um mercado que já subiu do que entrar em uma posição vendida em um mercado que já caiu significativamente.

Se o mercado teve uma alta expressiva, principalmente no curtíssimo prazo, os traders de varejo tendem a querer atenuar o aumento dos preços, ou seja, eles procuram estabelecer posições vendidas. Mais uma vez, isso provavelmente é o resultado de uma visão distorcida de que as coisas se dividem entre baratas e caras.

3. PENSAR EM CADA PEQUENO MOVIMENTO CONTRÁRIO A UMA TENDÊNCIA É O INÍCIO DE UMA NOVA TENDÊNCIA

Eu estive em um pregão durante os dias mais sombrios dos mercados financeiros. Um desses dias foi em 15 de setembro de 2008, quando o Lehman Brothers foi declarado falido e o índice Dow Jones caiu 4,5%.

Ao longo daquele dia de negociação, houve duas tentativas de recuperação. Ambas falharam. Foi trágico ver quantos clientes tentaram comprar na baixa do dia e assistiram ao Dow cair cada vez mais.

Sempre que havia um único candle verde no gráfico de cinco minutos naquele dia, víamos a ordem de compra fluir em nossos monitores de posição no pregão. Parecia que os clientes estavam possuídos pela ideia de que haveria uma baixa e que eles deveriam aproveitar para comprar.

Mas a baixa não veio naquele dia. Nem no dia seguinte.

Essa é uma característica comum entre os traders. Eles acham que cada pequena reação contrária à tendência é o início de uma nova. Já se perderam mais fortunas tentando pegar as mínimas em um mercado em queda do que em todas as guerras juntas (o.k., essa é uma afirmação infundada feita apenas para enfatizar o que quero dizer, mas, por favor, não tente pegar as mínimas do mercado).

Parece óbvio para mim que os traders iniciantes e, provavelmente, também alguns traders experientes — bem-sucedidos ou malsucedidos — acreditam que uma operação bem-sucedida tem tudo a ver com gráficos.

Essa crença é prejudicial para suas contas, porque ninguém nunca se deu ao trabalho de dizer o contrário. Ninguém lhes disse, pensou em dizer ou sabia o suficiente para lhes contar que dedicar todo o seu tempo aos gráficos é uma estratégia equivocada. Vamos falar mais sobre isso no próximo capítulo.

Todos São Especialistas em Gráficos

CERTA VEZ, ESCREVI EM um artigo que é possível aprender o básico sobre a análise técnica em um fim de semana. Posso ter exagerado um pouco — mas só um pouco.

Eu sei, sem sombra de dúvida, que um especialista em gráficos não equivale a um especialista em trading. Muitos de meus amigos traders montaram bibliotecas impressionantes e adquiriram conhecimento sobre indicadores técnicos bastante conhecidos e outros nem tanto assim. Mas isso não foi revertido em mais lucros. Quando se trata de gráficos, menos pode significar mais.

Os gráficos podem ser muito simples ou muito complicados. Parece haver uma tendência entre os traders de fazer com que os gráficos pareçam mais difíceis do que eles precisam ser. Tenho visto vários traders iniciantes encherem seus gráficos com as mais diversas ferramentas de análise que mal conseguem enxergar o gráfico de preços em si.

Inúmeras pessoas ficam surpresas, principalmente os novatos, quando veem os gráficos em minhas telas. Não há um único indicador neles. Nenhum. Posso ser antiquado, mas não preciso dessas ferramentas extras.

Meu trabalho como trader é encontrar configurações de trading de baixo risco. Minha abordagem de trading não está centrada em nenhuma outra ferramenta além do próprio preço. Todos os indicadores são construídos — mais ou menos — com base no tempo e no preço. Portanto, o indicador é uma distorção da realidade que estou vendo bem em minha frente.

Os mercados podem ser limitados por intervalo ou apresentar tendências. Alguns indicadores funcionam bem em diversos mercados. Eles geralmente têm um desempenho terrível em mercados de tendência. Outros indicadores funcionam bem em mercados de tendência, mas são terríveis em mercados limitados por intervalo.

Como Tepid2, um famoso trader e amigo meu, disse uma vez na agora extinta comunidade de trader Avid Trader: "Indicadores — todos eles funcionam por algum tempo, mas nenhum funciona o tempo todo".

Acredito que muitas das 90% das pessoas que perdem dinheiro fazendo trading podem com certeza ter excelentes habilidades de leitura de gráficos. Elas sabem ler gráficos e entendem padrões muito bem.

No entanto, há muito mais coisa envolvida no trading do que apenas conhecer um padrão Head and Shoulders, um padrão de gráfico de barras ou uma sequência de Fibonacci.

Já vi traders excepcionais fazerem malabarismos com milhões de libras em contratos futuros de índices de ações usando apenas um simples gráfico de dez minutos. Na verdade, eu mesmo faço isso todos os dias.

Acredito de verdade que aquilo que separa o 1% dos 99% é o modo como eles *pensam* e como lidam com suas emoções quando estão fazendo trading. Isso não quer dizer que não haja mérito em aprender a arte da leitura de gráficos. Eu sei, por experiência própria, que é imprescindível para minha tomada de decisão saber fazer a leitura do gráfico, mas isso é uma pequena parte de todo o contexto que envolve o trading.

A proliferação de gurus que vendem cursos de trading é uma evidência de que há uma demanda para aprender a arte e o ofício deste. Suspeito que o "atalho" de um curso de fim de semana seja uma proposta muito mais atraente do que passar esse tempo lendo livros.

Se um guru que dá um curso de fim de semana sobre trading afirma que você estará qualificado para operar "como os profissionais milionários" no domingo à noite, os desavisados escolherão essa opção. É perfeitamente natural esperar que um ser humano siga o caminho que oferece menor resistência.

Aprender qualquer nova habilidade leva tempo. Então, quando vemos um anúncio que diz “aprenda um novo idioma em 30 dias”, conscientemente podemos não acreditar ser possível, mas, inconscientemente, queremos acreditar, porque as pessoas adoram atalhos. Da mesma forma, um livro sobre uma dieta que promete que você perderá 5kg em um ano provavelmente não venderá tão bem quanto um que promete que você perderá 5kg em duas semanas.

Minha filosofia de vida é diferente da de tantas outras pessoas. Esse é o motivo pelo qual tenho o que vários indivíduos sonham ter. Escolho o caminho que oferece maior resistência porque sei que preciso ficar longe da opinião de 99% das pessoas.

Se você acha que sou vaidoso, está completamente enganado. Não tenho uma visão inflada de mim mesmo. Pelo contrário. Decido cuidadosamente o que quero e, depois, trabalho para conseguir. Este livro reflete esse ethos.

Você pode ser um verdadeiro mestre do trading. Pode morar na casa que deseja, ter os carros que deseja. MAS você precisa acreditar em mim quando digo que, para conseguir o que almeja, você *precisa* pensar como aquele 1%. Na verdade, você nem precisa pensar como esse 1%. Basta *não* pensar como 99% das pessoas.

A operação a seguir é um bom exemplo de como a mentalidade supera a análise técnica em qualquer dia da semana. Neste exemplo, eu realizo uma venda no índice alemão DAX 30.

Sou interrompido por uma perda. Eu me culpo, porque meu stop loss é excedido por um ponto ou mais, apenas para reverter a meu favor. Meu stop estava muito apertado. Em vez de perder a compostura, eu descarto o problema.

Faço uma pausa por um segundo. Você sabe por que alguns atletas soltam gritos de frustração quando não estão tendo um bom desempenho? Refleti sobre isso por um tempo depois que vi Serena Williams gritar ao perder um ponto importante em uma final de tênis em Wimbledon.

Acho que eles soltam esse grito porque é uma forma de *zerar* a mente, retomar o equilíbrio e entrar na zona de ação novamente. O ato de gritar os ajuda a se livrar da frustração e a reencontrar o equilíbrio e a paz interior.

Eu entro novamente em uma posição vendida em 14.479,80 pontos. A captura de tela a seguir é da época dessa operação.

		Quantidade	Preço de Entrada	Preço Atual	P/L de Entrada
Germany 30	Venda	200	12.479,8	12.478,5	€ 260
Wall Street 30	Venda	200	27.044	27.046	–US$500

O gráfico no momento da operação é parecido com o gráfico mostrado na Figura 1.

Houve uma falha no DAX. Você sabia que apenas 48% de todos os gaps são preenchidos no mesmo dia de negociação?

No terceiro dia de operação após o gap, 76% deles foram preenchidos. Por que estou lhe contando isso? Não acredite em livros de trading que afirmam que todos os gaps são preenchidos. Eles não são!

Eu opero vendido no DAX porque a segunda barra no gráfico é uma barra interna — a primeira barra de dez minutos na abertura. A terceira barra fecha abaixo do ponto mais baixo da barra interna. Agora tenho um sinal de venda, porque o topo da primeira barra está no mesmo preço do topo anterior — os dois topos mais altos. Posiciono um stop loss. Esse é meu trabalho como trader. Identificar um ponto de entrada de baixo risco e posicionar meu stop loss.

Nesse momento, fico à mercê dos mercados. Talvez seja um grande negócio. Talvez não. Quem sabe? Ninguém. Antes de continuar, gostaria de lhe perguntar uma coisa. Algo para fazê-lo refletir.

Digamos que você acredite no argumento sobre risco e recompensa e decida que tem uma meta de lucro de 40 pontos. Você define uma meta de lucro de 40 pontos porque arriscou 20. Então, argumenta que a relação entre risco e recompensa é de 2:1, duas unidades de lucro para uma unidade de risco, o que parece bom.

Tudo parece estar correndo muito bem e praticamente não há nenhum livro sobre trading que mostre um argumento contrário. Mas eu estou mostrando. Quero lhe fazer alguns questionamentos simples.

Figura 1

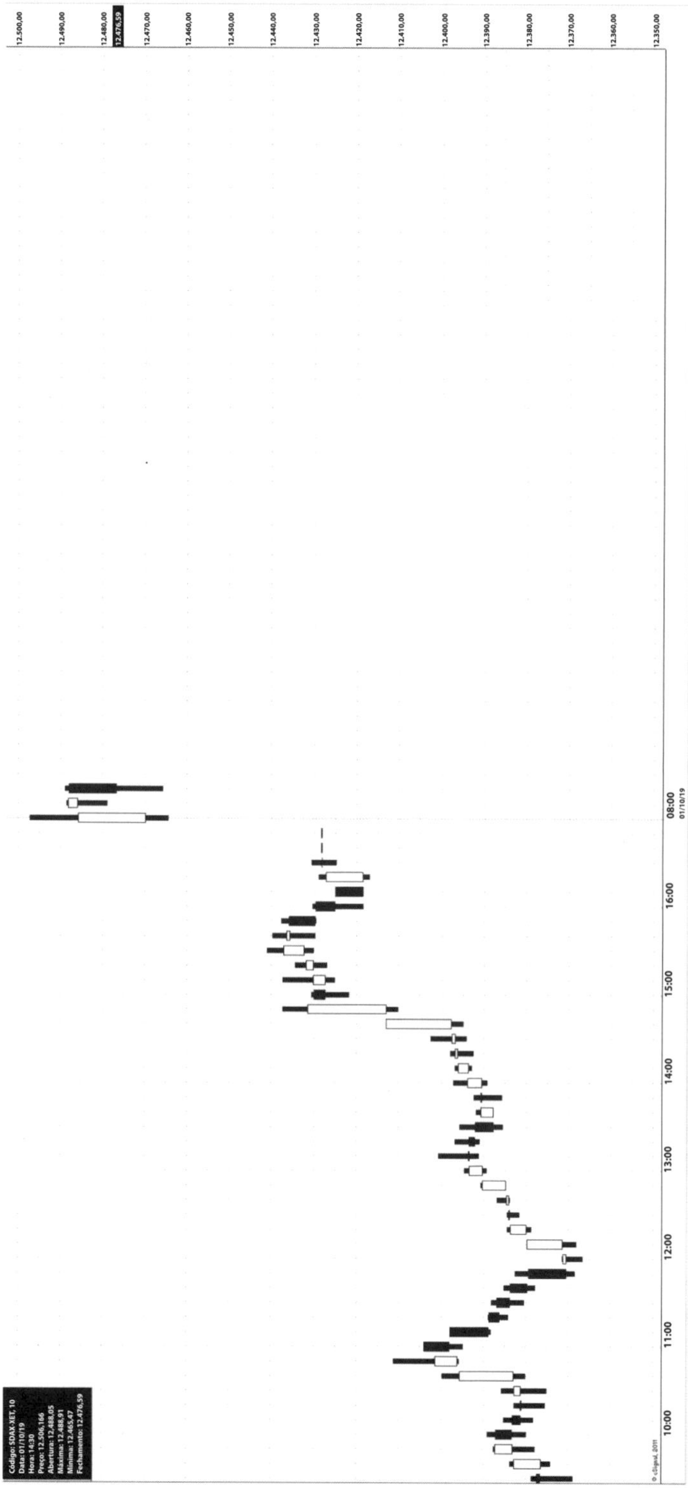

Fonte: eSignal (esignal.com)

Se você fizer 40 pontos nessa posição vendida e o mercado continuar a seu favor, como você se sentirá? Como você se sentirá caso, algumas horas depois, vir o mercado cair mais 100 pontos antes de sua saída?

Acredito que o conceito de risco e recompensa foi elaborado por um acadêmico que não entende o risco e a associação da mente com relação a este. Acho que esse acadêmico criou um método para manter a cabeça em paz, para evitar a dor.

Cinquenta minutos depois, o DAX está preenchendo o gap. Isso é mostrado na Figura 2. A posição é lucrativa.

Um colega meu seguiu minha operação. O gráfico está a nosso favor. Estamos conversando sobre a operação. Esta é nossa conversa:

Amigo: Estou tentado a realizar meu lucro. Você tem uma meta para essa operação?

Tom: Meu amigo, eu não opero com metas. Vamos ver o que o mercado vai nos oferecer. O stop loss está no breakeven. Não tem como perder.

Amigo: Sim, eu sei. Mas ontem foi um dia ruim de negociação. Perdi 150 pontos. Fiz uma leitura ruim do mercado. Tive uma ideia, mas ela não deu certo. De qualquer forma, perdi 150 pontos. Se eu fechar minha posição no DAX agora mesmo, poderei compensar a negociação perdida nesta manhã e recuperar muitos dos pontos perdidos ontem. O que você acha?

Tom: Acho que você está negociando de acordo com a experiência que teve ontem. Você não esvaziou sua mente. Você não está focado no presente. Está focado no passado. Você está tentando recuperar seu equilíbrio emocional. Está em um estado de instabilidade porque não consegue esquecer a perda que teve ontem. Por isso você não está julgando a operação por seu mérito, mas pelo mérito de uma operação anterior. Você não está vendo a situação como ela é neste momento. Está vendo de acordo com seu estado de espírito.

Entendo que fechar a operação é um pensamento reconfortante para você. No entanto, não estamos operando para atingir o breakeven. Estamos operando para ganhar dinheiro.

Consegue reconhecer que o trading é um jogo mental? É um jogo de humores. Meu amigo estava compreensivelmente abalado com sua perda ontem. Ele carregou esse sentimento para o dia seguinte. E isso afetou sua tomada de decisão.

Figura 2

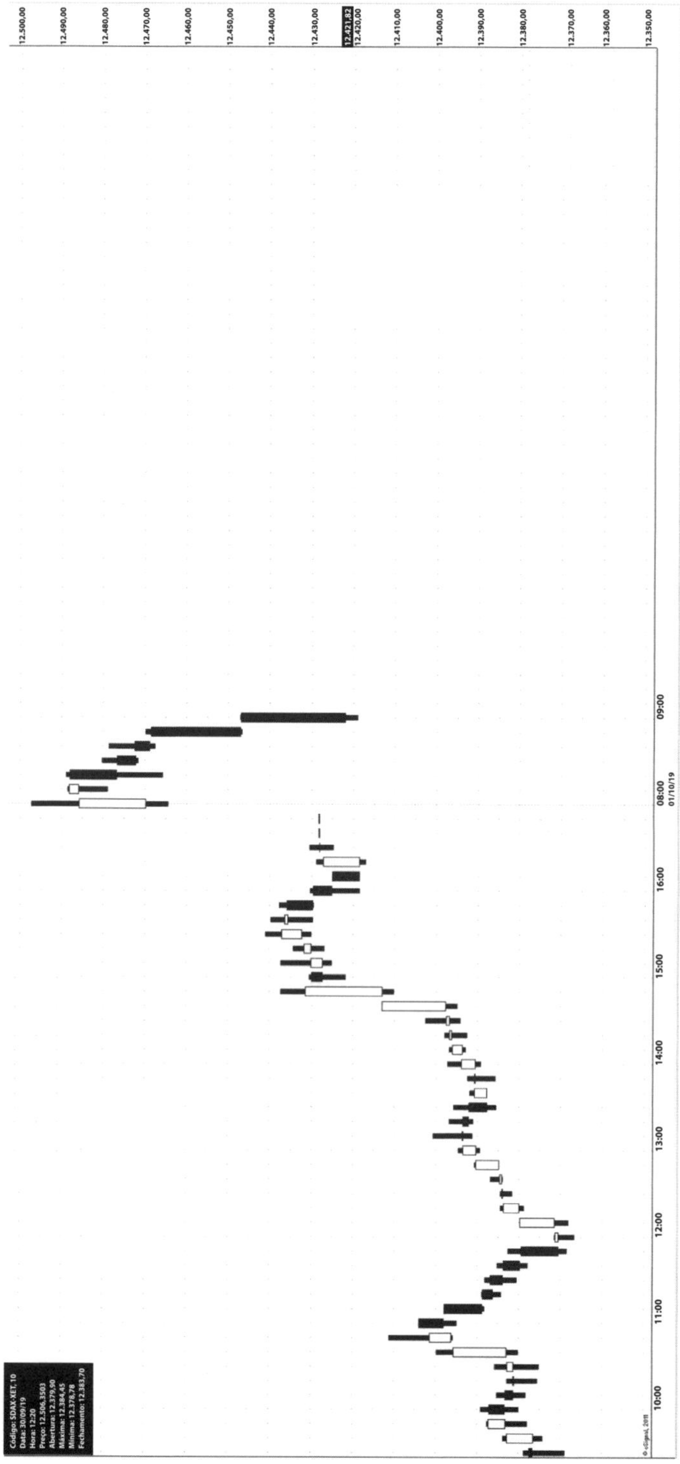

Fonte: eSignal (esignal.com)

Em 2007, fui convidado para a final de tênis de Wimbledon. Minha amiga era um grande nome no setor midiático, e ninguém menos do que Ralph Lauren a convidou para a final de tênis — mais um convidado. Então, lá estava eu no espaço VIP, sentado ao lado de Luke Donald, que, na época, era um dos melhores jogadores de golfe do mundo.

Ele é um homem de fala mansa e muito educado. Conversamos sobre Tiger Woods e fiz uma pergunta bastante direta sobre competir com Tiger.

"Tiger Woods joga golfe melhor do que você?"

Achei a resposta dele tão incrivelmente perspicaz que nunca a esqueci. Ele disse:

> Não acho que Tiger seja um jogador de golfe melhor do que eu, se você avaliar quão bem jogamos ou quão longe acertamos a bola, mas Tiger Woods tem uma habilidade incrível de esquecer seus erros e seguir em frente.
>
> Por exemplo, podemos ter jogado no dia 15 e ambos terem dado um putt ruim. No dia 16, assim que começarmos a jogar, é como se Tiger tivesse limpado sua mente de tudo o que aconteceu no dia 15; ele fica totalmente focado no momento.
>
> Eu, por outro lado, ainda terei que lidar com o erro que cometi no dia 15, e isso afetará meu desempenho no dia 16.

Essa é uma visão astuta do que, de fato, separa os melhores em determinada área. É a *mente* e o que ela processa em determinado momento. Ela está trabalhando *com* você ou *contra* você?

Dissonância Cognitiva

Meu amigo está pensando em argumentos contra e a favor da realização de lucros. Sei como isso é. Posso ter muitos anos de experiência em trading, mas ainda tenho esses pensamentos. No entanto, tenho consciência de quando eles aparecem, mas foco no gráfico e no que ele está me dizendo. Não olho para os lucros e as perdas (P&L).

O que meu amigo está experimentando é conhecido como dissonância cognitiva. Na área da Psicologia, a dissonância cognitiva é o desconforto mental — estresse psicológico — experimentado por uma pessoa que tem, simultaneamente, duas crenças ou ideias contraditórias rondando seus pensamentos.

Esse desconforto é desencadeado por uma situação em que a crença da pessoa se choca com novas evidências que a contradizem. Ao passo que são confrontadas com fatos que contradizem suas crenças, ideais e seus valores, as pessoas tentam encontrar uma maneira de resolver essa antítese para reduzir o desconforto.

A melhor maneira de a mente racional resolver o incômodo de uma posição lucrativa é fechá-la. Já a melhor maneira de a mente racional resolver o incômodo de uma posição de prejuízo é deixá-la fluir.

Em seu livro de 1957, *Teoria da Dissonância Cognitiva*, o autor Leon Festinger propôs que os seres humanos buscam consistência psicológica interna para que a mente funcione corretamente no mundo real. Ele diz que uma pessoa que experimenta uma inconsistência interna tende a ficar psicologicamente desconfortável e é motivada a reduzir a dissonância cognitiva.

Um modo de atingir o objetivo de reduzir esse desconforto é fazer mudanças para justificar o comportamento estressante, seja adicionando novas informações não fundamentadas ou irrelevantes à cognição, seja evitando circunstâncias e informações contraditórias que possam aumentar a magnitude da dissonância cognitiva.

Meu amigo, nesse caso, está em conflito. Ele está associando a dor com seu desempenho no dia anterior e tem a oportunidade de acabar com ela, fechando uma posição lucrativa no presente momento. A forma como ele justifica esse raciocínio é ignorando as informações que o mercado está lhe dando sobre sua posição. Os participantes do mercado concordam que o mercado deve ser vendido a descoberto, mas, em vez de reconhecer isso, ele ignora.

Do ponto de vista lógico, tudo faz sentido. Do ponto de vista emocional, essa é uma abordagem inconsistente para o trading. As operações realizadas no dia anterior não têm influência nos mercados da data presente.

É um novo dia. Há um novo conjunto de circunstâncias. No entanto, para a mente da maioria das pessoas, os dois dias de operação estão relacionados. Em nossa mente, o presente é uma continuidade do que fizemos ontem. "E por que não?", falamos para nós mesmos.

Você está me dizendo que é possível "reiniciar" suas emoções todas as manhãs? Você está me dizendo que consegue ir para a cama à noite após uma briga feia com sua família e acordar com a mente limpa e emocionalmente equilibrado?

Eu duvido; pelo menos, não sem um esforço consciente. É por esse motivo que passo por todo um processo de aquecimento antes de iniciar as operações do dia. Falaremos sobre isso mais adiante. Afinal, é disso que se trata este livro. É um *livro de receitas* com métodos para evitar as armadilhas que 90% das pessoas experimentam.

Mas qual é a fonte da crise interna desse meu amigo? O medo. Puro e simples. Ele tem medo de perder o que conquistou no papel. Ele está desesperado para voltar ao estado emocional de paz interior. Ele não está mais operando de acordo com os gráficos. Ele não está mais operando nos mercados. Ele está operando o próprio bem-estar mental.

Medo

Meu amigo está com medo. Ele teme que o dinheiro que perdeu no dia anterior não seja compensado por uma boa operação que está fazendo agora. Ele teme que os lucros que está obtendo no presente diminuam ou, na pior das hipóteses, desapareçam.

Ele reconhece que não pode perder dinheiro nessa operação. O stop loss está no breakeven. Infelizmente, isso gera certo desconforto.

Uma vez vi uma citação que me fez abrir um sorriso: tudo o que você sempre quis vive do outro lado do medo. Entretanto, o medo precisa estar efetivo em nossa vida. O cérebro humano é um produto de milhões de anos de evolução, e somos programados com instintos que ajudaram nossos ancestrais a sobreviver. Precisamos do medo para garantir a sobrevivência em determinadas situações; porém, muitos dos medos que carregamos não são apropriados para o trading.

Nossa mente tem uma função primordial, que é nos proteger contra a dor. Se você introduzir mudanças drásticas em sua vida, provavelmente ficará cara a cara com essa dor. Uma maneira inteligente de aumentar o poder de permanência durante a mudança é introduzi-la lentamente.

Digamos que você tenha definido a meta ambiciosa de correr uma maratona. Para atingir esse objetivo, você desenvolve seu corpo e sua mente para a tarefa. Realizar grandes operações é exatamente o mesmo processo. Você precisa dar tempo à mente para aprender a lidar com a angústia decorrente da perda quando as apostas são maiores.

Não adianta se comparar aos outros. Você pode se inspirar em outras pessoas; mas saiba que essa é uma jornada individual, e seu trabalho é alcançar uma mentalidade de equilíbrio, não importa o tamanho de sua operação.

Philippe Petit

Há tempos, assisti a um documentário sobre Philippe Petit. Ele foi um artista francês que amarrou um cabo entre os dois prédios do World Trade Center e, em seguida, o atravessou — diversas vezes.

O que me impressionou sobre esse feito incrível foi sua preparação.

Para realizar essa façanha, Philippe fez um treinamento físico e mental durante sete anos. Você acha que ele apenas foi e esperou pelo melhor? Não. Na verdade, a altura original que ele usou para fazer o treinamento era muito menor em comparação às altitudes que ele alcançaria no desafio.

Philippe Petit é uma personagem fascinante; ele precisou lidar com o medo em um nível além do que o restante de nós precisa. Aprendi muito sobre esse sentimento e sobre como identificar minhas deficiências ao estudar sua abordagem em relação ao seu ofício.

Visualização

"Antes de minha caminhada na corda bamba para atravessar o rio Sena e chegar ao segundo andar da Torre Eiffel, o cabo inclinado de 700 m de comprimento parecia tão íngreme e a sombra do medo tão real que fiquei preocupado. Será que houve um erro nos cálculos do equipamento?"

Como Petit superou essa dúvida?

Com um simples exercício de visualização.

"Na hora, venci minha ansiedade, imaginando o melhor resultado: meu último passo vitorioso acima de uma multidão de 250 mil pessoas torcendo por mim."

Somado a isso, Petit exagera seus medos. Em vez de tentar superar o medo à força, ele sugere domá-lo, construindo o medo para que, quando você finalmente enfrentá-lo, fique desapontado com quão banal essa ameaça realmente é:

> Uma ferramenta inteligente para ter em seu arsenal e destruir o medo: se algo que lhe dá muito medo cutucar seu ombro, não se vire imediatamente, esperando se assustar. Faça uma pausa e espere mais, exagere.
>
> Esteja pronto para sentir muito medo, gritar de terror. Quanto mais delirante for sua expectativa, mais seguro você estará quando perceber que a realidade é muito menos horripilante do que você imaginou. Então vire-se. Está vendo? Não foi tão ruim assim — e você já está sorrindo.

Ele continua dizendo que sente medo de certas coisas, como todo mundo. Ele fala sobre sua antipatia por aranhas, em particular:

> Costumo dizer que, quando estou no chão, não tenho medo de nada, mas minto. Confesso, zombando de mim mesmo, ter aracnofobia e cinofobia [medo de cães]. Como considero o medo uma ausência de conhecimento, para mim seria simples vencer esses medos tolos.

> Eu diria: "Estou muito ocupado ultimamente, mas quando decidir que é hora de me livrar de minha aversão a animais com muitas pernas (ou com poucas pernas — as cobras também não são minhas amigas), sei exatamente como proceder".
>
> Para isso, lerei relatórios científicos, assistirei a documentários, irei ao zoológico. Posso entrevistar criadores de aranhas (existe essa profissão?), a fim de descobrir como essas criaturas evoluíram, como caçam, acasalam, dormem e, o mais importante, o que assusta essa fera peluda e assombrosa. Então, assim como James Bond, não terei nenhum problema em ver uma tarântula subindo pelo meu antebraço.

O feito de Petit continua sendo um dos mais lendários — e impressionantes — atos de arte pública de todos os tempos. Ele diz que não houve um *porquê* por trás desse ato. Citando suas palavras:

> Para mim, é bastante simples. A vida deve ser vivida no limite. É preciso exercitar a rebeldia, recusar-se a se prender a regras, recusar o sucesso, recusar-se a repetir as mesmas atitudes, enxergar cada dia, cada ano, cada ideia como um verdadeiro desafio e, então, você viverá a vida em uma corda bamba.

O Ego e o Maravilhoso Fracasso

Não sou fã de clichês. Eles demonstram uma falta de pensamento original. Sou bastante cínico em relação às pessoas que vendem clichês. Não me agrada ouvi-las dizer que devo realizar meus lucros e reduzir minhas perdas. Sim, mas como faço para lidar com o medo de realizar meus lucros?

Não me sinto bem quando uma amiga me diz que está em um relacionamento abusivo e outra se intromete, afirmando com desdém que a solução é "só largar o babaca". É uma solução bastante simplista. Pode ser verdadeira, mas, mesmo assim, é um absurdo.

Quando uma solução é óbvia, é raro que esse seja o único problema existente. Você também pode dizer a um alcoólatra para simplesmente parar de beber. Existe um motivo pelo qual ele está bebendo e outro pelo qual ele está se esforçando para parar.

O *fracasso* existe? Venho de uma família que raramente fazia elogios por nossas realizações. Sempre era esperado que tivéssemos conquistas. Os fracassos, por outro lado, eram apontados — e não de maneira construtiva.

Tive que retreinar minha mente para parar de ter medo de cometer erros. Eu costumava ter uma frase predileta quando criança: "A culpa não é minha". Hoje a responsabilidade é toda minha. A culpa é sempre minha. Sou bom em cometer erros, para que eu possa aprender com eles.

O fracasso pode ser nosso amigo — se você disser para sua mente que não há problema em falhar. Participo de um programa de rádio sobre trading e investimentos. O principal tema é a competição entre dois outros traders e eu.

A competição é sempre acirrada, e toda semana somos questionados sobre o conteúdo de nossos portfólios. Meu estilo de trading é muito preto no branco. Se eu achar que o mercado está caindo, comprarei algumas opções de venda ou alguns certificados de baixa, e vice-versa, se eu estiver otimista com o mercado.

Aprendi há muito tempo que a melhor forma de calar a boca de um jornalista é ser 100% honesto. Portanto, no momento em que o apresentador de rádio me provoca dizendo "Humm, Tom, você errou nessa, hein?", a pior coisa que posso fazer é começar a me defender. Se eu ficar inventando desculpas ou adotar uma postura defensiva, estarei jogando gasolina no fogo.

É uma ótima metáfora para a vida. Reconheça seus erros e acabe logo com isso. Então, quando o apresentador está tentando se engajar em uma linha de questionamento com o objetivo de fazer com que eu fique na defensiva, eu sempre faço o caminho inverso, dizendo algo como: "Meu Deus, acho que eu não poderia estar mais errado, mesmo que tentasse"; ou "Nossa, até uma criança de 5 anos poderia ter se saído melhor do que eu".

Mente de Trading Invertida

Com base em minha pesquisa sobre o comportamento de nossos clientes durante meus anos de trabalho na City Index, concluí que a maioria esmagadora deles tinha um padrão de pensamento mental doentio, porque sentiam medo em momentos em que não havia motivo para isso. O medo deles se manifestava durante os instantes em que suas posições estavam obtendo lucros.

Por mais que eu manipule o argumento, isso ainda é medo de perder. Nesse caso, é o medo de perder os lucros acumulados no papel.

Quando os clientes estavam em posições perdedoras, eles relutavam em realizar a perda. Era como se tivessem a atitude de que, enquanto a posição estivesse aberta, ela ainda poderia dar certo. Acredito que eles optaram por substituir o medo pela esperança. Eles esperavam que a posição perdedora voltasse ao breakeven.

Voltando ao exemplo do DAX, meu amigo segurou a operação. Fiz o melhor que pude para guiá-lo em meio à sua dor. Ele moveu seu stop loss para baixo, o que significava que ele teria algum lucro para mostrar se o mercado voltasse a subir.

Com base em minha experiência, se você puder orientar uma pessoa em meio a um trading bem-sucedido, em que ela mantém a operação, você começará a criar o tipo certo de associações neurológicas. O trader experimentará a emoção de manter uma operação. Ele sentirá a alegria de obter cada vez mais lucro.

Meu amigo ficou muito feliz com o desenvolvimento do gráfico. Porém ficou claro que ele estava sempre buscando motivos para conseguir lucro. A ideia de deixar dinheiro na mesa não o agradava nem um pouco.

Para seu crédito, ele manteve a operação, incentivado por minha convicção de que o mercado estava mostrando fraqueza. Logo fomos recompensados por um súbito vácuo de liquidez. Eu tento não ficar empolgado quando o mercado está me dando uma sorte inesperada. No entanto, às vezes, até comemoro com um soco no ar, mesmo estando sozinho em meu escritório.

Figura 3

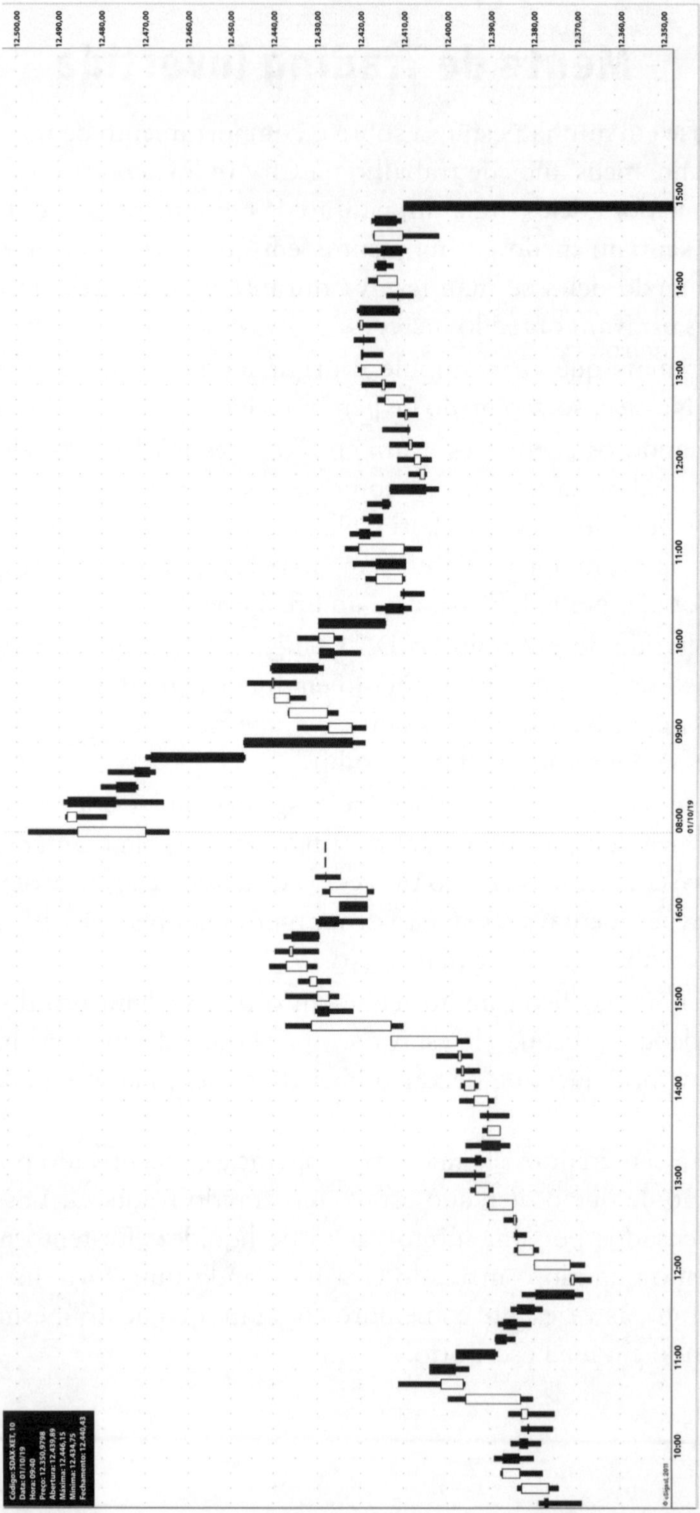

Fonte: eSignal (esignal.com)

Toda a sequência dessa operação está nos registros, com carimbo de data e hora, de meu canal do Telegram em 1º de outubro de 2019. Observe a Figura 3.

Elon Musk

Não sou fã da Tesla. Isso se deve ao fato de eu ter vendido e perdido muito dinheiro com a empresa. Sim, eu sei. Um argumento tolo, considerando que os carros da Tesla são aparentemente bons.

Contudo, sou fã do Elon Musk. Estamos fadados a cometer erros na vida, mas os erros são como combustível para o foguete do aperfeiçoamento. Por falar em foguetes, como você acha que pessoas como Elon Musk lidam com o fracasso?

Ele está tentando realizar coisas incríveis e transformadoras — como fabricar automóveis elétricos e colonizar o espaço —, e ele faz isso diante dos olhos do mundo inteiro.

Para ele, a possibilidade de fracasso está sempre presente. Não apenas isso; quando ele fracassa, isso se torna uma notícia espetacular nas manchetes de jornais. No entanto, Musk continua indo e vindo, fazendo coisas que são extremamente arriscadas, mas também de extrema importância.

Como ele lida com o medo do fracasso? Será que ele ainda tem isso ou está, de alguma forma, programado com resiliência contra esse tipo de ansiedade?

Aparentemente, não. Musk declarou publicamente que sente muito medo. Então como ele segue em frente apesar disso?

Existem dois elementos principais na capacidade de Musk de superar seus medos. O primeiro é uma paixão avassaladora por seus projetos. Ele admite que a SpaceX foi um empreendimento insano, mas ele tinha um motivo convincente para prosseguir:

> Eu concluí que, se não fosse feito algo para melhorar a tecnologia dos foguetes, estaríamos presos à Terra para sempre. As pessoas tendem a pensar que a tecnologia melhora automaticamente a cada ano, mas, na verdade,

> isso não acontece. Ela só melhora se pessoas inteligentes trabalharem insanamente para torná-la melhor.
>
> Se as pessoas não se dedicarem a trabalhar na tecnologia, ela entrará em declínio. Veja o Egito Antigo, onde eles foram capazes de construir essas pirâmides incríveis e, depois, basicamente se esqueceram de como se constrói pirâmides... Existem muitos exemplos desse tipo na história... A entropia não está a seu favor.

Elon Musk não estava preparado para ficar de braços cruzados e ver a história se repetir.

O segundo elemento é o que Musk chama de *fatalismo*. Concentrar-se apenas no motivo pelo qual você está assumindo um tremendo risco nem sempre é suficiente para superar a hesitação. Não foi o caso dele:

> Algo que, até certo ponto, pode ser útil é o fatalismo. Aceitar as probabilidades diminui o medo. Ao iniciar a SpaceX, pensei que as chances de sucesso eram inferiores a 10% e apenas aceitei que, na verdade, eu provavelmente perderia tudo, mas que talvez fizéssemos algum progresso.

Ele não é o único que utiliza essa abordagem. Visualizar o pior cenário possível pode nos fazer avaliar objetivamente o que estamos tentando alcançar. Enfrentar nossos medos remove seu poder sobre nós.

Será que fui muito além da jornada de trading proposta no início?

Acredito que não. Tenho diversas fontes de inspiração dentro e fora do mundo do trading: Kobe Bryant, Rafa Nadal, Cristiano Ronaldo, Sergio Ramos e Charlie Munger são apenas algumas delas.

São pessoas muito diferentes, porém todas obcecadas pela jornada, por ter uma vida mais nobre e por desenvolver seu ofício com perfeição. Estudar a abordagem de trabalho dessas pessoas sugere que elas encontraram o que gostariam de fazer, mesmo que não fossem pagas por isso. Tenho certeza de que também são empresários e estão de olho no dinheiro que recebem. No entanto, parece que realizam seu ofício por amor a ele.

Você Quer Muito Isso?

Quanto você quer isso? Essa jornada é para você? Não sei. Só você pode responder a isso. Permita-me lhe fazer outra pergunta: qual é a alternativa?

Você está lendo este livro porque quer aprender, de fato, a fazer trading. Talvez tenha estado em minha sala de operação ao vivo e tenha visto o que conquistei com base em minha filosofia de trading. E quer aprender mais. Eu admiro isso.

Talvez este seja o momento de saber o que é trading de verdade? É uma ótima maneira de expor todas as suas fraquezas e destacar suas fortalezas. Descobri fraquezas em meu caráter por meio de minhas operações e pesquisas.

Para mim, o benefício colateral de ganhar a vida operando nos mercados financeiros são os traços de caráter que isso incute em mim. Estou mais paciente do que nunca e muito mais focado e disciplinado do que antes.

O fracasso é uma de nossas melhores ferramentas de aprendizado.

Tempos Duvidosos

Você quer mesmo saber operar com lucro? Tive que responder a essa pergunta algumas vezes durante minha carreira. E precisei fazer alguns sacrifícios ao longo do caminho. Certa vez, um coach sentiu que meu esforço não estava sendo sincero e me questionou sobre isso.

Recentemente, eu estava jantando com um amigo que conheço há quinze anos. Eu o conheci quando fiz um discurso em algum lugar no norte da Inglaterra. Ele me perguntou se poderia me consultar enquanto eu estava em Manchester para dar uma palestra sobre trading e eu, naturalmente, concordei.

Enquanto comíamos, ele ficou muito animado. Em determinado momento, ele derrubou um copo de água enquanto expressava sua frustração com suas operações. Foi difícil identificar qual era realmente o problema, porque ele não fez nenhuma menção a uma adversidade específica.

Para mim, ficou claro que ele estava muito angustiado e queria ajuda, mas não consegui identificar de que forma eu poderia auxiliá-lo. Então lhe ofereci assistência na única área que considerei adequada. Eu me ofereci para revisar suas notas de operação. Em minha opinião, essa é a única forma de ajudar alguém. É muito trabalhoso, mas pelo menos assim posso ter uma noção de quem ele é como trader.

Ao nos despedirmos, ele me disse que enviaria suas notas. Eu confirmei e disse que aguardaria ansiosamente pelo contato dele. Até este momento, ele não me mandou nenhum e-mail ou mensagem. Silêncio total. Nenhuma palavra sequer.

Se me oferecerem ajuda em uma área em que quero desesperadamente me destacar, e a ajuda vier de um amigo que é especialista na área, responderei assim que puder, se não imediatamente. Até o momento, quatro ou cinco dias depois de nossa conversa, não ouvi um pio.

Quanto você acha que ele quer isso? Quão aflito você acha que ele está? Eu questiono o quanto ele realmente quer isso. Observei esse mesmo padrão em diversas ocasiões. O aluno afirma estar muito interessado, mas, na realidade, são apenas palavras.

Isso me lembra de uma conversa que o famoso trader Ed Seykota teve com outro trader brilhante e amigo dele. O amigo disse a Ed que pretendia transformar um trader perdedor em um trader vencedor, ensinando a ele algumas dicas importantes que estavam faltando em suas operações.

Ed Seykota parou por um segundo e, então, disse que o amigo não conseguiria ensinar nada a seu aluno. Ele disse que um trader perdedor não vai querer ser transformado. Esse é o tipo de coisa que apenas os traders vencedores fazem.

Todos nós podemos pedir orientação a alguém que é melhor do que nós. Como diz o ditado, você só se torna excelente jogando contra um adversário melhor. Orientei muitas pessoas que já estavam no caminho certo para operar com confiança. Eu apenas refinei e dei sugestões.

Não sei se terei notícias do meu amigo ou não. O que se sabe é que muitas pessoas abrem contas em corretoras na esperança de ganhar dinheiro. Seu esforço é desproporcional às suas expectativas, e seus resultados estão alinhados com seu esforço. Elas simplesmente não se empenham o suficiente.

Antes de passar para o próximo assunto, quero avisar: sou um trader que trabalha com gráficos, mas isso não significa que é por isso que obtenho muito lucro em minhas operações. Em dado momento, li que os analistas técnicos têm medo de altura, o que significa que eles são incapazes de permitir que os vencedores dentro deles se libertem, pois continuam vendo resistência no overhead.

O próximo capítulo se chama "A Maldição dos Padrões" porque acredito plenamente que, por mais que os padrões nos ajudem, eles também dificultam nossa vida de trade. Na busca por padrões, vemos coisas que simplesmente não existem.

A Maldição dos Padrões

Se você remover o eixo de tempo e o eixo de preço de um gráfico, provavelmente não conseguirá saber a diferença entre um gráfico de cinco minutos e um gráfico de uma hora.

Em certo sentido, isso é bom. Significa que podemos aperfeiçoar nosso ofício e, depois, encontrar um período adequado ao nosso temperamento de trader. O trader que tem a capacidade de se concentrar por longas horas descobrirá que o gráfico de um minuto e o de cinco minutos oferecem uma ampla oportunidade de ganhar dinheiro.

O trader que não dispõe de tanto tempo provavelmente irá preferir o gráfico com um recorte mais longo, como de uma ou de quatro horas. Assim, ele não precisará verificar o gráfico com tanta frequência.

Os gráficos são uma ferramenta muito superior à análise fundamentalista, quando se trata de pontos de entrada e de saída, e posso usar as mesmas ferramentas, independentemente do período em que estou fazendo trading.

Se sou contra a macroanálise fundamental? Eu seria tolo se descartasse os fundamentos. Os dois não devem estar em campos opostos. Eles devem andar juntos, pois se complementam e compensam as falhas um do outro.

Mas eu não iria tão longe a ponto de dizer que a análise de gráficos é o Santo Graal. Ganhei muito dinheiro com gráficos de trading, porém não foi minha capacidade de ler um gráfico que fez de mim um trader bem-sucedido.

Não acredito que exista um Santo Graal quando se trata de trading e certamente não acredito que a análise de gráficos seja o Santo Graal.

Padronização

Apophenia é uma palavra latina que, traduzida para o inglês, significa *padronização*. É um comportamento focado em ver coisas que não existem; a tendência de perceber padrões e conexões significativos entre eventos não relacionados. A padronização costuma ser uma diversão inofensiva. No entanto, pode ser usada para fortalecer uma crença que carece de evidências, como uma teoria da conspiração.

A mente tende a buscar informações que confirmem o viés que já decidimos seguir. Portanto, é quase impossível ser completamente objetivo em relação à análise de gráficos.

Certa vez, meu antigo mentor, Bryce Gilmore, comentou sobre esse fato. Ele me disse: "Tom, nos mercados e nos gráficos, você só vê o que treinou seus olhos para ver".

Outra perspectiva desse mesmo conhecimento foi expressa por Anaïs Nin. Ela disse: "Não vemos as coisas como elas são, nós as vemos como nós somos".

"Qual é a relevância disso para o trading?", posso ouvir você perguntar. Há muito tempo, tive um amigo que ganhava muito dinheiro fazendo trading. Nick foi um excelente trader, até 2004.

Ele começou a ler e acreditar em alguns escritores e colaboradores do Zero Hedge e se tornou pessimista em relação ao mercado de ações. Ele continuou vendendo a descoberto. Mas o mercado continuou subindo. Ele simplesmente não conseguia aceitar o fato de que não havia mais desvantagens após o mercado em baixa do período entre 2000 e 2003. Ele não via o mercado como ele era de fato. Ele o via como queria ver. Ele era pessimista e tinha lido que o mercado continuaria em baixa, então parou de negociar o que via e deixou que sua opinião obscurecesse sua objetividade.

Nick não opera mais nos mercados.

Eu não queria escrever um livro sobre gráficos. Existem tantas obras sobre análise técnica, escritas por pessoas que duvido que trabalhem exclusivamente como traders. Acho que elas dizem a si mesmas que, por terem uma conta em uma corretora e por fazerem trading de vez em quando, estão qualificadas para escrever livros sobre o assunto.

Embora eu seja trader em tempo integral, não acho que poderia acrescentar nada de novo ao mundo dos gráficos. Eles não me renderam dinheiro. Os indicadores nunca me renderam dinheiro. Índices e bandas nunca encheram minha conta bancária.

Como estou prestes a postar alguns gráficos, quero salientar que isso é para provar um ponto, e não para ensiná-lo sobre os méritos da análise técnica.

O Fanático por Linhas de Tendência

Já no início de nosso estudo sobre os gráficos, deparamo-nos com as linhas de tendência. Elas são fáceis de usar e aparentam ser uma ótima estratégia de trading, principalmente quando fazemos isso *após a operação.*

A Figura 4 mostra um gráfico "nu". O gráfico diligente começa a traçar linhas de tendência. A pessoa consegue ter uma visão geral completa do dia.

Lembre-se, o cérebro terá como principal objetivo — repito, **PRINCIPAL OBJETIVO** — evitar que você sinta dor. Uma operação perdida é igual à dor.

Por isso, o cérebro envia um sinal aos olhos para ignorar as configurações que não funcionam. Essa inclinação à seleção cria uma imagem distorcida da validade das linhas de tendência.

Você pode substituir as linhas de tendência por qualquer outra ferramenta analítica de seu pacote de gráficos — Fibonacci, Bandas de Bollinger, Canais de Keltner etc. — e a tendência permanecerá a mesma.

Seus olhos só verão o que eles querem ver. Na melhor das hipóteses, eles podem até *ver* as operações perdidas, mas as ignoram, como se não importassem.

Figura 4

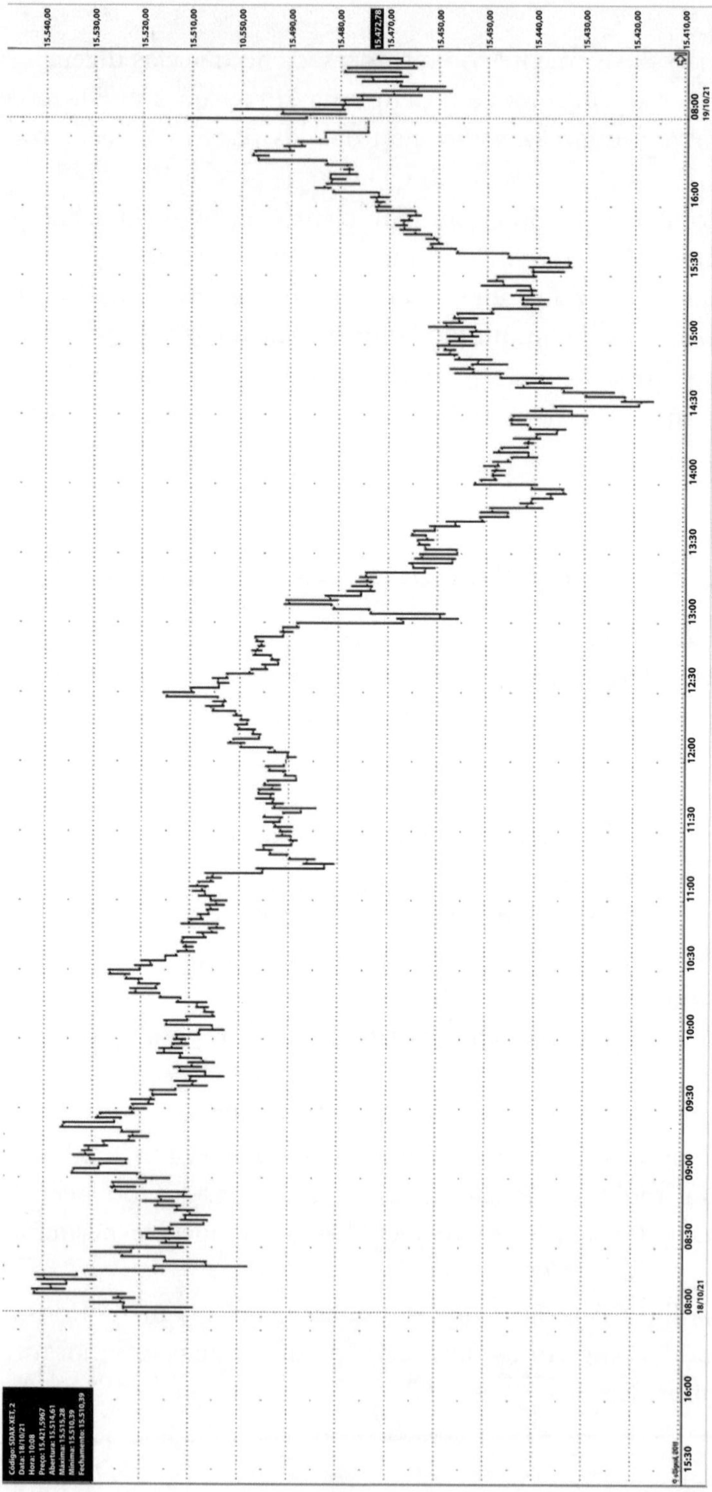

Fonte: eSignal (esignal.com)

O resultado é previsível. O pesquisador terá um gráfico parecido com o da Figura 5, com várias configurações de linha de tendência que resultam em excelentes operações.

Não há operações perdidas. Todas resultam em lucros significativos. Esse é o poder de nosso subconsciente.

Os traders cínicos (pessoas como eu) perceberão coisas que outros traders não percebem — não porque os outros não tenham essa capacidade, mas porque não querem. Observe a Figura 6.

Se você estiver em uma posição de pesquisa e desenhar um número suficiente dessas linhas de tendência após a operação, provavelmente concluirá que são uma ferramenta fantástica, talvez o Santo Graal.

Não há nada de errado com as linhas de tendência, mas elas não o deixarão rico. O que o deixará rico é como você pensa quando opera nos mercados. Se você pensar igual a todo mundo, seus resultados serão iguais aos de todo mundo.

Você não quer ganhar dinheiro? Você não quer se destacar do rebanho? Então perceba que o trading lucrativo não tem nada a ver com a ferramenta que você usa.

Para provar como é inútil pesquisar ferramentas, gostaria de apresentar dois dos traders mais conceituados do mundo, Larry Pesavento e Larry Williams.

Larry Pesavento versus Larry Williams

Os dois Larrys estão na terceira idade. Ambos são cidadãos norte-americanos e, incidentalmente, são amigos. Ambos desfrutaram de carreiras como traders ao longo de décadas e ganharam a vida com o trading.

Larry Pesavento é conhecido por usar padrões e índices de Fibonacci. Larry Williams é conhecido por suas configurações de reconhecimento de padrões. Os dois escreveram diversos livros sobre as ferramentas que escolheram para operar nos mercados.

Figura 5

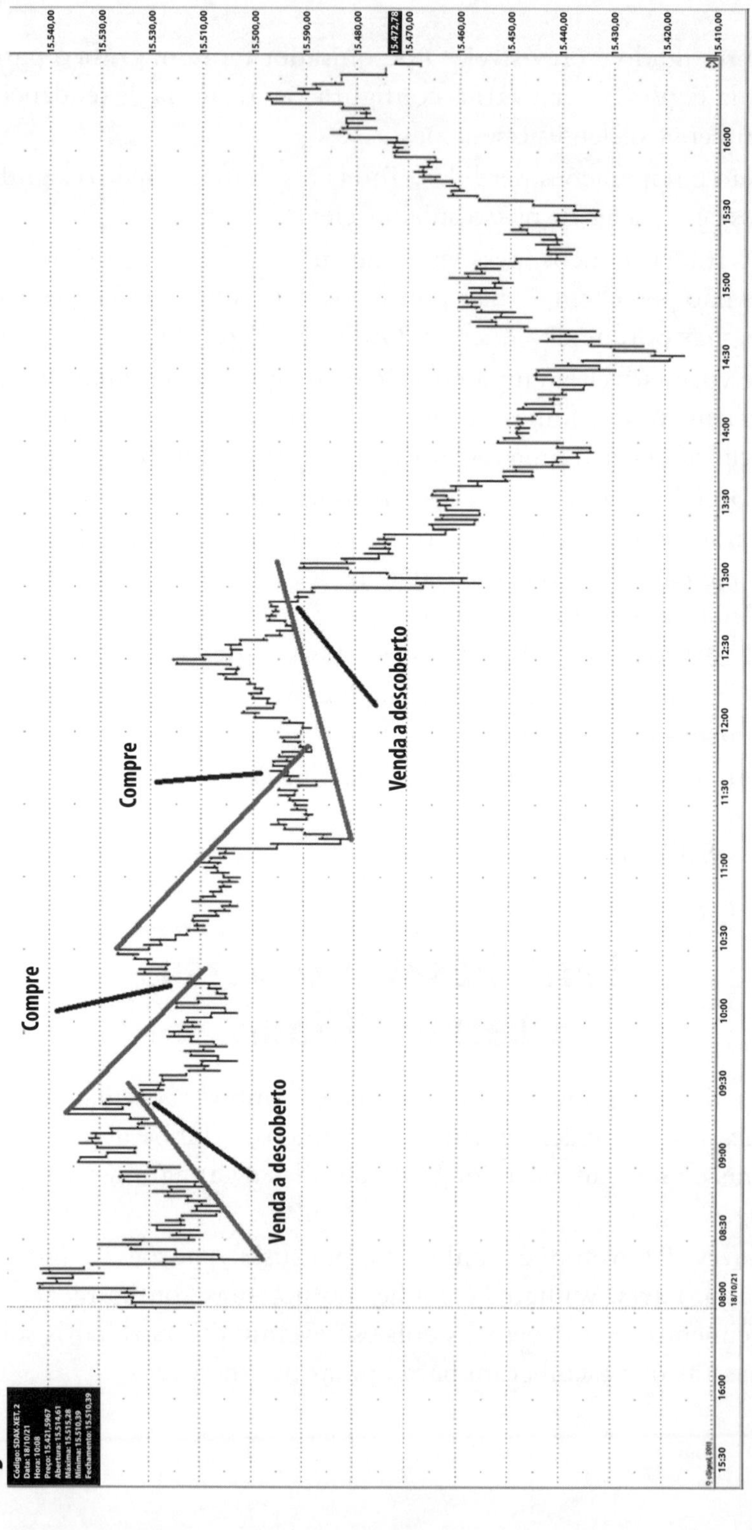

Fonte: eSignal (esignal.com)

Figura 6

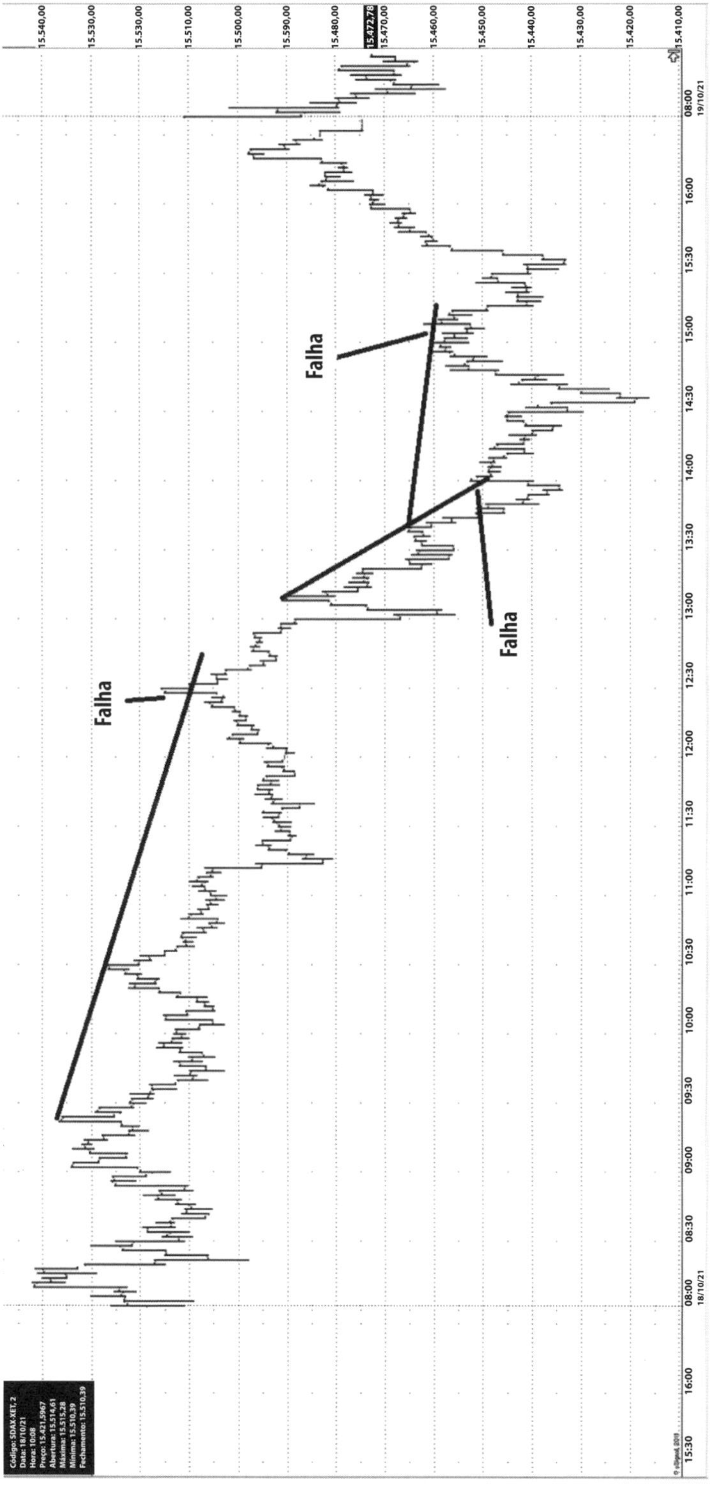

Fonte: eSignal (esignal.com)

Em um workshop que organizei em 2005, Larry Williams — que foi um dos palestrantes — apresentou estatísticas do índice S&P 500, mostrando todas as principais retrações em um gráfico de uma hora ao longo de uma década.

Como você pode imaginar, praticamente todos os percentuais de retração concebíveis foram exibidos. No entanto, o 61,8% e o 38,2% — os dois índices de Fibonacci mais importantes — não foram destacados. É claro que eles estavam lá, mas estavam cercados por uma grande quantidade de outros percentuais.

Sim, afinal, a sequência mágica de crescimento de Fibonacci não domina o mercado. Então como essa ferramenta funciona para Larry Pesavento? A resposta é simples: ela não precisa dar certo o tempo todo para ser uma estratégia lucrativa.

Em 2016, em Oslo, na Noruega, dei uma palestra sobre índices de Fibonacci. Para a palestra, pesquisei todas as ocorrências em que o índice alemão DAX retraiu 78,6% — a raiz quadrada de 0,618 — e provei que, embora a retração de 78,6% tivesse uma taxa de acerto de 20%, ainda poderia ser uma estratégia útil. Era preciso arriscar muito pouco e fazer grandes pagamentos para que funcionasse.

S&P 500 e Fibonacci

O S&P 500 teve uma alta de 11% de junho a agosto de 2021. O índice subiu de 4.050 para 4.550 pontos. Ao longo do processo, como você pode observar no gráfico a seguir, houve três retrações significativas. A função da sequência de Fibonacci é nos permitir comprar durante as retrações com índices de retração favoráveis, como o de 38,2%, o de 61,8% ou, até mesmo, o de 78,6%. Observe a Figura 7.

O que vou mostrar agora é uma simples demonstração do poder do hype e do viés de seleção. Observe a Figura 8.

Os índices de Fibonacci são uma das ferramentas mais conhecidas na área de trading. Não há uma única dessas três principais retrações no índice S&P 500 que seja identificada por índices de 38,2%, 61,8% ou mesmo de 78,6%.

Figura 7

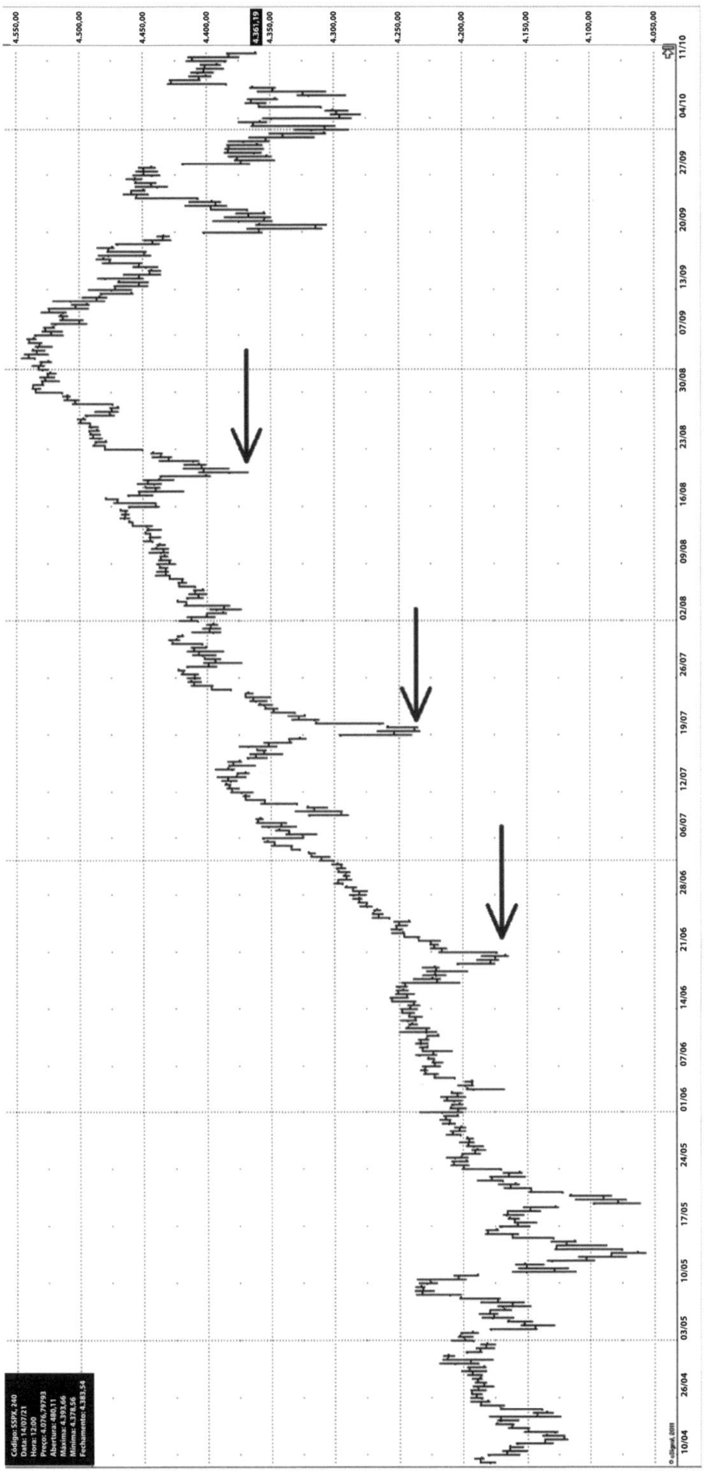

Fonte: eSignal (esignal.com)

Figura 8

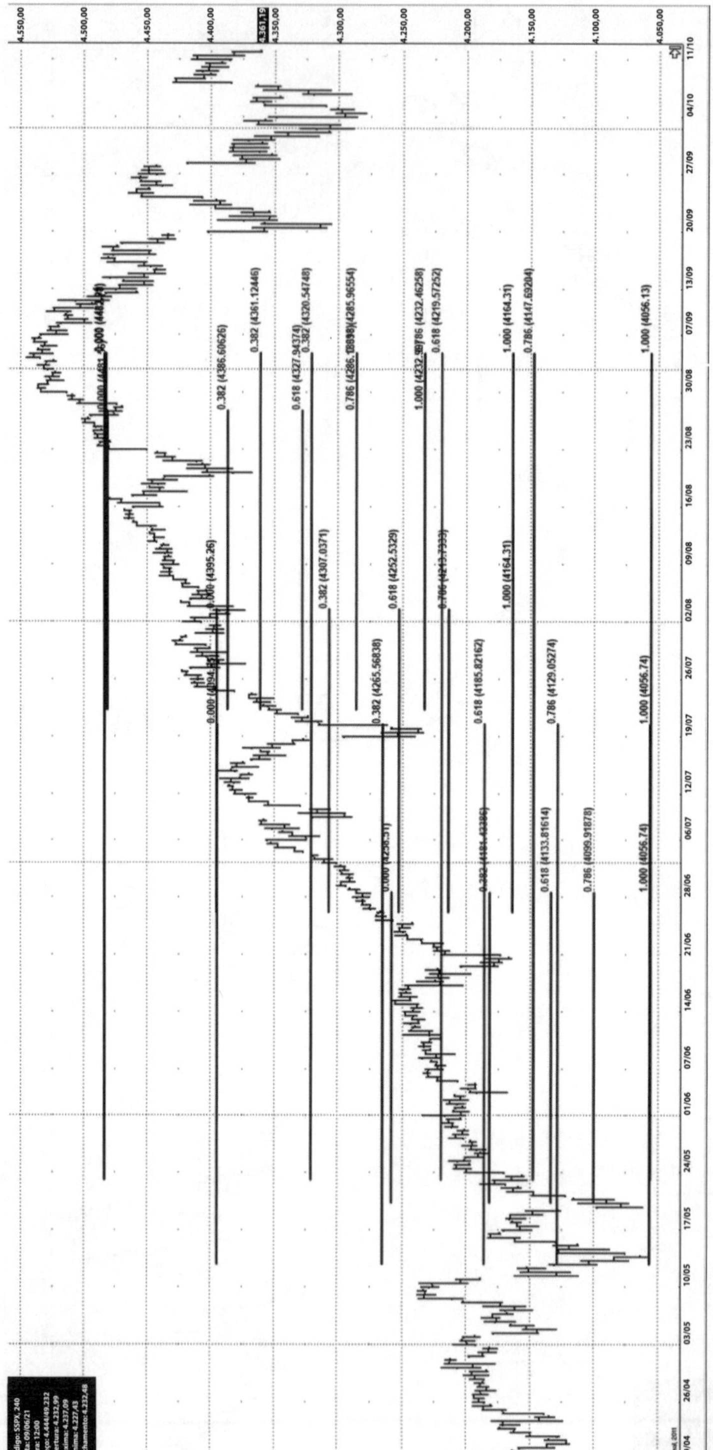

Fonte: eSignal (esignal.com)

Na verdade, os dois índices de retração que parecem surgir com mais frequência são: 43% e 74%. Atribuo isso à aleatoriedade. Sim, esse é o poder de nosso sistema de crenças.

Queremos acreditar que existe uma sequência mágica de crescimento na forma como os mercados financeiros se expandem e se contraem. Queremos acreditar que existe uma ordem universal para os mercados, ditada por uma divindade superior que criou o universo usando a sequência matemática do que conhecemos como Fibonacci.

E funciona com frequência suficiente para que os crentes continuem acreditando. Esse é o perigo dos gráficos. Quando pesquisamos, buscamos algo que nos faça entrar no lado comprado, para nunca perdermos uma alta; ou buscamos algo que nos faça vender a descoberto, para que nunca percamos uma venda a descoberto. Entramos no mercado com um viés.

Isso é apofenia em jogo. Cuidado!

Taxas de Divórcio na Espanha

A definição de *ignorância* é falta de conhecimento ou informação. Você pode ser uma pessoa inteligente, mas ignorante em algumas áreas. Por exemplo, sou muito ignorante quando se trata, digamos, de almas gêmeas e da teoria da Terra plana. Você poderia dizer que sou ignorante porque não me interesso ou não acredito nessas coisas.

Justo. No que diz respeito a encontrar a alma gêmea especificamente — a única pessoa com quem você passará a eternidade, a pessoa que é perfeita para você em todos os aspectos —, não acredito que isso exista de verdade.

Por mais ignorante que eu seja em relação ao amor, sei ler as estatísticas e, com base nelas, será que devo concluir que almas gêmeas têm mais chances de se encontrar em determinados países? Acho que não!

A título de exemplo, certamente não existem muitas almas gêmeas confessas na Espanha ou em Luxemburgo. Você sabia que, nesses países, as taxas de divórcio são de 65% e 87%, respectivamente?

No Reino Unido, a taxa de divórcio é de apenas 42%. Isso significa que você tem uma chance maior de encontrar sua alma gêmea se morar nas Ilhas Britânicas do que na Espanha?

Muitas pessoas acreditam que a posição celestial do Sol em relação às constelações estelares definidas aleatoriamente no momento do meu nascimento afeta minha personalidade de alguma maneira.

Há também quem acredite que os mercados de ações são uma equação a ser resolvida, um código a ser decifrado. Ou essas pessoas estão delirando, ou, para ser mais educado, são ignorantes.

A Fraude do Guru do Candlestick

Para evitar um processo, omiti o nome do personagem central da história a seguir. Quando os gráficos de candlestick se tornaram a principal referência na década de 1990, uma pessoa — que havia sido fundamental na propagação de seu uso — estava sentada em um restaurante em algum lugar do mundo comigo e com outro trader de alto nível.

Na época, o protagonista havia publicado livros sobre o uso de gráficos de candlestick. Enquanto estávamos sentados no restaurante, eu lhe perguntei se ele acreditava que alguns desses padrões precisavam ser identificados por nomes diferentes, uma vez que eram praticamente idênticos.

Por exemplo, argumentei que o padrão Harami e o padrão Harami Cross são iguais para todos os efeitos, exceto pelo fato de que o padrão Harami Cross não tem corpo, enquanto o padrão Harami tem. No entanto, ambos estão dentro dos padrões de barra.

Isso me parecia uma tentativa deliberada de aumentar o número de padrões por motivos puramente comerciais, e não por motivos legítimos. Muitos dos padrões são similares, mas têm nomes diferentes.

Perguntei se ele tinha um padrão predileto que usava ou uma seleção de padrões preferidos aos quais se atinha e, em caso afirmativo, em que período do dia ele costumava operar.

Ele respondeu que não operava os padrões. Além disso, também admitiu que simplesmente não fazia nenhum tipo de trading.

Não sei como você se sente em relação a isso, mas não me agrada muito. Imediatamente cortei todos os laços com esse senhor. Senti como se sua única missão fosse inventar o maior número possível de padrões para preencher páginas de livros e cursos e criar alertas em seu software de trading.

Estou dizendo que os gráficos de candlestick são inúteis? Não. Só não acredito que haja relevância estatística para todos os padrões.

Não sou só eu que pensa assim. Um punhado de artigos de pesquisa acadêmica sugere o mesmo. Eis a conclusão de um desses artigos, cujo título é "A Statistical Analysis of the Predictive Power of Japanese Candlesticks", escrito por Mohamed Jamaloodeen, Adrian Heinz e Lissa Pollacia, e publicado no *Journal of International & Interdisciplinary Business Research* em junho de 2018:

> Os candlesticks japoneses são uma técnica para traçar a ação do preço anterior de um subjacente específico, como uma ação, um índice ou uma commodity, usando preços de abertura, de máxima, de mínima e de fechamento. Esses candlesticks criam padrões para prever o movimento futuro dos preços. Embora a popularidade desses gráficos tenha aumentado muito na última década, ainda há poucas evidências estatísticas sobre sua eficácia em um grande número de ocorrências. Neste trabalho, analisamos o poder preditivo dos padrões Shooting Star e Hammer, usando mais de seis décadas de dados históricos do índice S&P 500. Em nossos estudos, descobrimos que, historicamente, esses padrões oferecem pouca confiabilidade de previsão ao usar preços de fechamento.

Em outro artigo, escrito por Piyapas Tharavanij, Vasan Siraprapasiri e Kittichai Rajchamaha, os pesquisadores concluem o seguinte:

> Este artigo investiga a lucratividade dos padrões de candlestick. Os períodos de retenção são de um, três, cinco e dez dias. Este estudo testa o poder preditivo dos padrões de reversão de candlestick de máxima e de mínima sem e com filtragem técnica (estocástico [%D], Índice de Força Relativa [RSI], Índice de Fluxo de Dinheiro [MFI]), aplicando o teste *t* ajustado à assimetria e o teste binomial.
>
> A análise estatística encontra pouco uso de padrões de reversão de candlestick de máxima e de mínima, uma vez que os retornos médios da maioria dos padrões não são estatisticamente diferentes de zero.
>
> Mesmo aqueles com retornos estatisticamente significativos têm altos riscos em termos de desvios-padrão. Os resultados do teste binomial também indicam que os padrões de candlestick não podem prever com segurança as direções do mercado. Além disso, este artigo conclui que a filtragem por %D, RSI ou MFI geralmente não aumenta a lucratividade nem a exatidão da previsão dos padrões de candlestick.

Traders, Cuidado

Os corretores e educadores colocaram a carroça na frente dos bois. Eles nos fazem pensar que aprender o maior número possível de padrões aumentará nossas chances de sucesso no trading. Isso simplesmente não é verdade. Quanto mais padrões conhecemos, mais será a tendência de nos convencermos a sair de boas posições.

Não há nada de errado com as análises e os padrões técnicos, com as candlesticks, os indicadores, os índices e as bandas. Eu não acredito em muitas dessas ferramentas porque são subjetivas e não sustentam uma análise real. Mas, de qualquer forma, o trading é tão subjetivo que não precisamos estar muito certos para ganhar a vida fazendo isso.

Uma Raposa Velha Conta

Meu amigo Trevor Neil administrava um fundo de hedge que tinha uma taxa de acerto de 25% em suas operações. Quero contar a história dele aqui para que você tenha uma visão mais profunda de como alguns dos melhores traders profissionais trabalham e pensam. Espero que esclareça esse assunto para você.

Isso também deve servir como um lembrete de que existem muitas maneiras de ganhar dinheiro no mercado. Seu trabalho não é seguir o que outra pessoa faz, mas encontrar uma forma que lhe agrade, que vá ao encontro de quem você é e do que gosta de fazer.

A história começa comigo fazendo uma pergunta a Trevor. Eu sabia que ele tinha sido associado a Tom DeMark e seu indicador Sequential. Tom DeMark é uma espécie de lenda no mundo da análise técnica.

Acontece que eu conheci DeMark pessoalmente em um almoço da Bloomberg muitos anos atrás. Ele parecia ser um cara legal, embora eu não tivesse muito o que lhe perguntar, pois não conhecia seu trabalho. Veja bem, o trabalho dele só estava disponível para quem tinha um terminal Bloomberg.

Na época, esse terminal custava cerca de US$25 mil por ano. Atualmente, no entanto, o trabalho de Tom DeMark está disponível em muitas plataformas de trading, caso você esteja interessado.

Perguntei a Trevor sobre o indicador Sequential, e os olhos dele brilharam. Ele me contou uma história sobre como ele e seu amigo decidiram que havia uma vantagem em negociar com o indicador Sequential em um período bastante curto.

Eles se mudaram para a África do Sul e começaram a negociar ações sul-africanas em um *gráfico de um minuto*. Nunca ouvi falar de uma empresa profissional, com fundos importantes sob gestão, que operasse em um período tão curto.

No entanto, isso não foi o que mais me impressionou nessa história. O que mais me chamou a atenção foi como eles conseguiram ganhar dinheiro com o que outros traders considerariam uma taxa de acerto abismal.

A maioria das pessoas acredita que você deve implementar uma estratégia de negociação que tenha uma taxa de acerto superior a 50%. Trevor me disse que seus resultados variavam. Havia momentos em que eram muito bons e outros em que não eram.

Quando os resultados eram muito bons, a taxa de acerto chegava a 40%. Quando não eram, ela ficava na casa dos 20%.

Porém, eles tinham em mãos uma ferramenta que gerava cerca de 25 a 30 operações vencedoras em cada 100 operações realizadas. Eles foram extremamente bem-sucedidos.

Eles operaram o fundo por alguns anos, depois devolveram o capital aos investidores. Eles haviam ganhado dinheiro e, como nenhum deles era jovem, decidiram que já era o suficiente. Era hora de voltar para casa e passar um tempo de qualidade com suas famílias. Se fossem mais jovens, eles provavelmente teriam continuado.

Agora, não sei quanto a você, mas gostei dessa história. Isso reafirma a ideia que tenho sobre o trading. O modo como você pensa quando faz trading é muito mais importante do que o fato de sua estratégia ter uma taxa de acerto na casa dos 50, 70 ou 90%.

Embora essa história não seja uma evidência conclusiva de que qualquer pessoa pode ganhar dinheiro fazendo trading, desde que tenha as regras adequadas de gerenciamento financeiro e a paciência necessária, é uma história genial de dois traders que conseguiram ganhar dinheiro, ainda que — de um ponto de vista convencional — sua estratégia no papel não devesse ter gerado lucro.

Então qual foi o segredo?

Bem, a resposta é simples. Apesar de, em cada 100 operações realizadas, eles terem perdido 75, essas 25 operações vencedoras mais do que superaram em lucros o que as 75 operações geraram em perdas. Trevor me contou que eles esperavam lucrar 25 vezes o risco. Ele também me disse que, quando executavam uma operação, esperavam que ela funcionasse imediatamente. Assim sendo, eu o interroguei um pouco sobre esse assunto.

"O que quer dizer com 'esperava que funcionasse imediatamente'?", perguntei. Ele contou que queria dizer exatamente isso: quando eles executavam uma operação, esperavam que ela começasse a funcionar imediatamente. Se tivessem comprado a 50, não iriam querer que o preço caísse para 48. Se caísse para 48, eles parariam.

Isso significava que eles tinham muitas perdas pequenas. Seus testes anteriores mostraram que, se a estratégia fosse negociada da maneira correta, ela funcionaria imediatamente. Caso não, a estratégia exigia que a posição fosse fechada.

Acredite e Aja

Quando você for capaz de agir e atuar no trading sem medo das consequências e repercussões, você estará operando em um estado mental ideal. Ao considerar quantas pessoas perdem dinheiro, em geral, nas operações de trading, logicamente deve concluir que alcançar esse estado não é uma tarefa fácil. Seria tolice pensar que tal estado de espírito vem facilmente ou, até mesmo, naturalmente. Não é assim que acontece.

Certa vez, eu fiz trading por alguns meses com um cara da Alemanha. Ele tinha uma capacidade quase sobre-humana de não fazer nada. Sua paciência era incomparável. Enquanto operamos juntos, fiz questão de ser tão paciente quanto ele.

Foi divertido e, ouso dizer, um tanto quanto dolorido. Perdi muitos negócios bons, mas os que ganhei superaram todos os outros.

Seja paciente consigo mesmo. Seja capaz de deixar que seu conhecimento se estabeleça e amadureça dentro de você. Se no momento você opera com valores menores, mas quer operar com valores maiores no futuro, essa jornada provavelmente será tudo menos linear.

Será uma jornada de avanços e retrocessos, de progresso e status quo. Posso lhe garantir isso. Você precisa crescer e se tornar o trader que sonha em ser.

Seja paciente com suas operações de entrada. Seja paciente consigo mesmo. Ao conseguir usar essas duas qualidades em suas negociações, com o tempo, o restante se resolverá sozinho. Você aumentará o valor de suas operações em um ritmo que não será alarmante ou desesperador para sua mente.

Eu falo sobre isso com mais detalhes no final deste livro. Senão eu estaria agindo como aquele amigo bem-intencionado que diz para o amigo alcoólatra: "Simplesmente pare de beber".

Ah, se fosse assim tão fácil! Da mesma forma, dizer a você "É só ter mais paciência" é tão útil quanto servir um porco assado em uma convenção de pessoas veganas.

Um trader macro que admiro muito é Greg Coffey, um excelente trader de fundos de hedge de Londres. Em um artigo de jornal, um cliente o descreveu como "humilde e arrogante em igual medida — o trader perfeito".

O artigo descrevia que Coffey operava com uma convicção absoluta, a ponto de ser arrogante, *mas* ele era igualmente rápido em ser humilde quando as operações não davam certo.

Lembre-se deste ditado:

Você não morrerá por causa do que sabe. É o que você pensa que sabe, mas que não é o que você pensa, que irá matá-lo.

A Natureza do Jogo

O jogo nunca muda e nunca mudará. Os algoritmos não mudarão o jogo. As leis não mudarão o jogo. Porque esse é um jogo interno e você precisa investir tempo — talvez não tanto tempo quanto investe nos gráficos, mas uma quantidade enorme de tempo — para contemplar quais qualidades humanas você está trazendo para o jogo de trading.

Você começa a se movimentar na direção certa quando tem conhecimento sobre si mesmo e sobre os mercados. O jogo nunca muda. Os jogadores, é claro, mudam. Todos envelhecemos e morremos, e somos substituídos por mentes frescas. Infelizmente, as pessoas não mudam, a menos que façam um esforço extraordinário para isso.

Temos uma mente de réptil, não gostamos de mudanças. "Ei, se não está quebrado, por que quer consertar?" Bem, porque *está* quebrado. Não estou ganhando dinheiro como sei que posso, então quero mudar isso. Se isso significa que preciso aprender a viver sob um paradigma diferente e ter uma perspectiva diferente a respeito do medo e da esperança, que assim seja.

O Papel dos Gráficos

Não se faz uma obra de arte com apenas uma cor. Não se prepara uma refeição digna de uma estrela Michelin com apenas um ingrediente. E certamente não se cria um negócio viável como trader focando apenas em gráficos.

O papel do gráfico é fornecer uma representação visual dos pensamentos de outros participantes do mercado. Isso me permite ser muito mais específico em meus critérios de entrada e de saída do que, por exemplo, um trader fundamentalista.

No entanto, é fácil se deixar seduzir pela aleatoriedade dos gráficos. Com o tempo, porém, não são suas habilidades de leitura de gráficos que decidirão o número de zeros em sua conta da corretora.

Controlar a mente não é uma tarefa fácil. Sua mente reflexiva tirará conclusões precipitadas antes que sua mente consciente e reativa tenha tido um momento para considerar a resposta.

O único propósito deste livro é lhe fornecer as ferramentas certas para programar sua mente para ser um trader bem-sucedido.

Se não for controlada, nossa mente se torna fraca. Sempre que dou uma palestra sobre o papel da Psicologia no trading, mostro às pessoas o logotipo da Federal Express e, depois, pergunto: "Onde está a seta?"

Caso você ainda não saiba, dê uma olhada no logotipo da FedEx — há uma seta escondida entre as letras "E" e "x".

A coordenação entre os olhos e a mente é fascinante. Os olhos podem ver uma coisa, enquanto a mente, em um impulso reativo, nos diz que estamos vendo outra.

É somente por meio da observação e do treinamento que nos tornamos conscientes de nossa tendência de acreditar no que *pensamos* ver de imediato.

Considere a seguinte imagem. Qual quadrado desse tabuleiro de xadrez é mais escuro, o A ou o B?

Você pode se surpreender ao saber que ambos os quadrados têm exatamente o mesmo tom de cinza, embora seja muito provável que sua mente tenha lhe dito que o quadrado A é mais escuro. Essa ilusão de ótica, publicada pelo professor do MIT Edward H. Adelson, em 1995, demonstra de forma perfeita como a mente pode interpretar mal as informações transmitidas pelos olhos.

Outro exemplo que talvez você já tenha visto é um pouco mais difícil de demonstrar neste livro, mas explicarei como isso aconteceu na palestra que dei — a que me deu o incentivo para escrever esta obra. É um exercício de flexibilidade mental.

Mostrei ao público uma imagem simples: um quadrado vermelho. Pedi às pessoas presentes que dissessem qual era a cor da imagem. "Vermelho!", elas gritaram em uníssono.

Muito simples, não é? Em seguida, substituí a imagem do quadrado vermelho e mostrei uma com um quadrado amarelo. Mesmo resultado na resposta: "Amarelo!"

Em seguida, troquei a imagem por uma de um quadrado verde. E as pessoas gritaram "Verde!"

Vermelho. Amarelo. Verde. Até agora tudo bem.

O público nem precisou pensar muito na resposta; esse é o grau de domínio do sistema de resposta automática.

Então passamos para a parte mais complicada. Mostrei ao público uma imagem da palavra *vermelho* escrita em tinta azul e perguntei de que cor era aquela imagem.

Muitas pessoas gritaram "Vermelho!"

Eu lhes mostrei a imagem da palavra *amarelo* escrita em tinta vermelha. Algumas pessoas gritaram "Vermelho!", mas ouvi muito mais gritos de "Amarelo!"

Repetimos esse processo com uma série de nomes de cores escritos com tinta de uma cor diferente. Com o tempo, as respostas do público se tornaram mais consistentes e precisas. Por meio de um exercício bem-humorado, constatei que nossos olhos e nossa mente não funcionam necessariamente de maneira coordenada. Quando o cérebro vê a palavra *vermelho*, ele quer que digamos "vermelho" — mesmo se a resposta à pergunta for "azul". É como se, conscientes, precisássemos impedir o cérebro de tirar conclusões precipitadas.

Essa é uma característica importante no trading, porque, muitas vezes, vemos coisas que literalmente não existem.

Os gráficos não funcionam tão bem em tempo real quanto *após a operação*. Infelizmente, você precisa acreditar e agir.

Caso você tenha dificuldade em lidar com isso após algumas operações fracassadas, quer dizer que seu cérebro está tentando protegê-lo contra a dor. Você começará a questionar seus sinais e sabotar os próprios interesses. Eu já passei por isso, já fiz isso. E tenho a solução.

O Bom Trading Vai Contra a Natureza Humana

Quando dou palestras sobre trading, pessoalmente ou no YouTube, costumo falar sobre os conceitos de *valor* e *preço*. Quanto vale uma coisa?

Acredito que meu carro velho valha £10 mil. O revendedor acha que ele vale uns £8 mil. Quem você acha que ganha essa discussão se eu estiver ansioso para vender o carro?

O valor de uma coisa é uma declaração emocional e tendenciosa. O preço, por outro lado, é com o que compradores e vendedores concordam. Não faz muito sentido dizer que algo vale mais.

Você pode antecipar que algo valerá mais ou menos no futuro. Ou seja, essa é a essência da mecânica do que eu faço. Deixando a psicologia de lado, eu compro na esperança de que o preço do que estou comprando suba.

Heráclito, o filósofo grego pré-socrático, disse: "Nenhum homem pisa duas vezes no mesmo rio, pois não é o mesmo rio e ele não é o mesmo homem". É importante ter isso em mente como especulador, porque o mercado está sempre mudando.

A humanidade tem uma atitude ambivalente em relação à mudança. Nós a desejamos porque, do contrário, nossa vida se torna mundana e entediante; mas se a mudança nos for imposta, em vez de ser impulsionada por motivação e entusiasmo, tendemos a nos ressentir.

A primeira vez que percebi a importância da mentalidade de negociação foi ao ler um livro sobre a vida profissional de um trader anônimo chamado Phantom of the Pit. O livro é gratuito. Você pode encontrá-lo em www.tradertom.com — na seção de recursos [conteúdo em inglês].

No livro, o trader misterioso argumenta que a mudança de comportamento é o conceito mais importante no trading. A capacidade de mudar de ideia sem causar um desequilíbrio mental é a habilidade mais importante para um trader.

Recebo perguntas em meu canal de trading ao vivo do Telegram o tempo todo — a maioria delas de traders inexperientes. Uma pergunta que sempre me fazem é: "Por que você está operando contra a tendência?"

Quando me fazem essa pergunta, dou risada, porque é um questionamento ingênuo e inocente. É ingênuo porque *qualquer* trader pode ser acusado de operar contra a tendência.

Simplesmente depende do período que você está analisando. Se você é um trader que opera com base no gráfico de candlestick de cinco minutos, não se importa com o fato de a tendência do gráfico semanal ser de baixa. Você se preocupa com a tendência do gráfico de cinco minutos.

Outro motivo pelo qual a pergunta é ingênua é porque toda a construção da análise técnica está repleta de contradições.

Pense nisso.

É esperado que você siga a tendência; mas o que acontece quando você vende em um topo duplo? Você está apostando contra a tendência. O mesmo pode ser dito em relação a um fundo duplo. Você está comprando em um mercado em queda.

Trinta Anos de Dados

Sou day trader. Minha especialidade são os índices de ações, como o índice Dow Jones. Nos últimos trinta anos, observei as estatísticas de preços de fechamento no índice. Isso equivale a cerca de 7.500 dias de trading. Eu queria saber com que frequência o índice Dow fechava em alta no dia e com que frequência fechava em baixa no dia em comparação com o preço de fechamento do dia anterior.

Pensei que, como nos últimos 30 anos o índice Dow havia subido de 3.300 para quase 36.000 pontos, você poderia esperar mais preços de fechamento positivos do que negativos. Eu estava errado nessa suposição.

Nesse intervalo de tempo, apenas 50,4% de todos os preços de fechamento foram superiores ao preço de fechamento do dia anterior. Isso significa que a distribuição de *dias positivos* e *negativos* no índice Dow é feita de maneira uniforme.

As ramificações dessa estatística são que os day traders como eu não podem confiar muito na *tendência* no período de alta porque praticamente tudo pode acontecer no gráfico de cinco minutos.

O desafio que os traders enfrentam pode ser resumido com muita facilidade em uma explicação no estilo de Heráclito. Quando compramos meio litro de leite, sabemos que o leite é um produto uniforme. Não importa em que lugar deste planeta você compra o leite. Leite é leite.

Portanto, se o leite custa duas vezes mais em um supermercado do que em outro, você pode concluir, novamente com razão, que meio litro de leite é caro em um supermercado e barato em outro.

No entanto, uma ação, uma moeda ou um índice de ações é como um rio. Está em constante transformação, que é o resultado da interação entre traders e investidores.

Sua ação é o resultado da opinião dessas pessoas sobre o futuro. Você pode concordar com a opinião delas ou discordar; mas dizer que a maioria está errada é contraproducente para ganhar dinheiro de maneira eficiente nos mercados.

Existem muitos traders de meio período que são incrivelmente bem-sucedidos em suas outras carreiras, mas sentem dificuldade quando se trata de trading. O que precisamos fazer para ter sucesso no mundo do trading é muito diferente do que precisamos fazer para ter sucesso no mundo fora dele.

Por exemplo, se você for a um supermercado para comprar comida para o jantar e vir que há uma oferta especial de frango, estará inclinado a aproveitar essa oferta. Se o frango estiver sendo oferecido pela metade do preço, você poderá pensar que é um ótimo preço e desejará comprar mais para deixar guardado no freezer.

A natureza humana é tal que adoramos um desconto. Gostamos de procurar boas ofertas e aproveitá-las. Temos uma sensação de alegria ao saber que compramos algo barato.

Ainda ontem fui às compras e havia um corredor com itens em oferta. Tudo estava pela metade do preço ou menos. Comprei sabão, sabonete líquido e detergente para os próximos doze meses.

Enquanto enchia o carrinho, ria comigo mesmo, principalmente porque eu sabia que escreveria um capítulo sobre esse mesmo comportamento. Foi ótimo economizar 70% em coisas que eu sabia que compraria de qualquer maneira em algum momento do ano.

Vamos ser sinceros, podemos economizar muito dinheiro se formos contra a tendência nas compras.

Se possível, costumo comprar casacos de inverno durante uma onda de calor. É nesse momento que as lojas querem se desfazer dessas peças para abrir espaço para as roupas de verão.

Por outro lado, adoro comprar roupas de verão quando estamos com 1,80 metros de neve lá fora. Sei que não é normal fazer isso, e talvez seja por isso que gosto de fazer. Eu adoro um desconto. Acho que não sou o único que gosta de comprar barato.

Como eu disse anteriormente, o mundo do trading é diametralmente oposto ao mundo *fora* do trading. As características que apresento como ser humano fora do mundo do trading não me servem bem no mundo do trading. Não é só de mim que estou falando. Estou falando das pessoas em geral.

Nossa mente tem dificuldade para separar o mundo do trading do mundo do comportamento geral do consumidor. Vejamos as diferenças.

PROMOÇÃO NO SUPERMERCADO

Quando vejo algo no supermercado que está mais barato do que antes ou que gera um desconto na compra de mais de um item, eu me sinto atraído a comprar. Minha ação é motivada por um impulso subconsciente direcionado para o prazer.

Minha atitude é de um consumidor racional que buscará os produtos mais baratos. O supermercado sabe disso e adaptará sua oferta para maximizar meus gastos.

Meu comportamento é orientado a potencializar meu prazer — dentro de minhas restrições orçamentárias. Quando faço isso, tenho uma sensação de bem-estar.

PROMOÇÃO NO MERCADO FINANCEIRO

Quando vejo o índice FTSE cair de preço durante o dia, minha mente associa a queda dos preços ao *valor* e à *desvalorização.*

Se eu agir por impulso, uma destas duas coisas acontecerá:

1. Meu sentimento de valor será confirmado. O mercado começará a subir.
2. Meu sentimento de valor não será confirmado. O mercado continuará em queda.

Talvez meu argumento seja provocativo, mas não importa o que aconteça em seguida, vou acabar perdendo — mesmo que ganhe na operação.

Se eu comprar sem nenhum motivo válido, a não ser pelo fato de minha mente me enviar um impulso para dizer que o mercado está barato, perderei caso o mercado continuar em baixa. E por que o mercado não continuaria em baixa? Essa é a premissa da análise técnica. As tendências persistem. O mercado sofre de inércia, o que significa que, o que quer que esteja fazendo agora, as chances de que continuará fazendo são superiores a 50%.

Se eu comprar e o mercado começar a subir, acabarei perdendo de qualquer forma, porque agora ensinei à minha mente que não há problema em estender a mão e pegar a proverbial faca que está caindo. Elaborei um padrão em minha mente que associa a compra de preços de ativos em queda com prazer, porque fui bem-sucedido nessa estratégia em algum momento.

Uma observação: quando comecei a levar o trading muito a sério, eu revisava minhas operações no final do dia. Eu imprimia o gráfico e traçava minhas operações nele. Percebi que cerca de oito em cada dez operações eram realizadas por impulso. Comecei a me tornar muito mais consciente e, à medida que seguia esse caminho, obtive cada vez mais sucesso nas operações. Quanto menos operações por impulso eu fazia, mais dinheiro ganhava e mais satisfação obtinha com meu trabalho.

Autoanálise

Por meio da análise de meu comportamento de trading — registrando meticulosamente minhas operações em um gráfico no final do dia —, cheguei à conclusão de que eu era um prolífico *trader de valor*. Eu vendia muito a descoberto nos mercados em alta e comprava muito nos mercados em queda.

Isso me ajuda a lembrar a mim mesmo diariamente que, quando estou comprando, outra pessoa está vendendo a descoberto ou saindo de uma posição comprada. Um fator importante para meu sucesso no trading, passando de um trader perdedor para um trader vencedor, foi a percepção de que não existe desconto nos mercados financeiros.

SUBSTITUTOS NO SUPERMERCADO

Quando estou comprando algo no supermercado e descubro que o preço de um produto subiu ou que um produto que costumava estar em oferta não está mais, minha mente associará isso à dor. Ela me direcionará para um produto substituto. Esse comportamento humano é perfeitamente racional.

Minha irmã e eu rimos desse fenômeno. Ela mora na Alemanha e costuma viajar pela companhia aérea EasyJet, de Berlim. Ela é muito eloquente quando diz: "Sou capaz de me levantar de madrugada para pegar um voo às 5 horas da manhã, se puder economizar €25".

Acredito que há muitas pessoas que fariam o mesmo.

SUBSTITUTOS NO MERCADO FINANCEIRO

Caso o preço de um produto suba nos mercados financeiros, isso significa que há uma demanda por ele. Pode parecer caro, mas isso apenas reflete o ponto de equilíbrio entre compradores e vendedores.

Eu lutei com isso por anos. Argumentei que era caro, e essa visão errônea foi agravada pelos indicadores técnicos que eu estava usando.

Indicadores como os estocásticos sugeririam que um mercado estava em *sobrecompra* ou em *sobrevenda*. São palavras substitutas para *barato* e *caro*. É por esse motivo que não estou mais operando com base em nenhum tipo de indicador técnico. Meus gráficos são 100% nus.

A perversidade dos mercados financeiros é que geralmente faz sentido comprar algo porque é mais caro hoje do que no dia anterior.

Lidando com a Adversidade

Conforme eu passar por situações difíceis em minha vida, serei paciente e farei de tudo para resolvê-las. Com muito trabalho e determinação, espero conseguir solucionar o problema. Posso até fazer uso de força ou de minha autoridade para resolvê-lo.

Nenhuma quantidade de esforço, determinação ou oração transformará uma posição de negociação ruim em uma boa posição. Ou o mercado concorda com você, ou não. Não importa quão rico, grande e poderoso você seja. Se o mercado discorda de você, ele simplesmente discorda.

O mercado só pode prejudicá-lo se você deixar que ele o faça. O mercado se recuperará. Ele cairá. Se você está operando ou não, se está ganhando dinheiro ou não, é irrelevante para o mercado. Ele não sabe nada sobre você.

Quando você ganha dinheiro, é porque está alinhado com o mercado, que nada mais é do que a força combinada de todos os players deste. Assim como você, eles buscam ganhar dinheiro com o trading.

Infelizmente, nem todos podemos ganhar dinheiro. Após anos de sofrimento, percebi que precisava mudar meu relacionamento — não com o mercado, mas com a forma como eu reagia ao que o mercado fazia.

Grande parte desse processo estava desfazendo os valores e as crenças que eu tinha quando se tratava do mundo do trading. No mundo real, quando não consigo o que quero, esforço-me muito para convencer a outra parte a enxergar os acontecimentos do meu jeito. Sou bastante persuasivo e geralmente consigo as coisas como quero.

Embora essa possa ser uma característica que me ajudou no mundo real, ela prejudicou meu desempenho no trading. O mercado não se importa com sua posição. Ele não se importa se você está comprado, vendido ou na margem. Ele não tem sentimentos com relação a você ou sua posição.

O que quero dizer é que muitas das características que apresentamos como pessoas perfeitamente normais não funcionam no mundo do trading.

Acredito que todos os traders de sucesso que conheço passaram por um processo de transformação. A de alguns foi gradual. Outros falam sobre uma situação específica que funcionou como uma virada de chave para o sucesso.

Alguns deles ficaram tão desgostosos consigo mesmos que decidiram seguir as regras ou parar completamente de fazer trading.

A Inocência da Observação Objetiva

Um grande amigo meu, Dr. David Paul, descreveu sua transformação por meio da seguinte história:

Tenho doutorado em engenharia mecânica. Trabalhei na De Beers. Inventei uma broca de mineração que me rendeu uma fortuna. Tive uma empresa de mineração. Então é justo dizer que entrei nos mercados com muita confiança e muito dinheiro à minha disposição.

Comecei a investir dinheiro na década de 1980. Naquele período, era fácil ganhar dinheiro no mercado de ações. Tudo o que você precisava fazer era comprar ações, sentar e esperar. Enquanto esperava, comecei a programar nos primeiros computadores. Acabei criando um software de seleção de ações. Era incrivelmente sofisticado para a época.

Nesse dia específico em questão, o software previa que o mercado subiria muito. Então, na abertura das negociações, liguei para minha corretora e fiz uma ordem de compra muito grande.

Sem dúvida, aconteceu o que meu software havia dito que aconteceria. O mercado começou a subir. Naturalmente, fiquei feliz porque a análise estava correta e eu estava ganhando dinheiro. Eu me mantive firme porque o software previu que a alta continuaria, só que muito mais forte.

Pouco tempo depois, no entanto, o mercado começou a cair. Fiquei um pouco surpreso, mas sabia que deveria ser uma queda temporária, o que significava uma boa oportunidade para comprar um pouco mais antes que ele decolasse de vez. Então foi isso que eu fiz. Comprei um pouco mais. E, mesmo assim, o mercado continuou a cair. E cair. E cair.

Comecei a ficar um pouco preocupado, então liguei para minha corretora e para todos os meus amigos traders para ver se havia algum motivo para esse desvio. Eles também não sabiam explicar por que o mercado estava em baixa. A análise deles havia sugerido que o mercado se recuperaria fortemente. Todos os boletins informativos sugeriam que estávamos no meio de uma grande onda 3, segundo a Teoria das Ondas de Elliott, e tudo apontava para preços mais altos.

Eu me senti um pouco melhor após falar com meus amigos e minha corretora sobre a situação e tinha certeza de que isso era apenas uma anomalia, assim decidi comprar um pouco mais nesses níveis de preços mais baixos. O mercado se recuperou por um tempo e me senti muito bem por ter comprado mais no que eu achava que seriam as mínimas do dia.

(continua)

(continuação)

Depois o mercado começou a cair novamente, e comecei a ficar muito preocupado, até um pouco assustado. Eu tinha acumulado uma posição muito grande.

Nesse momento, minha esposa entrou em meu escritório para perguntar o que eu queria para o jantar. Ela deve ter percebido que eu estava distraído ou incomodado, então foi até minha mesa e olhou para a tela de operações. "Algum problema, querido?", ela perguntou. Ela tem a capacidade de ser tão doce.

"Não, meu amor, só estou trabalhando. Meu software diz que esse mercado deve subir." Apontei para a tela. "O software nunca deu errado, e eu conversei com os corretores e com meus amigos, e todos disseram que esse mercado deveria estar subindo, mas ele está caindo."

Ela olhou para a tela e disse: "É esse o mercado em que você está operando?"

"Sim", eu disse. "Não consigo entender por que ele continua caindo. Tenho certeza de que vai subir muito em breve."

"Mas não está subindo agora, está?", ela disse.

Fiquei um pouco impaciente com ela e disse: "Não, querida, mas o que você não entende é que o software e a contagem de ondas de Elliott estão de acordo, e o mercado certamente vai subir".

"Bem, você está certo, não sei nada sobre esse software ou sobre a teoria de Elliott, mas parece que ele não está subindo agora, não é mesmo?"

Eu me lembro claramente de ter respirado fundo. Eu disse à mulher que a amo, mas que agora estava começando a me irritar: "Não, querida, mas assim que isso passar, vai começar a subir. Isso é absolutamente necessário. Acredito que seja só uma formação AB = CD. O software diz isso. A corretora diz isso. Meus amigos traders dizem isso. A contagem de Elliott diz isso. Não é possível que todas essas pessoas e meu software estejam errados".

"Ok, me desculpe, você está certo; eu não entendo nada sobre seu software, a coisa de Elliott ou o que a corretora está dizendo. Tudo o que vejo é que esse mercado está *caindo agora*, não está?"

Parei de olhar para a tela por um segundo e olhei para minha esposa. "Você poderia, por favor, repetir o que acabou de dizer?"

Ela olhou para mim intrigada e disse: "Bem, só estou dizendo que *agora*, neste momento, aqui e agora, esse mercado está caindo, não está?"

Isso me atingiu como um raio. Eu não estava negociando o mercado. Estava negociando minha opinião. Comecei a rir porque, pela primeira vez, senti que sabia o que precisava ser feito para ganhar dinheiro no mercado. Entendi que o que eu estava tentando evitar era exatamente o que estava me matando naquele momento. Eu estava tentando evitar perder operações a todo custo e, agora, estava em uma operação que estava me fazendo perder — apenas porque me recusei a ouvir o que o mercado estava tentando me dizer.

Percebi naquele momento que tinha que aprender a perder para ganhar. Simples assim. Eu não estava negociando o mercado. Eu estava reforçando meu ego por meio do mercado.

Peguei o telefone, liguei para minha corretora e vendi todas as minhas posições compradas. Além disso, também vendi um grande número de contratos a descoberto. Certamente, o mercado continuou caindo — mais e mais.

Minha vida como trader mudou naquele dia. Não prestei mais tanta atenção às teorias dos especialistas e parei de adivinhar como seria a movimentação do mercado. Comecei a operar nos mercados. Foi uma revelação. Comecei a ganhar muito dinheiro. Percebi que algumas das coisas que eu havia lido estavam completamente erradas e prejudicando minhas negociações.

Por exemplo, todos nós já lemos a premissa de "compre na baixa e venda na alta". Mudei essa premissa para "venda na baixa e cubra na baixa" e "compre na alta e venda mais alto".

Renda-se

Quando pedi a David que resumisse sua experiência, ele me disse:

> Olhe para sua vida. Você adora surfar. Você espera pelas ondas, rema no fluxo da energia e pega a onda. Qual é a diferença entre isso e o que fazemos como traders?
>
> Quando você está no mar, sentado fora da zona de arrebentação, esperando para remar, você não rema quando não há ondas. Você é paciente. Quando a onda certa se forma, você se prepara. É só você e o mar. Você se move de acordo com o fluxo dele. Você se rende.

Para ter sucesso nos mercados, devemos nos render. Cada indivíduo neste planeta tem uma grande quantidade de tempo, dinheiro e valor vinculados *ao que sabemos*, e é impensável sequer considerar abrir mão de todo esse conhecimento percebido.

O seu objetivo e o meu, quando operamos nos mercados, não é provar que estamos certos e massagear nosso ego. Nosso trabalho é ganhar dinheiro. Se isso significa que chegamos ao mercado com uma opinião e provamos estar certos, que assim seja.

Se isso significa que temos que mudar de opinião porque o mercado determina isso, que assim seja. Uma pessoa mais espiritualizada do que eu talvez expressaria isso como "esvazie sua mente e deixe o mercado guiá-lo".

Há Muito Menos no Trading do que Parece

O fato é que a mente humana é complicada e tem muita dificuldade em processar informações simples. A menos que sejam informações extremamente complexas, a mente tende a ignorá-las. Acreditamos que algo simples não pode ser lucrativo.

Qual é seu objetivo? A resposta deveria ser simples: ganhar dinheiro. Antigamente, eu era muito preocupado com o que *deveria acontecer*. Mas, para ganhar dinheiro, devemos nos concentrar no que está acontecendo aqui e agora.

Quando comecei a escrever este livro, queria que ele fosse prático. Não queria tentar me passar por um terapeuta ou psicólogo de traders, porque eu não sou. Eu queria que o livro apresentasse a verdadeira natureza do que é o trading, escrito por alguém que arrisca a própria pele no jogo de trading e que tem cicatrizes e medalhas para mostrar.

Se você acha que estas últimas páginas foram um pouco teóricas demais, gostaria de descrever um estudo de caso da vida real — capturado em vídeo (minha maneira de dizer que é uma história autêntica) pelo Round the Clock Trader em julho de 2019.

Gostaria de explicar o que quero dizer com entrar no mercado com a mente aberta e o copo vazio. Comprei um índice após um fundo duplo. Tudo parecia ótimo. Eu estava comprado desde os 12.808 pontos e comprei novamente nos 12.818 pontos. Aí aconteceu o seguinte: o índice despencou. Meu gráfico de cinco minutos mostrou três mínimas importantes (chamo isso de barras *de saída*, quando estou negociando contra a direção delas, ou barras *de adição*, quando estou negociando a favor delas). Eu estava errado em estar comprado.

Saí de minha posição comprada e reverti para vendida, relativamente no início da espiral descendente do índice. Havia cerca de quinhentos traders participando do evento, e o que mais me agradou nos resultados não foi o fato de ter perdido na primeira operação ou de ter recuperado meu dinheiro logo depois. O que mais me agradou foi o fato de eu não ter me agarrado obstinadamente a uma operação perdida e ter libertado minha mente para passar de uma posição comprada para uma posição vendida.

Quando comecei a fazer trading, não havia a menor chance de eu ter feito o que fiz lá. Eu teria mantido a mesma posição perdedora. "Sei que estou certo", eu teria dito; só que eu não estava, e também não estava ganhando dinheiro.

O ponto mais crítico foi quando minha nova posição vendida apresentou um lucro igual ao que eu havia perdido na posição comprada. Minha mente queria desesperadamente que eu trouxesse equilíbrio às minhas emoções. Qual é a melhor maneira de fazer isso do que compensar a perda da primeira operação? Bem, nas palavras do meu maior herói do trading Charlie DiFrancesca: "Uma boa operação significa lutar contra as emoções que nos tornam humanos". Vamos dar uma olhada em como podemos fazer isso.

Lutando Contra Minhas Características Humanas

QUAL É O COMPORTAMENTO normal entre os traders de varejo? Sabemos que 80% a 90% de todos os traders de varejo se envolvem no mesmo padrão de comportamento autodestrutivo.

Sabemos que cerca de 90% dos traders não ganham dinheiro de maneira consistente negociando CFDs, apostas em spread ou em mercados futuros. Também podemos supor que 80% a 90% dos traders são seres humanos inteligentes, ambiciosos e automotivados, que gostam de criar a própria sorte e trilhar o próprio caminho na vida.

Nunca conheci alguém que começou a fazer trading porque achava que era o mesmo que jogar na loteria. Praticamente todas as pessoas que conheci que estavam interessadas em fazer trading e queriam aprender mais sobre isso eram iniciantes, empreendedores ou estudantes de uma instituição de ensino superior.

Portanto, é uma falácia dizer que o trading atrai o tipo errado de pessoas. Ele atrai o tipo certo de pessoas. Atrai aqueles que têm uma chance de sucesso na área.

Acredito que o trading aproxima o tipo de pessoa que não se deixa enganar pelos esquemas de enriquecimento rápido. Duvido que muitos traders comprem bilhetes de loteria apenas porque as probabilidades são um lixo, e os traders entendem isso muito bem.

Porém algo está errado.

Algo está errado quando 90% das pessoas fracassam. Na tabela a seguir, identifiquei alguns padrões de comportamento que, em minha opinião, são prejudiciais para os traders. O comportamento observado com mais frequência é a incapacidade de assumir uma perda.

Qual é o motivo para não aceitar uma perda? Eu digo que há uma razão pela qual dizemos a nós mesmos e há outra causa real. O verdadeiro motivo é sempre o mesmo.

Ação	Motivo Consciente	Motivo Subconsciente
1. Estou mantendo minhas perdas	Estou esperançoso	Evitar a dor
2. Estou mantendo minhas perdas	Os índices/o Fib/etc. estão dizendo isso	Evitar a dor
3. Estou realizando meus lucros	Não se pode ir à falência realizando lucros	Evitar a dor
4. Estou ganhando, por isso estou reduzindo minha aposta	Quero ir com calma agora	Evitar a dor
5. Estou perdendo, portanto estou aumentando minha aposta	Estou tentando voltar ao ponto em que estava	Livrar-se da dor
6. Fiz meus pontos de hoje, então vou parar	Tenho medo de perder o que ganhei	Evitar a dor
7. Estou operando sem convicção real	Estou entediado/com medo de perder	Evitar a dor do tédio ou da perda

A esperança aparece no topo da lista de motivos. Como diz o ditado, a esperança é a última que morre. Nossa mente parece mal equipada para lidar com o gerenciamento de riscos. Ela tem um principal objetivo: proteger-nos contra a dor percebida ou real.

Ao manter uma posição aberta que está gerando uma perda, a mente subconsciente diz à mente consciente para manter tal posição. Ele mascara essa mensagem da melhor forma possível, a fim de proteger o ego, que é mais frágil do que a situação de sua conta de trading.

Se isso soa muito fantasioso, devido ao uso de palavras como *ego* e *subconsciente*, vamos explorar esse mesmo argumento usando uma linguagem diferente.

Evitando a Dor

Enquanto uma posição perdedora estiver aberta, há esperança de que ela mude e fique positiva. No momento em que você fecha a posição e cristaliza a perda, a dor desta se torna real.

Eu aceito que existem muitas maneiras de lidar com uma operação perdedora. Alguns dirão que o próprio ato de fechar uma operação perdedora é o ponto em que você pode parar de sofrer pela perda e se abrir para outras opções de negociação. Pessoalmente, concordo com esse argumento. Quando tenho uma posição perdedora e não acredito mais que ela possa ser revertida, o pior que posso fazer, a mim mesmo e à minha psique, é começar a ter esperança. Não me sinto livre, em relação a meu modo de pensar e minha perspectiva de mercado, conforme uma posição perdedora em aberto está sendo exibida em meu monitor de posição aberta. Ao fechá-la, eu fico novamente à vontade e me abro para receber informações sobre o mercado me sentindo um oportunista.

No entanto, meu principal argumento é que o motivo pelo qual esperamos tem pouco a ver com a esperança em si e tudo a ver com o desejo de evitar a dor.

Quantas vezes eu vi clientes manterem posições perdedoras por tempo demais? Eu os via depositar mais dinheiro toda vez que sua posição perdedora recebia uma chamada de margem. Uma chamada de margem é uma garantia financeira que a corretora exige para manter a posição aberta. Eles simplesmente não queriam aceitar a perda.

Para aumentar minha confusão, quantas vezes vi a posição ficar boa novamente e os clientes a fecharem assim que ela melhorava? Notei isso com muita frequência. Eles mantinham a posição não porque acreditavam nela, mas porque não suportavam estar errados sobre ela.

No momento em que foram amenizados da dor da posição perdedora, eles saíram — de graça. E ficaram tão aliviados por terem evitado a dor de estarem errados que ignoraram completamente o fato de que, agora, o mercado estava, de fato, concordando com eles.

Eles não estavam negociando o mercado financeiro. Eles estavam negociando suas emoções, respondendo a seus sentimentos. Quando se sentiram aliviados pelo fato de a posição ter ficado positiva novamente, passaram a associar uma grande dor ao pensamento de ter que reviver essa ansiedade mais uma vez.

Como resultado dessa associação, eles fecharam a posição. E se sentiram tranquilizados com a ideia de não ter que passar pelo momento de ansiedade novamente.

Se você está obtendo lucros antecipadamente com a desculpa de que "não se pode ir à falência realizando lucros", você está reagindo à sua mente, alertando-o contra sentimentos de dor no futuro.

Se você está tendo uma sequência de vitórias e reduz o tamanho da aposta, está basicamente antecipando a dor de perder parte de seu lucro. Você está racionalizando uma maneira de evitar a dor, mesmo que nada doloroso tenha acontecido.

Quero reiterar o último parágrafo. Se estiver em dúvida se está operando com uma mentalidade oportunista ou baseada no medo, responda a esta simples pergunta: quando está ganhando, você aumenta ou diminui o tamanho de sua operação?

Veja bem, a grande maioria dos traders *diminuirá* o tamanho da operação quando as coisas estiverem indo bem, porque temem que sua sequência de vitórias acabe. Eles podem até aumentar o tamanho de suas operações durante uma queda, mas será apenas para tentar recuperar o dinheiro que perderam anteriormente.

Como Greg De Riba, um trader do S&P 500 com excelentes habilidades, disse no documentário *Floored*: "99% dos traders ainda não entendem — quando ganham, começam a apostar menos. Aposte mais!"

A dor percebida ou a dor real não importa para o subconsciente. Ela será tratada com a mesma resposta e as mesmas emoções.

Quando a dor é real, ou seja, ao se manifestar no corpo e na mente por causa de uma operação perdedora, não há limites para os esforços que o ego fará para recuperar o dinheiro. Esse é o principal fator por trás do argumento de "quando estiver errado, dobre a aposta".

Durante uma sequência de derrotas, dizemos a nós mesmos que estamos muito perto de ganhar novamente, então a conclusão natural deve ser dobrar para recuperar o que foi perdido.

O verdadeiro motivo (subconsciente) para dobrar a aposta em uma operação perdedora é tentar se livrar da dor. Agora não estamos tentando evitá-la; estamos lidando com a dor existente e tentando voltar àquele estado de equilíbrio em que não a sentíamos.

Aja sem Medo

Você aprende muito observando milhões de operações. Se quiser ter uma chance genuína de ganhar dinheiro como trader nos mercados financeiros, acredito, com cada fio de DNA dentro de mim, com cada fibra de meu corpo, que você precisa mudar a maneira como pensa sobre o medo, a dor e a esperança.

Como William Blake disse: “O que deseja, mas não age, semeia a peste”. Tenho trabalhado incansavelmente para ser capaz de agir sem medo e hesitação. A verdadeira medida de seu crescimento como ser humano não é o que você sabe, mas o que você faz com as coisas que sabe.

O que quero dizer com isso?

Você já viu um padrão gráfico e sentiu o impulso de comprar ou vender a descoberto, mas, então — sem aviso —, o pensamento seguinte foi de medo? Foi um pensamento sobre o qual você não tinha controle. Ele simplesmente explodiu em sua mente.

Experimentei isso algumas vezes em minha carreira. Quando isso acontece, sei que preciso reiniciar de alguma forma. Talvez eu precise meditar ou dormir. Talvez precise comer algo ou dar uma volta. Sei que algo está me bloqueando e preciso resolver isso.

Minha mente criativa livre me instruiu a fazer algo, mas meu instinto de medo imediatamente me alertou para não seguir em frente, porque eu poderia perder.

Não importa se você estava certo em não realizar aquela operação ou se a operação teria feito você perder ou ganhar dinheiro. Essas reflexões surgem depois (racionalizações ou justificativas). Podemos arquivá-las sob *evidências anedóticas* ou evidências sem mérito. Todos temos um tio que fumou até os 90 anos sem nenhum efeito negativo sobre sua saúde — uma evidência anedótica —, mas isso não justifica o argumento de fumar.

Se minha mente livre defende uma posição e minha mente temerosa discute as consequências de fracassar nessa operação, logo estou basicamente discutindo comigo mesmo. O termo elegante para esse fenômeno é *dissonância cognitiva.*

Minhas operações precisam fluir de um ponto de liberdade de expressão. As operações conduzidas a partir de uma perspectiva de medo ou ganância não levarão a uma boa tomada de decisão.

Meu conselho é: pare de operar e comece a contemplar. O que está acontecendo? Quando sinto a dissonância cognitiva, isso ocorre por um ou ambos os motivos a seguir:

1. Estou sentindo fadiga mental do trading (ou fadiga física — já ouviu o ditado "a fadiga nos torna covardes"?);
2. Minha preparação não foi boa o suficiente.

Como Ele se Movimenta?

Você já viu um mercado em queda livre e relutou em vender a descoberto por medo de perder? Meu objetivo básico com este livro *não* é livrá-lo desses medos. O medo sempre fará parte de nossa vida. Meu propósito é fazer você entender por que sente esse medo e como processá-lo, para que possa aceitar a negociação.

Aceito que sou um ser humano regido por emoções. Entendo que não posso escapar delas e que nem devo tentar. Em vez disso, quero ajudá-lo a compreender seu medo, por que ele existe e como fazer dele seu aliado.

No início do livro, escrevi sobre Philippe Petit, o homem que atravessou a distância entre as Torres Gêmeas por um cabo suspenso no ar. Ele tem medo de aranhas. Sim, parece bobagem, não é? Vale a pena repetir a abordagem dele para lidar com o medo.

Ele fez tudo o que esteve ao seu alcance para entender a natureza de seu medo de aranhas. Ele estudou aranhas. Aprendeu tudo o que havia para saber sobre aranhas. Por meio de seu estudo, ele veio a apreciar a natureza de seu medo.

Como isso se traduz no mundo do trading? Vamos a um exemplo prático. Estou operando o índice FTSE 100. O tamanho de minha aposta é de cerca de £300 por ponto para uma posição inicial. Agora preciso encontrar os melhores pontos de entrada e de saída.

Mas o que devo fazer se estou com medo? O que devo fazer se estou com medo de realizar minhas negociações porque não tenho certeza do que o mercado é capaz de fazer?

Quanto mais você conhecer seu oponente, melhor será capaz de entender o que ele está fazendo. Costumo usar a palavra *adversário* aqui, mas, na verdade o mercado é meu aliado. Quero me movimentar no mesmo ritmo que ele. Mas tenho medo de fazer papel de bobo. Então, estudo seus movimentos.

Não vejo outros traders fazerem isso, por isso defendo que essa é uma nova maneira de analisar os mercados. Não importa se é uma nova abordagem ou não. O que importa é que eu tenha uma noção do que o mercado é capaz de fazer. O que posso esperar de seu comportamento com relação aos preços? É irregular? É estável?

Observe o gráfico da Figura 9 a seguir.

Somos todos especialistas em gráficos após a operação. No entanto, estudar o comportamento dos preços dos dias anteriores me dá um forte indicativo do que posso esperar para o dia de negociação. Você pode ver um mercado que, inicialmente, está subindo, faz um topo duplo e, depois, cai.

Deixe-me mostrar o gráfico da Figura 9 de outro ponto de vista — agora observe o gráfico da Figura 10.

Como parte de minha busca para operar sem medo, divido o gráfico em componentes menores. Observo que a primeira onda de alta é de 24 pontos. Observo que a retração é de 9 pontos para baixo. Observo uma tentativa de fazer novas máximas, mas a alta é de apenas 6 pontos. Observo uma retração mais profunda de 12 pontos. Observo uma recuperação de 8 pontos, uma retração de 3 pontos e outra recuperação de 11 pontos.

As retrações mais baixas estão entre 9 e 12 pontos, com exceção de um movimento de 17 pontos. Você pode argumentar que isso é *ótimo* (dito com sarcasmo), se soubesse disso *antes* do início do pregão. Bem, você sabia. Observe o gráfico do dia anterior na Figura 11.

Figura 9

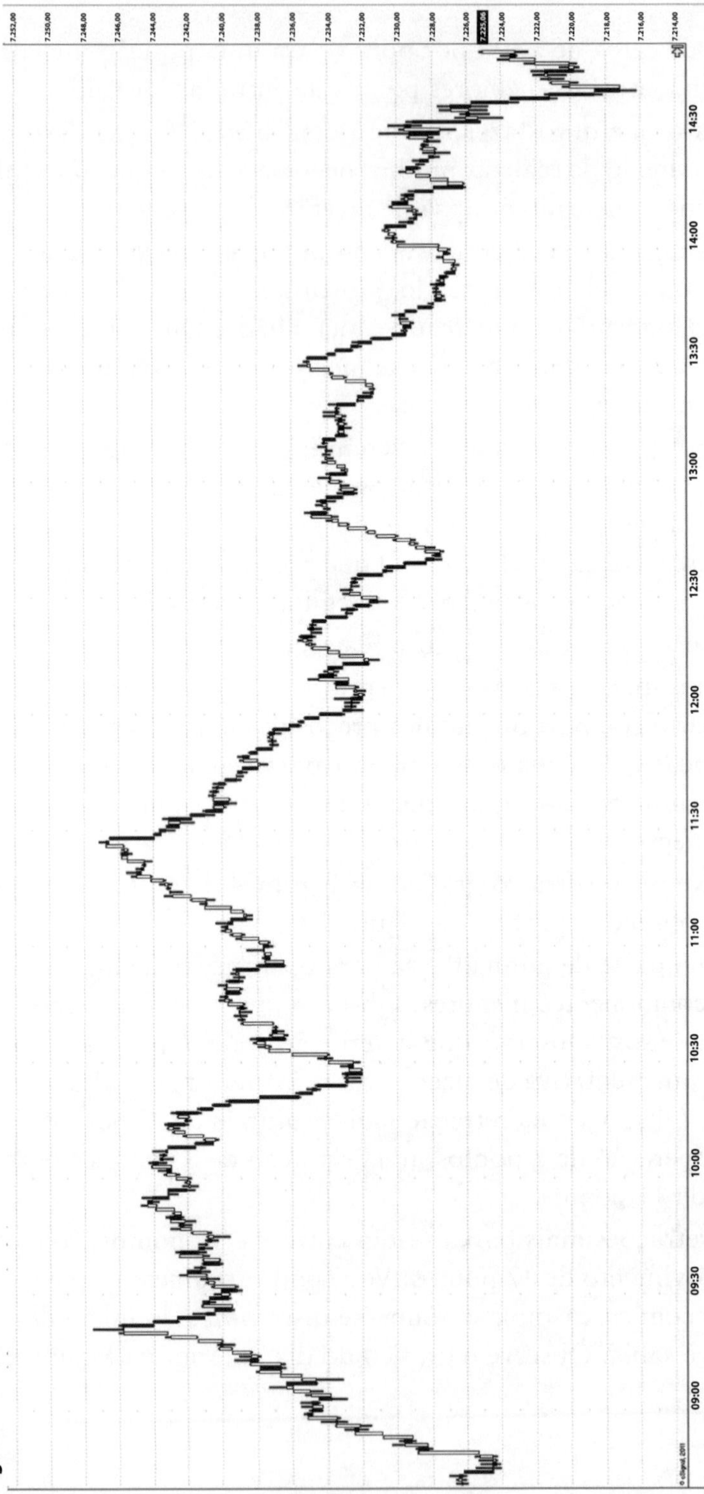

Fonte: eSignal (esignal.com)

Figura 10

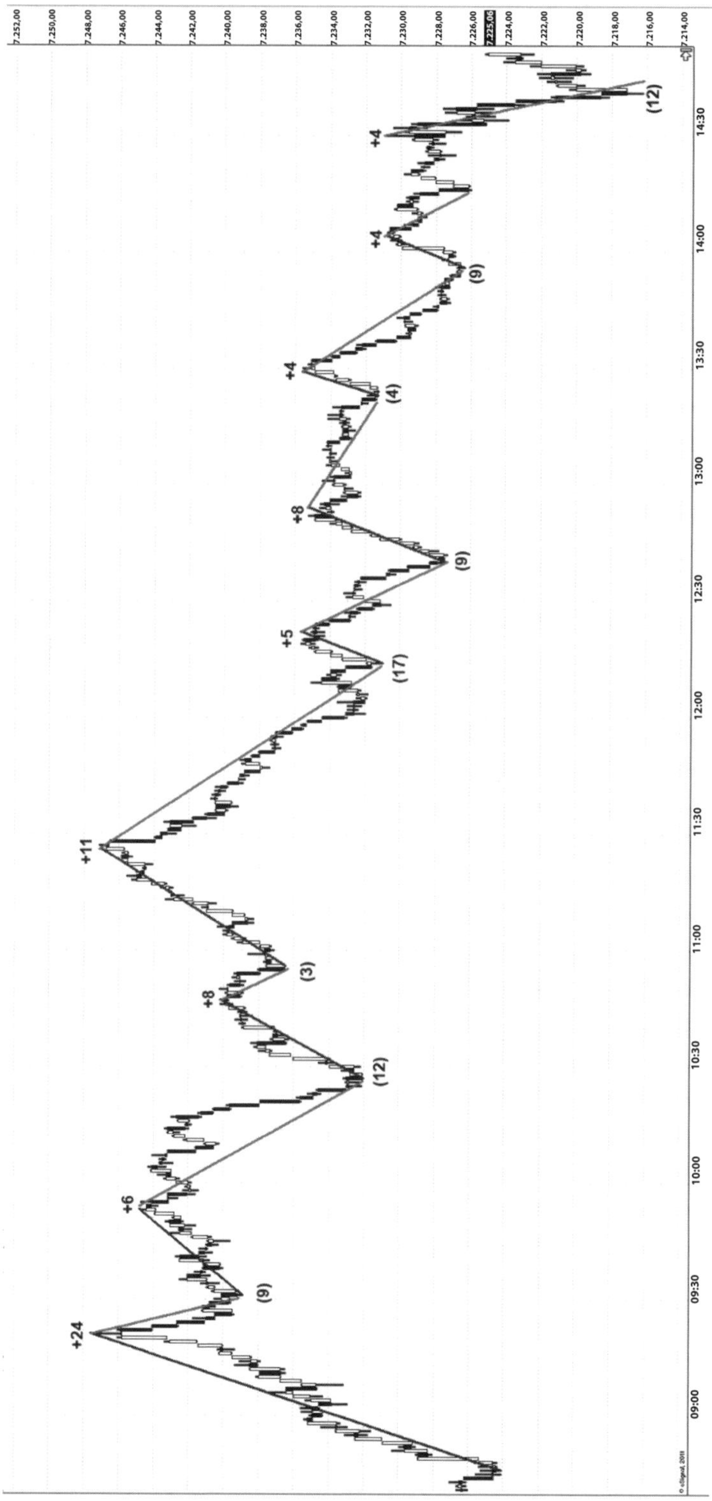

Fonte: eSignal (esignal.com)

Figura 11

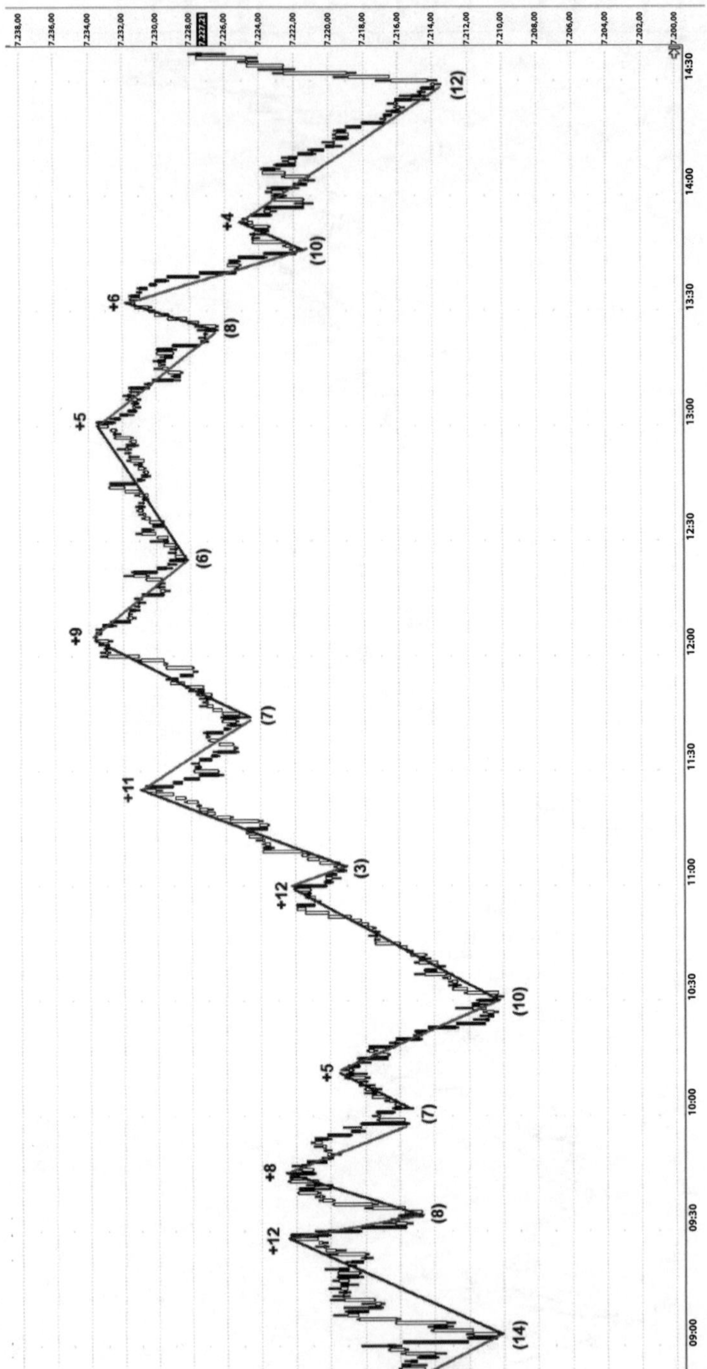

Fonte: eSignal (esignal.com)

As retrações mais baixas estão entre 7 e 12 pontos, com exceção de um movimento de 14 pontos.

Minha abordagem para um estilo de trading destemido é uma combinação de disciplina emocional, aquecimento mental e conhecimento do que o mercado é capaz de fazer. Embora esses dois dias de negociação sejam diferentes em termos de resultado, seu comportamento não é totalmente distinto.

Eu entraria no dia da operação munido do seguinte conhecimento:

1. Retrações profundas e movimentos definitivos tendem a ficar em torno de 10 pontos;
2. Pequenas retrações contra uma tendência forte ficam em torno de 3 a 7 pontos.

Sabendo disso e entendendo os padrões básicos de preços, posso desenvolver uma estratégia de entrada com o objetivo de arriscar o mínimo possível. Por exemplo, no gráfico anterior, após o mercado ter subido para um movimento de +11, eu aguardo para comprar em uma retração. Sei que a maioria das retrações está em torno de 7 a 12 pontos, sendo que as três últimas foram de 8, 7 e 10 pontos.

Agora estou querendo comprar. Digamos que eu compre no ponto em que o mercado tenha se retraído –7 pontos; posso estar com medo de que ele se movimente contra mim. Meu conhecimento do passado imediato sugere que é improvável que o mercado se movimente mais de –12 pontos em uma retração. Portanto, coloco meu stop loss a uma distância apropriada, com base no comportamento anterior.

A disciplina de esperar pelo momento certo de entrar, mais o conhecimento do comportamento dos preços anteriores, é o que o diferenciará da maioria dos traders. É improvável que eles tenham realizado o mesmo nível de preparação.

Ao se organizar (e admito que falo por mim agora), você trabalha nas questões que sua *mente temerosa* pode lançar sobre você. Sua mente temerosa pode dizer: "E se eu perder?" Se isso acontecer, a resposta é que, caso o mercado se movimente além dos –12 pontos, sua posição provavelmente está errada e seu stop loss cuidará de sua saída.

Quando ajudo traders em dificuldades por meio do meu canal do Telegram, a primeira coisa que pergunto é se eles costumam anotar suas operações. Não me refiro a escrever a entrada de determinada operação em um pedaço de papel. O que quero dizer é: eles traçam suas entradas em um gráfico assim que o dia termina?

Incluí alguns exemplos de minhas anotações para servir como um guia de referência visual. Observe as Figuras 12 e 13. Eu as uso para me aquecer pela manhã antes do dia de negociação. Selecionei arquivos aleatórios de meus antigos dias de negociação e reviverei esses momentos, tanto os terríveis — para me motivar sobre *como não operar hoje* — quanto os bons, para servir de inspiração.

Ao observar meu comportamento anterior, sou capaz de reforçar meus pontos fortes e, ao mesmo tempo, estar atento aos meus pontos fracos. Reparei as consequências desastrosas de minhas decisões precipitadas e meus impulsos. Percebi operações em que não mantive os lucros. Basicamente, vou me atormentar olhando para as operações ruins porque sei que isso funcionará como um catalisador positivo.

Aliás, não sou o único que trabalha dessa forma. Li que Michael Jordan e Cristiano Ronaldo se beneficiam de comentários negativos sobre eles e sobre seu desempenho. Eles levam isso em consideração, pois funciona como combustível para impulsioná-los a realizações maiores. Infelizmente, ninguém escreve sobre Tom Hougaard e suas operações de trading, então recrio a situação, colocando-me diante de minhas operações ruins do passado.

Você Não Está Sozinho

Os padrões desastrosos e impulsivos que vi com mais frequência no pregão se enquadravam em duas categorias:

1. Os clientes executaram uma posição comprada em mercados que consideravam baratos. Na maioria das vezes, eles compravam tendências de baixa estabelecidas;
2. Os clientes executaram uma posição vendida em mercados que, segundo eles, haviam subido demais. Para eles, parecia que o mercado não poderia subir mais.

Figura 12

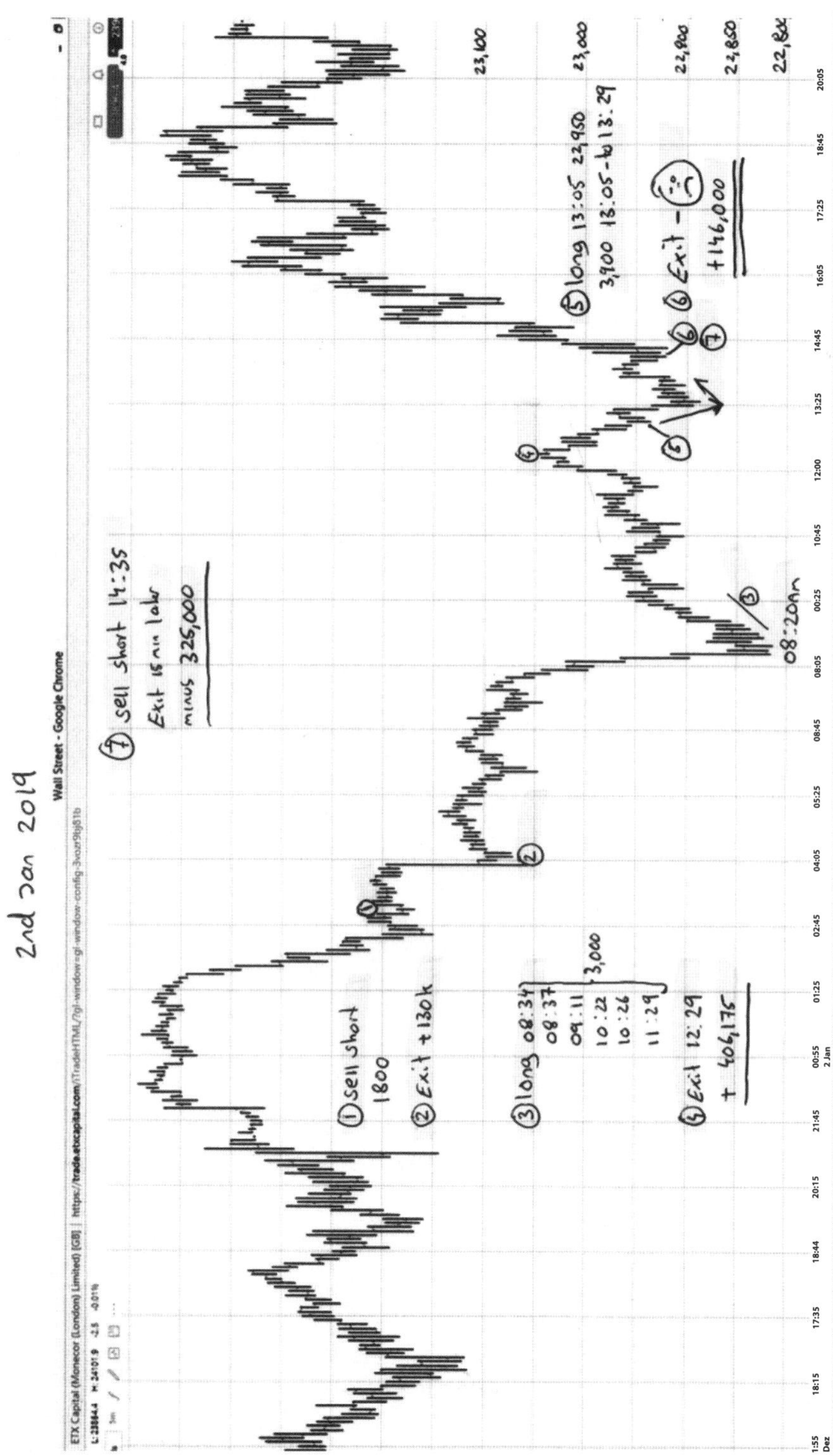
2nd Jan 2019
Wall Street - Google Chrome
① Sell short
1800
② Exit +130k
③ long 08:34
08:37
09:11
10:22
10:26
11:29
3,000
④ Exit 12:29
+ 406,175
⑦ sell short 14:35
Exit 15 min later
minus 325,000
08:20am
⑤ long 13:05 22,950
3,900 13:05-to 13:29
⑥ Exit -
+146,000
23,100
23,000
22,900
22,850
22,800

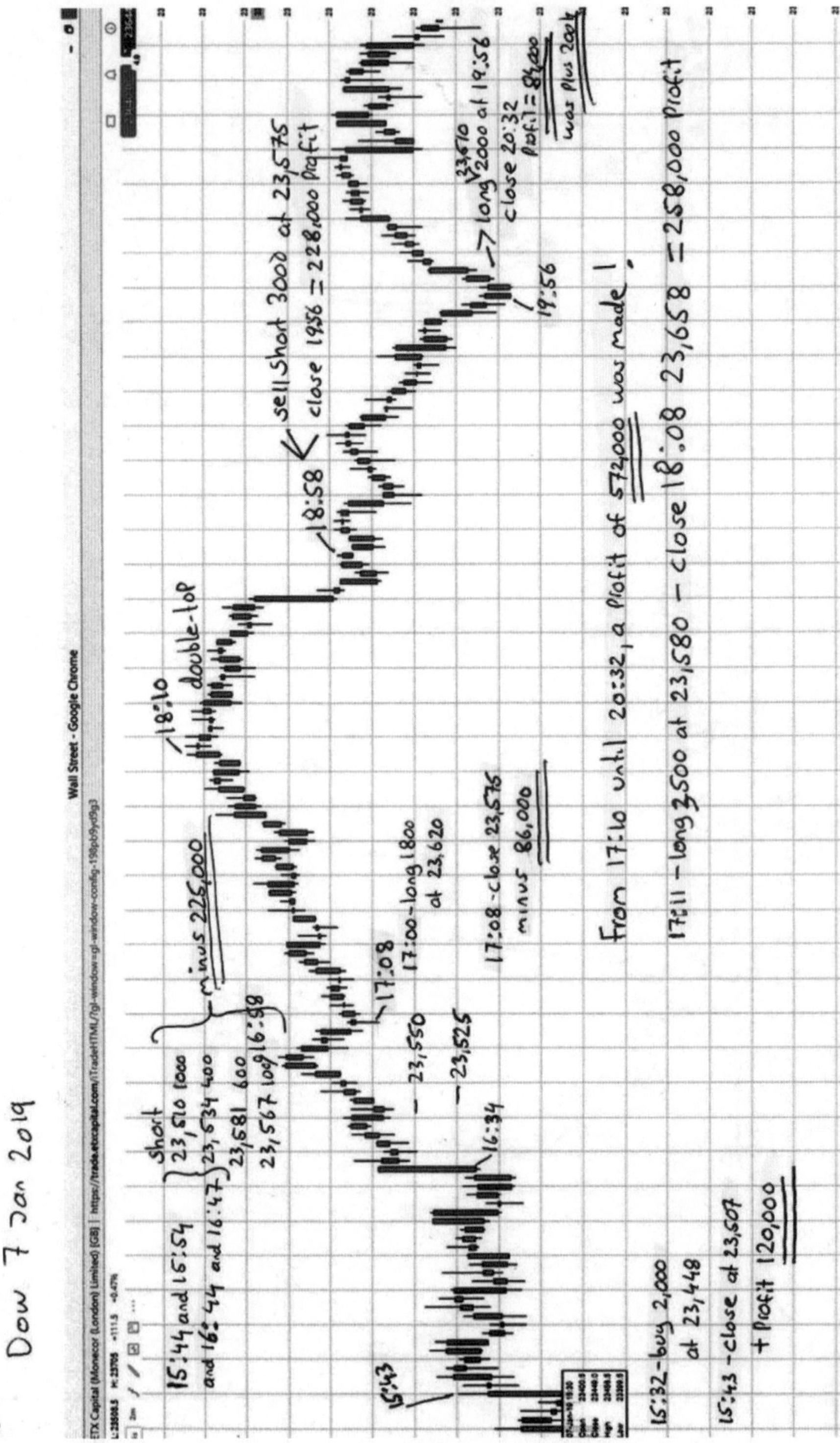
Dow 7 Jan 2019
Wall Street - Google Chrome
15:44 and 15:54 and 16:44 and 16:47
short 23,510 1000 / 23,534 400 / 23,581 600 / 23,567 100 16:58
minus 225,000
17:08
17:00 - long 1800 at 23,620
17:08 - close 23,575 minus 86,000
18:10 double-top
18:58
sell short 3000 at 23,575 close 1956 = 228,000 profit
19:56
long 2000 at 19:56 close 20:32 profit = 84,000
was plus 200k
15:32 - buy 2,000 at 23,448
15:43 - close at 23,507 + profit 120,000
From 17:10 until 20:32, a profit of 572,000 was made!
17:11 - long 2,500 at 23,580 - close 18:08 23,658 = 258,000 profit

Figura 13

Se você acha que estou inventando isso, eu não o culpo. Os traders não podem ter esse tipo de comportamento em uma era com tanta informação disponível como a que vivemos atualmente?

Para provar meu argumento, acessei o relatório do IG Client Sentiment (IGCS) de 26 de outubro de 2021. A IG Markets é uma corretora que existe há algum tempo. Sua base de clientes é global e, como tal, seu relatório de opinião representa as posições de negociação de um grande segmento da comunidade de traders de varejo.

Antes de mostrar o relatório de sentimento para índices de ações, gostaria de lhe dizer que, enquanto escrevo isso, no dia do relatório, os índices de ações em todo o mundo atingiram *novas máximas históricas*. O índice FTSE 100 do Reino Unido foi negociado em níveis não vistos há anos. Nos EUA, o Índice Dow negociou em níveis *nunca* antes vistos.

Então você poderia imaginar que, se minhas observações fossem imprecisas, a tendência descrita no relatório de sentimento exigiria que as pessoas estivessem *otimistas* em relação ao mercado.

Você estaria errado. Lamentavelmente, eu estava certo sobre o comportamento dos traders. Um total de 71,39% de todas as posições do Índice Dow eram posições vendidas — em um dia em que o Dow atingiu novas máximas históricas. As coisas não estavam muito melhores no índice DAX ou no índice FTSE.

Código	Net Long (%)	Net Short (%)
Germany 30	37,04	62,96
FTSE 100	30,60	69,40
US 500	39,85	60,15
Wall Street	28,61	71,39

É por isso que 90% dos traders perdem. Não enxergamos o mercado como ele é. Nós o enxergamos como nós somos. Um gráfico é tão esclarecedor quanto nossa capacidade de manter afastadas as ideias preconcebidas sobre a direção que o mercado segue.

Não estamos perdendo dinheiro ao longo do tempo porque não sabemos o suficiente sobre análise técnica ou sobre os mercados como um todo. Perdemos dinheiro porque nos recusamos a aceitar o que está bem à nossa frente.

Minha premissa básica é que as pessoas:

1. pensam da maneira errada antes de entrar em um mercado;
2. pensam da maneira errada quando estão operando no mercado.

Isso me lembra o falecido Mark Douglas, uma luz extraordinária no setor de trading e uma inspiração para milhares de pessoas, quando ele disse que bons traders "pensam diferente de todos os outros" no início de seu livro *Trading in the Zone*.

Elaborei uma frase minha. Para mim, as pessoas têm medo quando deveriam ter esperança e têm esperança quando deveriam ter medo. Gostaria de ilustrar isso com um exemplo.

Imagine que você tenha comprado o índice DAX alemão a 15.510 pontos e que, agora, o mercado está sendo negociado a 15.525 pontos. Em vez de pensar que o mercado pode estar em uma alta — e que pode continuar subindo —, você começa a temer que o lucro que você já conseguiu seja retirado de você.

Daí meu ditado: você deveria ter esperança em uma situação como essa, mas, ao invés disso, sente medo. Você tem medo de que o lucro seja retirado de você. Você não está pensando em quanto de lucro essa posição pode acabar lhe rendendo. Seu foco está no medo, e não na oportunidade.

O oposto é verdadeiro conforme você está em uma posição perdedora. Agora você espera que o mercado dê uma guinada. Seu único objetivo é se livrar da dor e, em vez de ter medo de perder ainda mais, você espera alcançar uma posição em que perderá menos. Cada ponto a seu favor é comemorado. Cada ponto contra você é ignorado.

Se você quer operar bem, precisa inverter esse jogo. Você precisa ensinar o cérebro a ter esperança (em relação aos lucros) quando ele está com medo (de perder os lucros). Precisa ensiná-lo a ter medo (das perdas) quando ele está esperançoso (de a posição se tornar positiva).

Isso deve começar pela atenção a seu comportamento. Talvez uma conversa que tive com um aluno possa esclarecer melhor o que estou tentando explicar.

Conversa com um Aluno

Na conversa a seguir, meu aluno e eu estamos discutindo uma posição comprada que tenho em dólar esterlino.

Aluno: Parece jogo de azar.

Tom: Por favor, explique melhor.

Aluno: Tenho 40 pips de lucro, mas você não vai me deixar ficar com o lucro.

Tom: Não vou impedi-lo de obter esse lucro, mas, se quer minha opinião, acho que deve deixar a posição correr. Considere os seguintes cenários e, depois, pergunte a si mesmo como se sentiria em cada caso:

1. Executa a posição e é parado por nada.
2. Executa a posição e ela sobe mais ainda.
3. Fecha a posição e ela sobe mais ainda.
4. Fecha a posição e ela se inverte.

Aluno: Acho melhor fechar a posição e garantir os lucros, em vez de arriscar e deixar que o mercado tire os lucros de mim.

Tom: Como você se sentiria se o mercado subisse mais ainda — a seu favor?

Aluno: Eu ficaria desapontado, mas sempre teria a opção de entrar novamente.

Tom: Se você entrasse de volta, teria que pagar uma nova taxa administrativa, ou pelo menos o spread, e teria perdido o movimento explosivo do mercado. A única maneira de lucrar com o movimento explosivo é se você já está dentro.

Aluno: Sim, mas pelo menos eu estaria jogando para manter o impulso.

Tom: Isso é verdade, mas você já está em uma posição em que o impulso está do seu lado.

Aluno: Só não quero que meus lucros desapareçam.

Aí está — em poucas palavras. As pessoas ficam esperançosas quando estão perdendo dinheiro. Elas sentem medo quando estão ganhando. Acredito que 90% dos traders pensam assim. É o motivo pelo qual — em um estudo com 25 mil traders — eles ganharam com mais frequência do que perderam, porém perderam 66% mais em suas perdas médias do que ganharam em seus ganhos médios.

À medida que o trader se depara com uma posição perdedora, ele espera que ela se reverta. A palavra-chave aqui é *esperança*. Quando ele se depara com uma posição vencedora, teme que o lucro desapareça. A palavra de ordem nesse cenário é *medo*.

Meu aluno foi ingênuo ao pensar que poderia entrar novamente no mercado sem pegar um preço pior do que aquele do momento da saída de sua posição vencedora.

Por isso, o trader mantém a posição até o ponto em que a dor finalmente se torna excessiva, então a fecha. Infelizmente, esse limiar tende a estar mais adiante na estrada do que o limiar da esperança.

É nisso que você precisa focar.

É nisso que você precisa trabalhar todos os dias para mudar seu padrão de comportamento. Não vou dizer que será fácil ou difícil. É simples assim. Não há sentido em ir adiante na especulação se você não consegue fazer o que deve ser feito, mesmo que seja desconfortável.

Você deve estar ciente de que, no trading, não estamos tão preparados para seguir o caminho da oportunidade; tendemos a ir atrás do caminho da esperança em direção à miséria com muito mais entusiasmo. Essa é a forma como somos constituídos. Você deve estar ciente disso e ter um plano para combater um comportamento que é natural.

No entanto, devo adverti-lo. A mente é como um músculo. Essa não é a única solução nem uma solução rápida, assim como fazer cem flexões uma vez não fará com que você fique igual ao Capitão América pelo resto da vida.

A atrofia não é algo que acontece apenas com os músculos do corpo. Ela também afeta a mente. É por meio da repetição que você fortalece a mente. No final deste livro, apresento meu sistema de treinamento, embora, na verdade, eu já esteja descrevendo o passo a passo à medida que avançamos.

O Comportamento Não Tão Normal

O que é um *comportamento não tão normal*? Em primeiro lugar, estou bastante ciente das deficiências da maioria das pessoas que operam: ter prejuízo, fechar posições lucrativas antes do tempo, overtrading, negociar por empolgação e como entretenimento.

Mas isso já é conhecido pela maioria das pessoas — se não por todas —, portanto o comportamento não tão normal vai um pouco além disso. É muito raro nos perguntarmos por que fazemos o que fazemos. Por que negocio quando o faço? Por que realizo lucros quando o faço?

Acredito que seja o momento de citar as palavras de um trader relativamente desconhecido (porém muito respeitado por seus colegas). Ele era um trader de mercado na Chicago Board of Trade (CBOT), e seu nome era Charlie DiFrancesca, também conhecido como "Charlie D".

Meu Herói

Charlie DiFrancesca chegou ao pregão da CBOT com um sonho e uma pequena quantia na conta. Ele tinha experiência em futebol universitário de competição — estilo futebol americano —, mas, fora isso, não havia nada sobre esse cara que indicasse que ele se tornaria o maior trader de mercado de títulos do Tesouro dos EUA em Chicago.

Ele teve um começo difícil. Quase não operou nos primeiros seis meses no pregão. Ele ficou lá apenas observando. Até que, uma tarde, ele teve um clique e operou durante duas horas com muito entusiasmo, o que lhe rendeu US$5 mil. A partir de então, Charlie D. não parou mais. Ele se tornou uma lenda no pregão até sua morte prematura.

Na biografia de William D. Falloon sobre Charlie D., o grande trader, ele diz:

> O momento em que você sabe que se tornou um bom trader é aquele primeiro dia em que conseguiu ganhar mantendo e aumentando uma posição vencedora. Muitas pessoas aqui (no pregão) operam nos mercados há bastante tempo, porém nunca aumentaram uma posição vencedora.

Aumentar as posições vencedoras é uma característica fundamental do trader bem-sucedido. Reforça o comportamento certo. Serve de antídoto contra a tentação de querer obter lucro. Treinei minha mente para perguntar o seguinte, quando estou em uma posição vencedora:

"Como posso aumentar minha posição?", em vez de insistir na ideia de realizar os lucros.

Charlie D. continua falando sobre o próprio mentor, Everett Klipp, que o ensinou sobre como operar da maneira correta:

> Infelizmente, é da natureza humana querer encerrar as posições vencedoras. Digamos que eu esteja comprado em 6 e o mercado faça uma oferta para 7, a mente imediatamente pensa em *me tirar de lá com lucro*. Essa é a natureza humana. Também é da natureza humana lidar com as perdas. Estou preso. Não vou fechar a posição. Vou esperar.

Adicionando a Epifania

Em 2007, conheci uma pessoa que mudaria radicalmente minha forma de operar nos mercados. Tudo aconteceu por acaso. Eu havia voltado de um intervalo de almoço, e um colega meu estava voltando de uma reunião com uma empresa educacional. Essa empresa tinha cursos sobre análise técnica e estava apresentando seus produtos para meu colega, que por acaso era o chefe de marketing.

Você precisa saber que esse meu colega era o cara mais detestável da East End de Londres. Ele era impetuoso, detestável (eu sei, disse isso duas vezes) e arrogante, e ninguém podia lhe dizer nada que ele já não soubesse.

No entanto, de alguma forma, essa empresa educacional chamou sua atenção. Ele falou com entusiasmo sobre um senhor chamado Dr. David Paul, que o orientou em algo que envolvia a análise técnica básica.

Ele me mostrou essa análise, e *era* mesmo básica. No entanto, havia algo no material do curso, do qual recebi uma cópia, que me dizia que eu precisava conversar com esse senhor.

No fim, o Dr. David Paul tinha um curso de trading de dois dias em Joanesburgo. Então, alguns dias depois, reservei um voo para mim. Foi uma das únicas vezes em que participei de um treinamento formal sobre análise técnica.

Já mencionei esse curso antes, mas vou descrevê-lo um pouco mais agora. Há algo incrivelmente humilde no Dr. David Paul, apesar de todas as suas conquistas. Ele é PhD em Engenharia Mecânica e usou suas extraordinárias habilidades para inventar uma broca para mineiros na África do Sul. E não era uma broca comum. Era do tipo que suga o gás do solo à medida que perfura e, assim, salva vidas ao praticamente eliminar a ocorrência de explosões.

David Paul passou muito tempo investindo e fazendo trading. Ele se tornou um homem rico. No segundo dia do curso, ele disse algo que mudaria minha perspectiva sobre o trading.

Ele disse algo mais ou menos assim: "Quando você está em uma posição vencedora, em vez de pensar em que momento sair, por que não pensa em que ponto aumentar a posição?"

Ele basicamente me disse para inverter tudo. A maioria dos traders com lucro começa a pensar em que momento ele pode obter metade do lucro. Em seguida, começam a pensar em que momento podem obter a outra metade do lucro.

David argumentou que isso era o que 90% dos traders faziam. Ele não usou exatamente essas palavras, mas argumentou que, se você quer ganhar dinheiro fazendo trading, precisa fazer o que a maioria acha difícil.

A primeira vez em que tentar, você pode se frustrar. Isso é esperado, mas, na próxima vez, pode ser um pouco mais fácil e, na outra, um pouco mais fácil ainda.

Faça o que É Difícil

David estava basicamente dizendo que, quando você está em uma posição vencedora, deve pressioná-la. Seu argumento era sobre algo que ele mesmo observou conforme o mercado começou a apresentar uma tendência de verdade.

Tentei interpretar as palavras dele de maneira diferente. Quando você sabe o que quer mais do que teme aquilo, conseguirá atingi-lo. Você quer obter lucros em suas operações. Você provavelmente tem um bom instinto sobre o trading e já percebeu que é seu modo de pensar que lhe causa problemas, e não seu conhecimento sobre os mercados financeiros.

Se 90% dos traders estão empenhados em obter metade dos lucros e deixar a outra metade correr, talvez a coisa certa a se fazer seja dobrar a posição, ou talvez aumentá-la um pouco de maneira conservadora, quando todos os outros estiverem obtendo metade dos lucros. Pelo menos foi isso que eu li nas entrelinhas, enquanto estava sentado na sala de conferências de um hotel em Joanesburgo.

Quando o workshop acabou, atravessei a rua e me tranquei em meu quarto de hotel. Fiquei sentado, esperando. O índice Dow estava em tendência. Esperei por uma retração. Depois esperei que uma barra de cinco minutos fechasse acima da máxima da barra de cinco minutos anterior.

Por consequência, eu comprei. Dez minutos depois, aumentei minha primeira posição. Vinte minutos depois, fechei em um topo duplo. Foi o momento de negociação mais satisfatório de minha vida. Um mundo totalmente novo se abriu para mim.

Dependendo de seu nível de experiência, você pode ou não ser capaz de responder a esta pergunta: por que é mais fácil aumentar uma posição perdedora do que uma posição vencedora? Eu mesmo já me fiz esse questionamento diversas vezes.

Você decide que quer comprar o índice DAX a 12.325 pontos. Então o mercado cai para 12.315 pontos, e você fica tentado a aumentar sua posição.

Por quê?

Por que é mais fácil aumentar uma posição perdedora do que uma posição vencedora?

Para início de conversa, você adoraria ter comprado a 12.315 em vez de 12.325 pontos porque, assim, teria obtido um preço de entrada melhor. Portanto, comprar novamente a 12.315 faz sentido do ponto de vista econômico. Essa é uma lógica simples e clara.

Existe uma chance de que você tenha um stop loss em mente e uma chance de que tenha uma meta em mente. Nesta ocasião, você tem a oportunidade de ter o mesmo stop loss de antes, porém com 10 pontos a menos de risco e mais potencial de lucro.

Você também fez um preço médio melhor, de modo que o mercado precisa mover menos pontos a seu favor antes que você atinja o breakeven.

Simples e lógico — algo que nossa mente adora.

No entanto, você também terá aumentado a exposição de sua posição, e o mercado lhe disse que você está errado, pelo menos neste momento. Foi fácil fazer a coisa errada porque atribuímos um *valor* ao mercado. Quando o mercado oferece uma oportunidade de aumentar o valor de nossa operação, isso nos atrai.

Então por que é difícil aumentar uma posição vencedora?

Se comprei a 12.325 pontos e o mercado está se movimentando a meu favor, eu fico aliviado. Agora experimentarei emoções. Como a ganância; quero ganhar mais. E o medo; quero proteger o que já ganhei.

Quando o mercado atingir 12.345 pontos, você pensará que, se comprar mais agora, terá aumentado seu preço médio para 12.335. Isso significa que o mercado só terá que mover 10 pontos contra você para que sua posição fique no breakeven, e não no lucro.

A principal questão aqui é: no que sua mente está pensando?

Quando aumentamos uma posição perdedora, decidimos insistir no potencial de lucros maiores. Decidimos não insistir no fato de que o mercado está nos dizendo que estamos errados e no fato de que acabamos de dobrar nosso risco.

Quando aumentamos uma posição vencedora, decidimos insistir no fato de que o mercado pode tirar nossos lucros, porque agora diminuímos nosso preço médio. Decidimos não insistir no fato de que o mercado está corroborando conosco.

Simplificando, o mercado discorda de nós, porém acreditamos que ele está errado e aumentamos uma posição perdedora; *ou* o mercado concorda conosco ao apresentar lucro, porém duvidamos que ele esteja certo, então não aumentamos nossa posição vencedora.

Não faz muito sentido, não é mesmo? Entretanto, é isso que a maioria dos traders faz o tempo todo. Aumentar uma posição vencedora pode ser desconfortável. Ninguém está dizendo para você dobrar o tamanho de sua operação na primeira vez em que for aumentar uma posição vencedora. Você pode aumentar só um pouco.

Adicionando Estratégias

Existem duas maneiras de aumentar suas posições vencedoras. Você pode usar o princípio do mesmo tamanho — adiciona o mesmo tamanho. Digamos que você compre 10 lotes para começar e, depois, adicione mais 10 lotes a um preço mais alto, e assim por diante.

Essa é uma maneira arriscada de operar. Em vez disso, você pode usar um segundo princípio, ao qual sua primeira posição é a maior posição e as posições subsequentes são menores. Portanto, a primeira posição pode ser de 10 lotes, mas as posições subsequentes serão de 5 lotes.

Quando opero, quase sempre uso o princípio do mesmo tamanho, porém recomendo que você use o segundo princípio até que se sinta confortável em aumentar suas posições vencedoras.

Construindo Novos Caminhos

O objetivo de aumentar as posições vencedoras é, basicamente, uma tentativa de combater seu comportamento humano *normal*. No início, não se trata de ampliar a lucratividade. Isso virá mais tarde. O objetivo é impedi-lo de obter apenas *metade dos lucros*.

Ao aumentar uma posição vencedora, pensando "Como posso ganhar mais quando estou certo?", em vez de pensar "Onde devo obter mais lucro?", você está construindo uma nova maneira de raciocinar sobre o trading.

Você se lembra do que Mark Douglas disse nas primeiras linhas de *Trading in the Zone*? No trading, os vencedores consistentes "pensam de maneira diferente de todos os outros". Quando você começa a pensar: "Onde posso aumentar minhas posições vencedoras?", está começando a pensar de maneira diferente. A partir daí, é uma questão de hábito. Você construiu um novo caminho neurológico em sua mente, ou pelo menos deu importantes passos na direção certa.

Controlando o Risco

Como você controla o risco quando aumenta as posições vencedoras? Essa é uma pergunta que me fazem com frequência. A resposta é a mesma, esteja você aumentando uma posição vencedora ou perdedora: coloque um stop loss.

Algumas pessoas dirão: "Mas se eu for interrompido em um acréscimo a uma posição vencedora, também terei perdido os lucros da posição original".

Sim, isso é verdade; mas não é melhor ser impedido de sair de uma posição na qual você tem algum lucro para amortecer a perda, no lugar de ter aumentado uma posição perdedora, na qual você consegue sentir a perda com força total? Quando você acrescenta algo a uma posição vencedora, pelo menos o mercado está concordando com você.

Acabei de comprar o Dow a 26.629 pontos. Meu stop loss é em 26.590. O Dow já se recuperou de uma base de 26.569, então posso estar um pouco atrasado, mas isso não me incomoda.

Muitos bons negócios foram perdidos porque as pessoas chegaram tarde demais. Contanto que eu tenha um stop loss em vigor, não tenho problema em entrar em um movimento de impulso, mesmo quando ele já está em movimento há algum tempo.

O Dow alcança os 26.649 pontos e eu compro mais uma vez. Estou aumentando minha posição vencedora. Agora, meu stop loss na primeira posição que comprei foi movido, para refletir o fato de que assumi mais riscos. Meu primeiro stop loss está em 26.629 pontos. O stop loss de minha segunda posição também está em 26.629.

Nesse ponto, duas coisas podem acontecer. Idealmente, o mercado continuará subindo, e cada ponto movido estará me rendendo o dobro do que se eu tivesse apenas uma posição.

A alternativa menos atraente é que o mercado se movimente contra mim e eu seja impedido de sair da primeira posição no breakeven, perdendo 20 pontos na segunda posição.

Não existe mágica. É uma filosofia que nasceu de um desejo de *não* ter um comportamento normal. O normal é fechar metade de sua posição e deixar a outra metade correr.

Por que você faria isso? Por que o mercado concordaria com você se você só entra com metade da aposta?

Isso é o que 90% dos traders estão fazendo, mas eu não quero fazer o que 90% deles estão fazendo, por mais lógico que pareça. O tempo provou que eles estão errados, e eu quero estar certo!

Esse é um ponto muito importante que estou tentando lhe transmitir. Não sei o que acontecerá ao longo de uma operação. Tudo pode acontecer. No entanto, sei o que acontecerá — estatisticamente falando — ao longo de cem operações.

Ao longo de uma operação, você pode ganhar ou perder. Ao longo de 1 lançamento de moedas, você pode obter *cara* ou *coroa*, e pode obter 5 coroas seguidas; mas, ainda assim, acabará — estatisticamente falando — com um resultado de 50/50 quando lançar a moeda 100 vezes.

O mesmo se aplica aos negócios. Você pode estar em uma fase boa e ter apenas operações vencedoras em sua tela, mas, com o tempo, isso se equilibrará. Portanto, é de vital importância que você não pense muito no resultado de uma operação, mas, sim, no resultado de cem operações.

O produto de uma operação é aleatório. O resultado de cem operações é previsível. É por esse motivo que nosso comportamento precisa ser o mesmo em cada operação que executamos, gostemos ou não. Ao aplicar o mesmo comportamento correto a todas as operações, é praticamente garantido que obteremos lucro.

E qual é o comportamento correto? Bem, por que não observar o que todos estão fazendo e, depois, fazer o oposto?

A premissa básica é que a maioria das pessoas que fazem trading acaba perdendo dinheiro. Esse é nosso ponto de partida. Em seguida, observamos o que essas pessoas fazem. Tenho feito isso há dez anos. Eis o que observei:

1. ELAS NÃO AUMENTAM AS POSIÇÕES VENCEDORAS

Elas não aumentam as posições vencedoras. Portanto, para ser bem-sucedido, aumente as posições vencedoras, quer seja um pouco ou dobrando. Comece devagar, aumente um pouco.

2. ELAS NÃO USAM UM STOP LOSS

Elas não gostam de usar um stop loss, porque isso cristaliza a dor da perda. Enquanto a posição estiver aberta, há esperança. Desse modo, para ser lucrativo ao longo do tempo, use um stop loss. Use um stop loss em sua primeira posição e nas posições subsequentes.

3. ELAS AUMENTAM AS POSIÇÕES PERDEDORAS

Todos adoramos uma promoção de supermercado, não é mesmo? De qualquer forma, continue a comprar as promoções do supermercado; mas não faça isso nos mercados financeiros, comprando mais apenas porque agora é possível comprar a um preço mais baixo do que na primeira compra.

Embora você possa ter sorte de vez em quando, essa é uma das principais características dos traders perdedores. Lembre-se de que estamos focados em estabelecer o comportamento que garantirá sua lucratividade ao longo do tempo.

4. ELAS REALIZAM METADE DOS LUCROS

Será difícil argumentar sobre essa questão, então tenha paciência comigo. Conheço muitos traders — até mesmo pessoas que operam há décadas, mais até do que eu — que defendem a realização de metade dos lucros. O pensamento delas segue este caminho:

> *Vou arriscar 20 pontos.*
> *Vou pegar metade dos lucros em 20 pontos e mover o stop loss na outra metade para o breakeven.*
> *Vou levar a outra metade dos lucros em 40 pontos.*

Parece bastante convincente. Você fecha metade da posição e, assim, se o mercado mudar, pelo menos você terá feito 20 pontos com metade da posição. Consigo entender esse raciocínio.

O problema com essa estratégia é que ela nunca lhe proporciona as operações vencedoras de que você precisa para se sustentar nesse setor. Você nunca estará acompanhando os grandes movimentos do mercado porque sempre se limitou a fazer apenas isso.

Tenho dois argumentos importantes contra a realização de metade dos lucros:

1. O mercado concorda com você. Deixe-o correr.
2. Como não acredito no argumento de *risco e recompensa*, dado que nenhum ser humano consegue saber de antemão qual será sua *recompensa* sem se limitar, não acredito que obter metade dos lucros seja a maneira correta de operar.

Risco de Recompensa

Acabei de dizer que não acredito no argumento de risco e recompensa? Sim, isso mesmo. Eu acredito. Acredito em definir meu risco, e não em definir minha recompensa.

Quando estou prestes a executar uma operação, há *apenas* uma variável sobre a qual tenho considerável controle: quanto dinheiro/pontos/pips arriscarei nessa operação?

Qualquer outra coisa é pura adivinhação. Quanto ganharei dependerá do mercado, não de mim, a menos que eu estabeleça um limite para meus lucros. Um antigo trader muito sábio me disse uma vez que os traders perdedores passam o tempo pensando em quanto ganharão, enquanto os vencedores passam o tempo pensando em quanto perderão.

A única variável sobre a qual tenho controle, como o *trader que aponta e clica* (ao contrário de alguém que usa um algoritmo), é quanto posso perder em uma operação. Ao observar centenas de milhões de operações ao longo de uma década, executadas por um exército de traders bem-intencionados que estão fazendo o possível para obter lucro, cheguei à conclusão de que estabelecer um limite para seus lucros não é o caminho certo.

Se eu comprar o índice FTSE 100 a 7.240 pontos com um stop loss em 7.235 e uma *meta de lucro* em 7.250, tenho certeza de que ficarei feliz se o FTSE aumentar para 7.250 e reverter para baixo novamente.

No entanto, como me sentirei se o FTSE subir para 7.260, 7.270 pontos ou mais?

É claro que há exceções a essa regra. Talvez eu realmente queira sair em 7.250 pontos porque sinto que há uma resistência maior nesse ponto. Pode até ser um ponto em que eu queira vender a descoberto. Também posso colocar uma ordem de lucro em 7.250 pontos, pois talvez eu não consiga acompanhar o mercado tão de perto nessa operação em específico.

No entanto, geralmente não trabalho com metas porque uma destas limitará meu lucro, principalmente nos dias em que o mercado está em alta. Com isso em mente, eu gostaria de apresentar um exemplo de uma decisão que tomei e como ela acabou me custando caro.

O que Não Fazer

O gap do DAX aumentou, conforme mostrado na Figura 14. Com base nas estatísticas, sei que 48% de todos os gaps são preenchidos no mesmo dia em que ocorrem. Considerando que 90% das máximas e mínimas diárias acontecem na primeira hora e meia do pregão, senti-me razoavelmente bem ao operar a descoberto no DAX na barra mínima, indicada pela seta. O stop loss estava próximo da máxima do dia. O risco era de 35 pontos do DAX.

De acordo com o que é mostrado na Figura 15, em vez de continuar em baixa, o índice DAX se consolida, sobe e acaba removendo meu stop loss. Agora estou em –35 pontos.

O padrão anterior sugere preços mais altos no horizonte. Parece um duplo topo de venda; mas, em um dia de gap up, as chances de que o mercado vai continuar são maiores do que de que vai reverter. Lembre-se do ditado: "Nos mercados em alta, a resistência geralmente é quebrada e, nos de baixa, o suporte raramente se mantém". Você pode substituir "mercados em alta" por "tendências de alta" e "mercados em baixa" por "tendências de baixa".

Na Figura 16, executo uma posição comprada no fechamento da barra, conforme ela fecha acima do meu stop loss. Na verdade, é um indicador SAR — *stop and reverse*. Sou impedido de sair de minha posição vendida e, como resultado, estou comprando.

O mercado se movimenta para uma consolidação e, por fim, sobe. Aumento minha posição comprada, como mostrado na Figura 17. Até agora, tudo parece bem.

Então eu cometo um erro. Nesse ponto, consigo fechar a posição com um lucro que excede a perda que tive anteriormente.

Você consegue enxergar o que estou fazendo de errado agora? Não estou operando o gráfico. Estou operando minha conta, meu estado de espírito. Estou tentando me livrar da dor de minha operação anterior. Você consegue ver isso na Figura 18.

Para minha decepção, admito que fechei minha posição comprada só para poder compensar a perda anterior. Eu me convenço a sair da posição em vez de apenas mover meu stop loss para cima. Só quando reviso meu dia de negociação é que eu realmente percebo o que fiz.

Por enquanto, o mercado não está em total desacordo comigo. Nas duas horas seguintes, ele opera lateralizado. Quanto mais tempo um mercado passa de um mercado de tendência para um mercado lateral, menos a tendência anterior importa. Pelo menos é o que digo a mim mesmo.

Assim, com a abertura dos mercados dos EUA, o índice DAX sobe e eu não estou acompanhando. Talvez você ainda não tenha percebido o que estou tentando apontar aqui de maneira sutil.

Eu não pertenço ao time dos traders que acreditam que "você não pode ir à falência obtendo lucro". Acredito que você possa, sim, ir à falência obtendo lucro, se isso significar que você nunca terá dias de lucros consideráveis porque não consegue deixá-los correr. Simples assim!

A Figura 19 mostra o que aconteceu após minha saída. Embora eu não insista em fazer operações perfeitas, eu as reviso religiosamente, a fim de detectar falhas infiltradas no funcionamento interno de minha mentalidade de negociação. Estou mantendo minha disciplina? Estou aumentando meus ganhos? Estou sendo impulsivo?

Figura 14

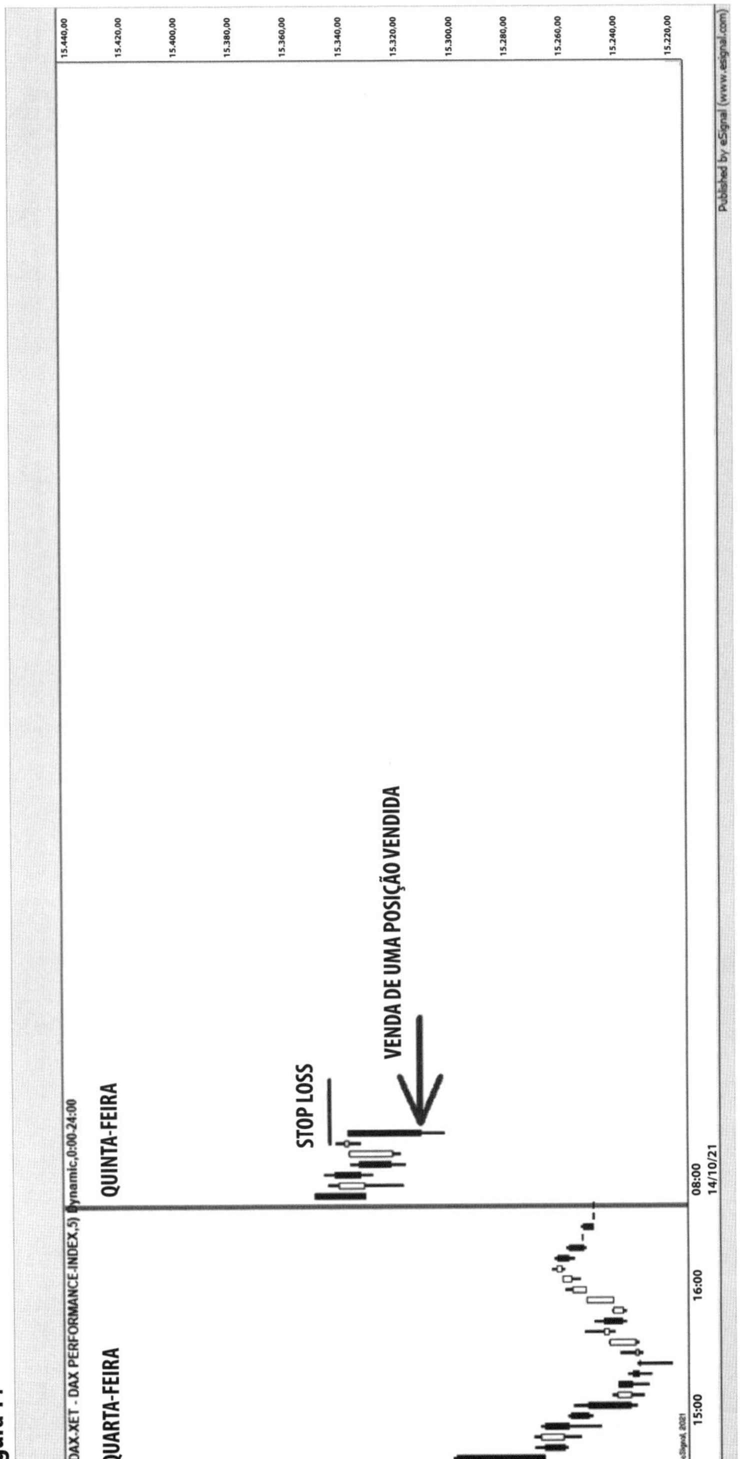

Fonte: eSignal (esignal.com)

Figura 15

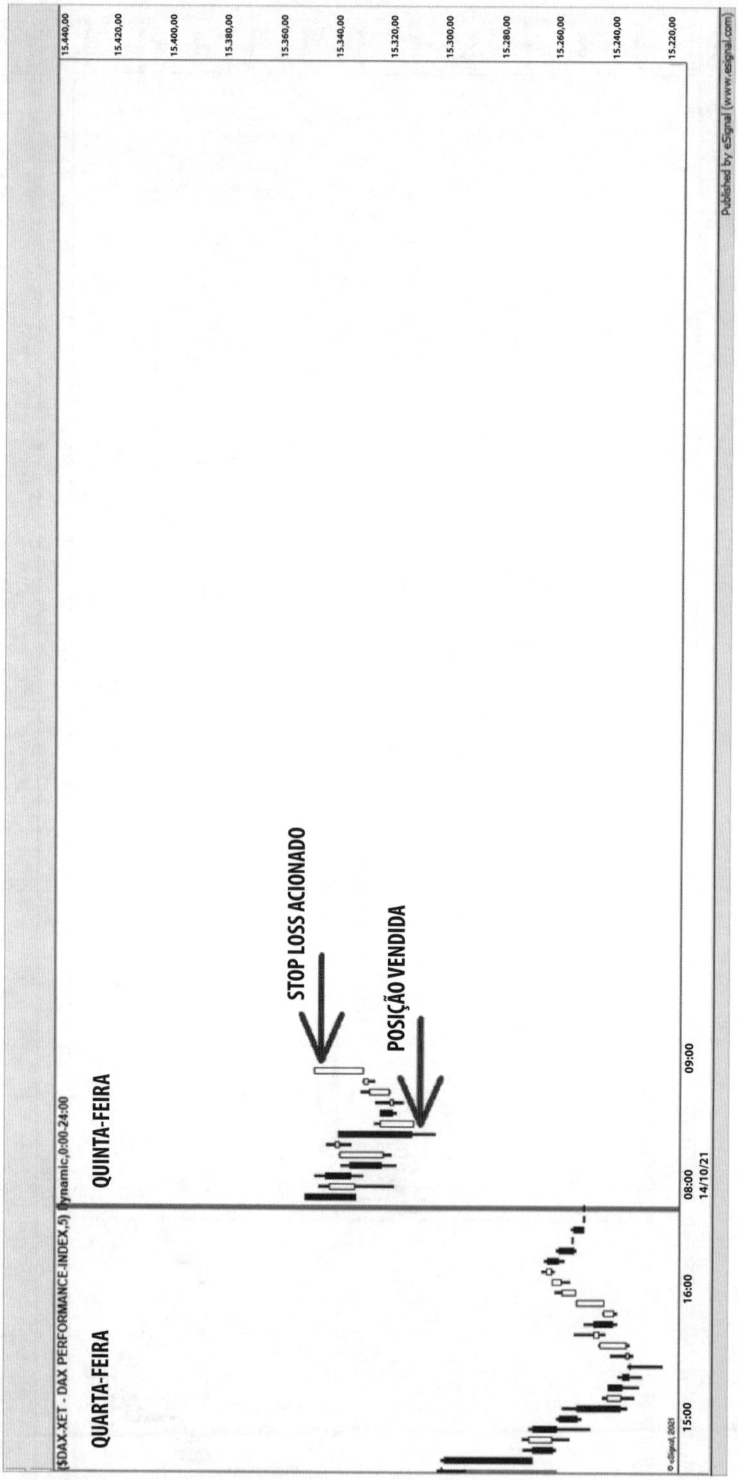

Fonte: eSignal (esignal.com)

Figura 16

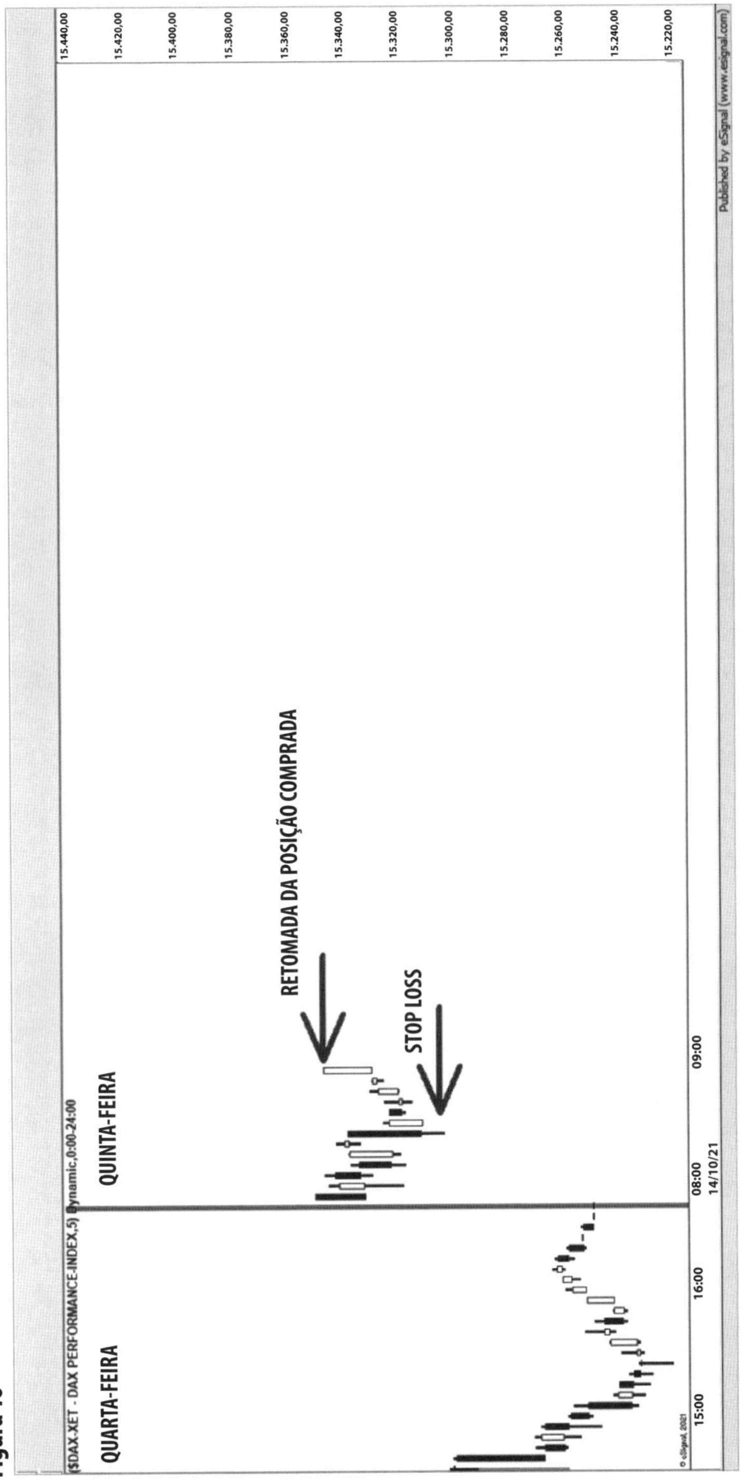

Fonte: eSignal (esignal.com)

Figura 17

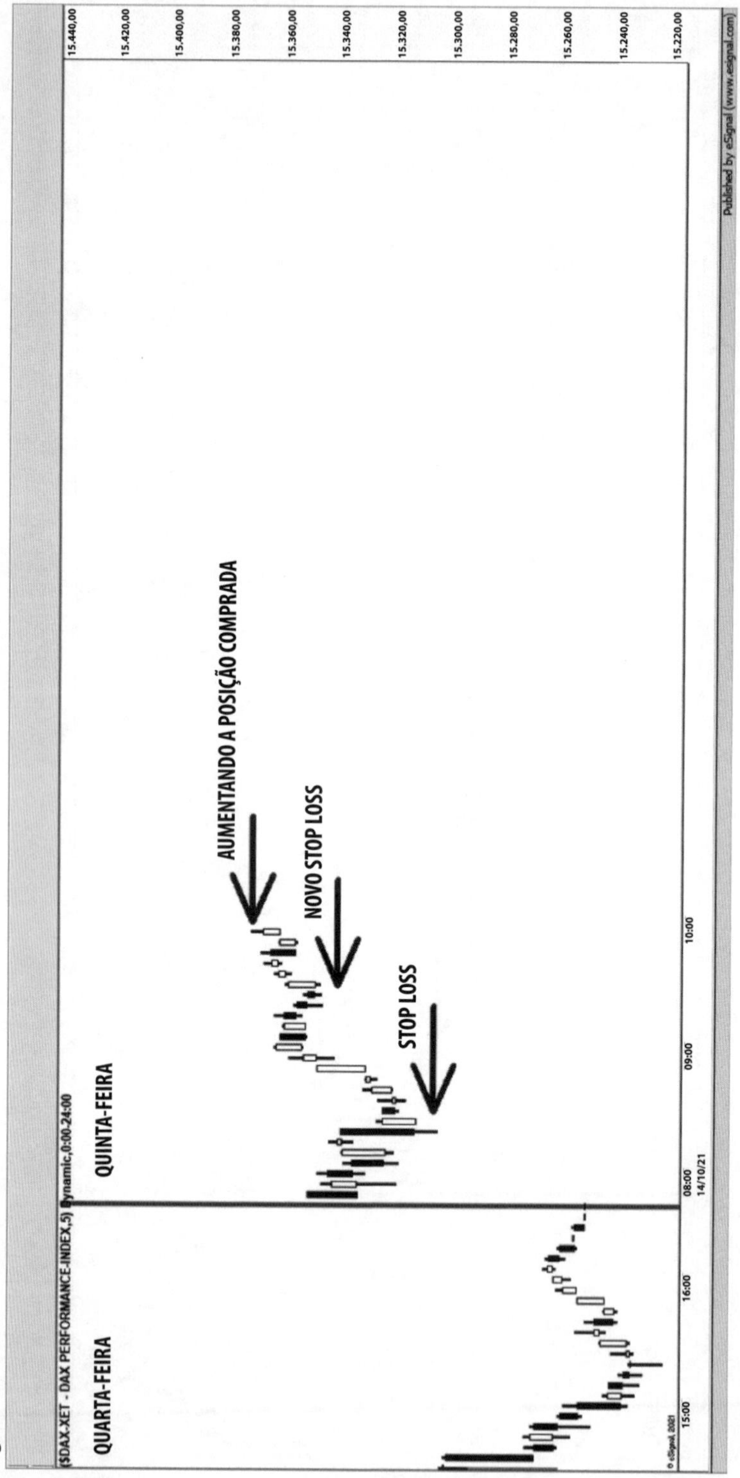

Fonte: eSignal (esignal.com)

Figura 18

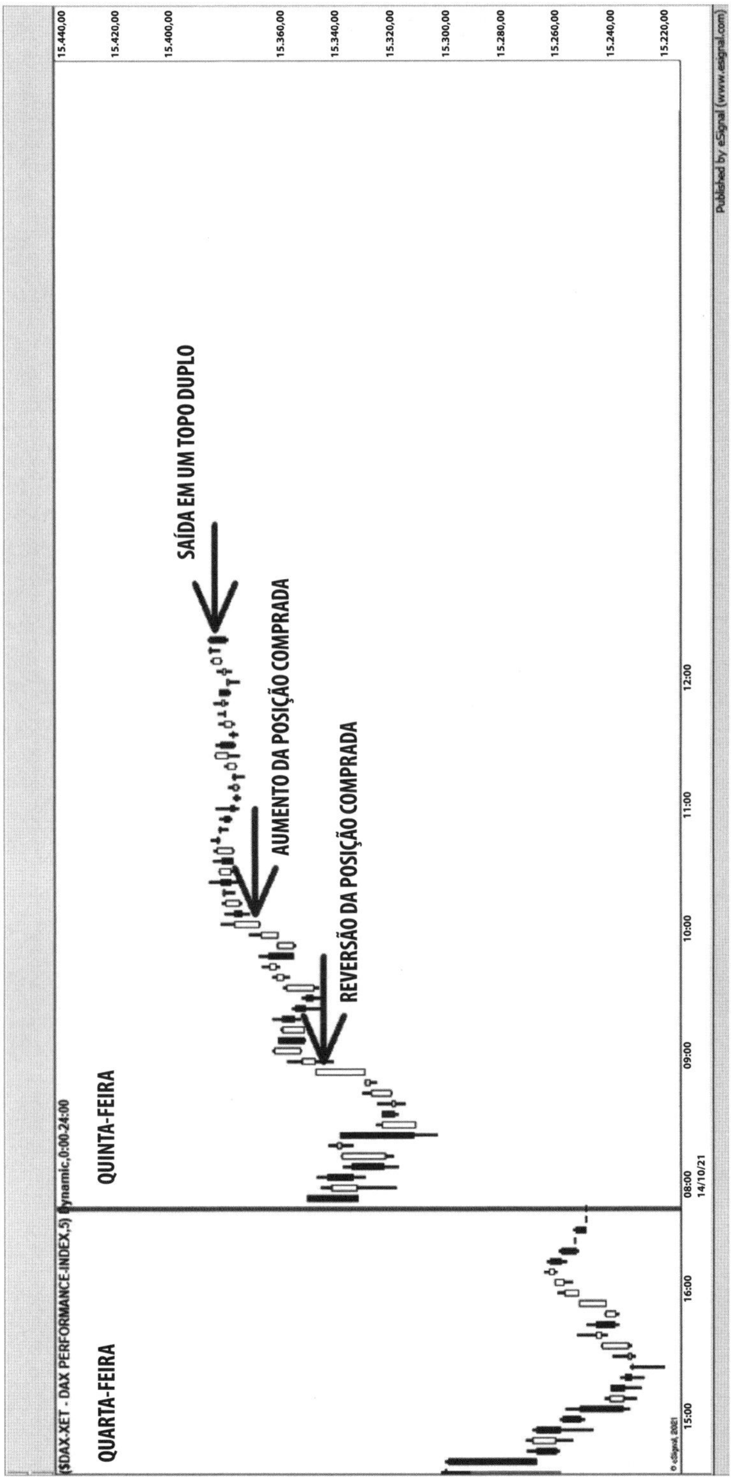

Fonte: eSignal (esignal.com)

Figura 19

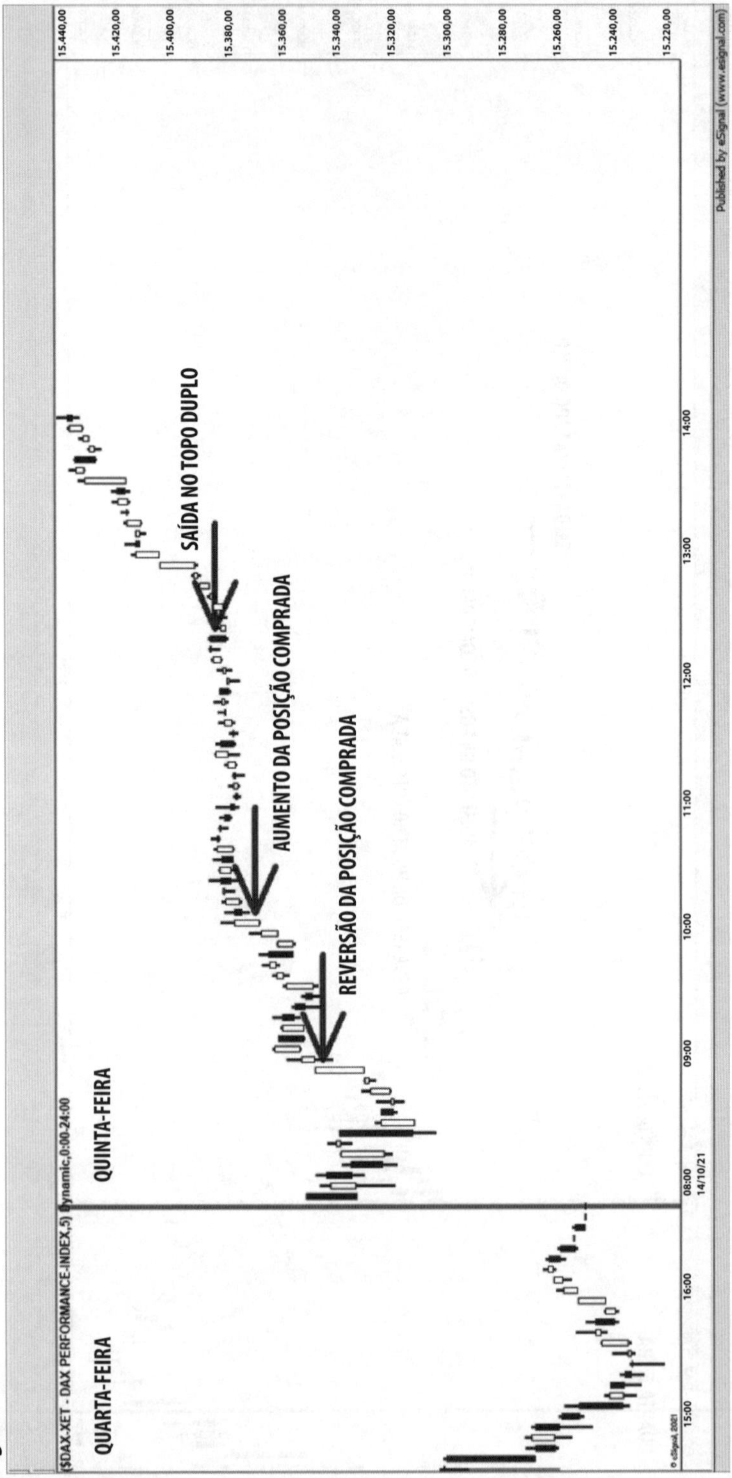

Fonte: eSignal (esignal.com)

Você pode olhar para os gráficos e pensar que me saí bem. Já eu olho para os gráficos e me pergunto por que saí da posição. A dor de ter perdido a alta do final do dia foi maior do que o prazer de recuperar o que eu havia perdido no início do dia.

Aumentando as Posições Vencedoras

Acrescentar algo às posições vencedoras é um hábito que tenho. Os traders novos e experientes que me seguem no YouTube e no Telegram querem saber como eu faço isso.

Uma maneira simples de fazer isso é analisar as operações que realizei nos dias anteriores e definir uma série de pontos nos quais quero aumentar a posição. Por exemplo, você pode examinar a operação Forex euro-dólar e concluir que quer aumentar sua posição a cada intervalo de 10 pips.

Segui minha abordagem de uma maneira diferente. Acredito que a melhor forma de ilustrar isso é por meio de uma explicação teórica.

Quero negociar o índice FTSE 100 e estou buscando uma abordagem para aumentar minhas posições vencedoras. Como faço isso?

PASSO 1

Estabeleço qual é a volatilidade histórica desse índice. Utilizo uma medida chamada Average True Range (ATR). Ao utilizá-la, diferencio cuidadosamente entre os períodos em que não quero negociar o produto e aqueles em que quero negociar.

Por exemplo, a volatilidade do índice FTSE em um gráfico de cinco minutos durante a noite pode ser de cerca de 4 pontos, enquanto a volatilidade em um gráfico de cinco minutos na abertura do pregão, às 8h GMT, é de cerca de 14 pontos. É uma diferença significativa.

Para fins de argumentação, digamos que estabeleci que a volatilidade é igual a 10 pips/10 pontos quando faço day trade do índice FTSE no período em que prefiro operar.

Chamamos esse valor de N.

N = 10

Meu stop loss é de 2 × N.

PASSO 2

Estabeleço quanto quero arriscar em uma operação. Essa é uma função percentual do valor de sua conta. Digamos que você tenha £10 mil em sua conta de negociação e decida arriscar 2% dela.

Portanto, 2% de £10 mil = £200.

PASSO 3

Agora estabeleço minha *unidade* padrão de negociação, que é basicamente o tamanho de minha operação.

Se N = 10

Risco = 2N

Risco Monetário = £200

Então minha unidade padrão de negociação será: £200/20 = £10

PASSO 4

Assim posso dizer que quero *aumentar* minha posição a cada ½N. Acredito que é nesse ponto que a pesquisa individual deve entrar em ação. No entanto, para fins de argumentação, vou lhe dar um exemplo com base nos números acima.

EXEMPLO

Compro o índice FTSE a 7.500 pontos.

Meu stop loss está posicionado em 20 pontos.

Meu risco é de £10 por ponto.

Meu *acréscimo* está a cada ½N. Isso significa que aumento a cada acréscimo de 5 pontos.

O índice FTSE passa a ser negociado a 7.505 pontos. Compro mais uma unidade, o que significa que estou comprando £10 por ponto a 7.505 pontos.

Tenho duas posições em aberto:

Uma comprada a 7.500 pontos com stop loss em 7.480.

Outra comprada a 7.505 pontos com stop loss em 7.485.

Rapidamente, você consegue perceber que, se eu não mover meu stop loss para cima na primeira posição, isso causará uma perda maior do que a prevista.

Antes de entrar na segunda posição, já planejei aumentar meu stop loss em ½N. Aumentarei em 5 pontos o stop loss na primeira posição. Isso significa que os stop loss da primeira e da segunda posições são idênticos. Meu risco total agora é de 35 pontos.

Como espero que você consiga enxergar, esse tipo de operação pode materializar uma perda maior do que a desejada. É por esse motivo que eu recomendo que você considere variações desse método, como acrescentar um tamanho de aposta menor na segunda, terceira e quarta posições.

Você pode perguntar: “Por que aumentar?”

Porque, ao aumentar, estou combatendo ativamente a inclinação do cérebro em reduzir o risco. O cérebro quer lucrar. Estou fazendo o oposto. Estou aumentando minha posição.

EXEMPLO DA VIDA REAL

A tabela a seguir mostra o índice Dow Jones em um *dia de tendência*. Minha definição de um *dia de tendência* é um em que o mercado abre na máxima ou na mínima do dia e fecha na mínima ou na máxima do dia.

O problema com os dias de tendência é que você não saberá que foi um dia de tendência até que este termine. Portanto, você deve fazer uma suposição, com base no que vê no gráfico, se é ou não um dia de tendência.

Pesquisei o comportamento do Price Action do índice Dow Jones ao longo de dezoito anos. Identifiquei alguns padrões de *primeira hora*, que acredito serem precursores de dias de tendência. Um desses padrões é um *gap de baixa* após um dia de *gap de alta*, onde o gap de baixa não é preenchido na primeira hora.

A Figura 20 mostra uma quinta-feira positiva. A operação que quero mostrar aconteceu na sexta-feira. A sexta-feira é conhecida por produzir tendências duradouras, muitas vezes levando a dias de tendência, especialmente as sextas-feiras do início ou do final do mês.

Também incluí esta captura de tela de meu monitor:

Wall Street	3.000	25.419,6	25.135,9	kr851.150,00
	500	25.458	25.135,9	kr161.500,00
	700	25.455	25.135,9	kr224.000,00
	350	25.469	25.135,9	kr116.725,00
	450.	25.455	25.135,9	kr143.775,00
	200	25.441	25.135,9	kr61.100,00
	300	25.329	25.135,9	kr58.050,00
	250	25.356	25.135,9	kr55.250,00
	125	25.258	25.135,9	kr15.312,50
	125	25.259	25.135,9	kr15.437,50

A linha superior da tabela mostra minha exposição geral. Afirma que estou vendido em 3.000 em Wall Street. Minha entrada média é de 25.419,6. O preço atual é de 25.135,9. Os 3.000 significam que estou vendido a 3.000 coroas dinamarquesas por ponto, o que equivale a cerca de US$500 por movimento de ponto no Dow.

Então, para cada ponto de queda do índice Dow, ganho 3.000 coroas e vice-versa. Para cada ponto de alta, perco 3.000 coroas. No momento da captura de tela, eu estava com um lucro de 851.000 coroas.

Abaixo de minha exposição total, você pode ver cada uma de minhas entradas, que somam 3.000.

Se observar o gráfico da Figura 20, verá os números 1, 2 e 3. Esses são os pontos em que aumentei minha posição.

No Ponto 1 do gráfico, começo a vender a descoberto. Aumento minha posição vendida em cinco entradas. Essas são as cinco primeiras entradas que você vê abaixo de minha exposição geral na tabela.

No Ponto 2, acrescento algo às posições vendidas. Faço isso porque o mercado está fraco e tenho certeza de que está formando um dia de tendência. No Ponto 2, acrescento cerca de 25% à minha posição vendida. No Ponto 3, acrescento cerca de 10% à minha posição vendida.

À medida que o mercado cai, acrescento algo às minhas posições, como fui treinado para fazer. Também movo meu stop loss para baixo. O que você não consegue ver no gráfico é que, inicialmente, o mercado se movimentou contra mim.

O que estou fazendo aqui é fundamental para sua compreensão do medo. Eu estava em uma situação complicada e, depois, acabei ganhando dinheiro. Meu cérebro precisou suportar a dor durante o período de perda, mas, em seguida, recebi sinais de minha mente para aliviar o cérebro da dor que senti durante esse período (quinze minutos antes).

Eu neutralizo essa dor, fazendo exatamente aquilo que me causa dor. Aceito o desconforto, agravando-o. Isso é necessário para que eu me envolva ativamente em um comportamento que seja o oposto do que 90% dos traders fazem. Você perceberá que meu acréscimo não é uma posição importante. No entanto, serve para reforçar o tipo certo de comportamento.

O Dow cai com força. Estou na zona segura agora. Minha principal posição não está ameaçada. Meus stop loss são colocados no breakeven. No entanto, ainda estou preparado para deixar essa operação se transformar em uma operação insignificante (uma com lucro pequeno) na *esperança* de que se transforme em uma operação significativa.

Você deve encontrar seu nível de tolerância ao risco. Uma vez me perguntaram: "Se você continua aumentando suas posições, quando obtém lucro?" Esse é um ótimo questionamento. Utilizo os gráficos para obter lucro. Se o gráfico apresentar um fundo duplo e eu estiver vendido, posso ficar tentado a realizar o lucro.

De maneira alternativa — e esse é um truque muito bom — coloco meu stop loss no ponto onde gostaria de entrar no mercado, mas na direção oposta. Por exemplo, nesse caso, se eu estiver vendido no índice Dow Jones, posso colocar meu stop loss no nível de preço em que eu me tornaria um comprador do índice.

Figura 20

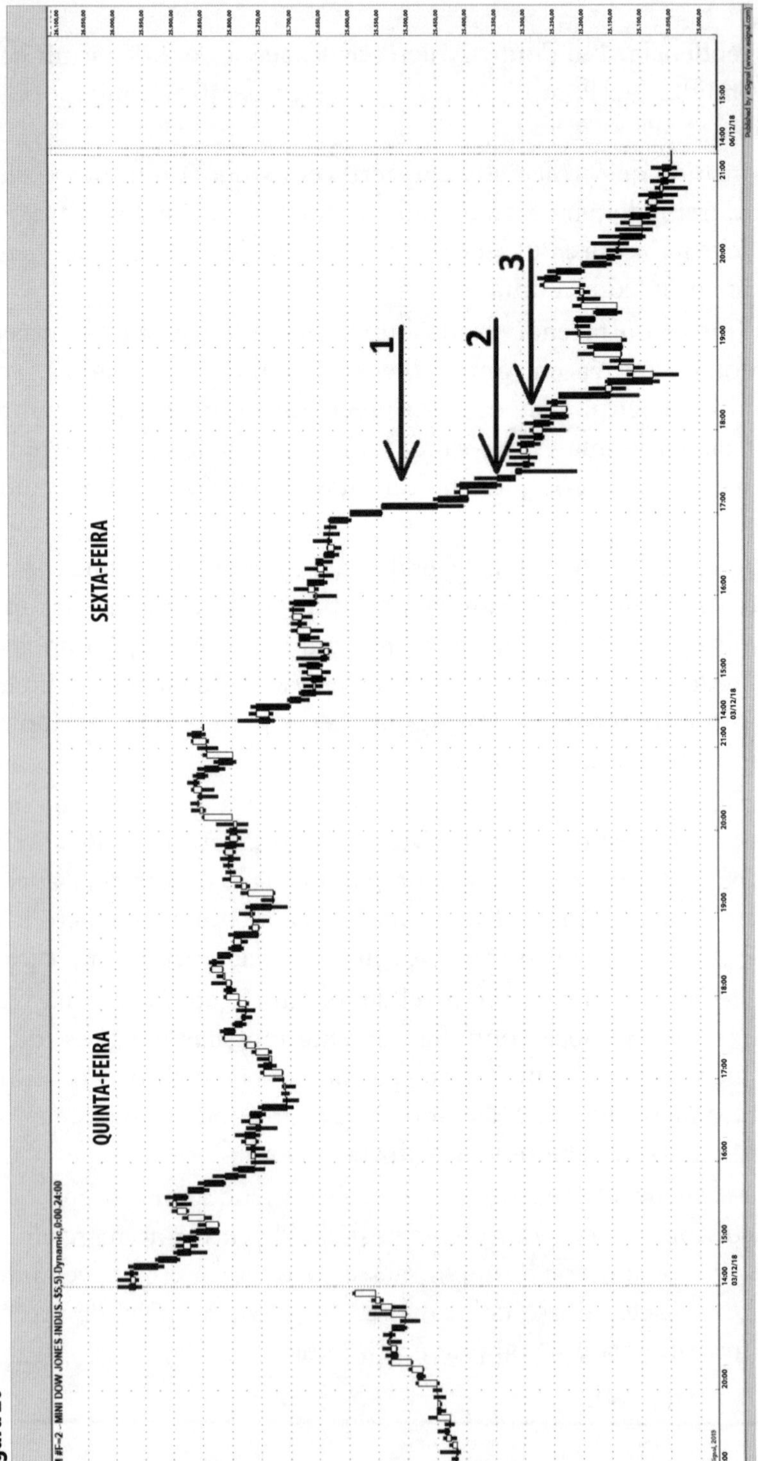

Fonte: eSignal (esignal.com)

Embora eu tenha 100 pontos de lucro, não estou relaxando de forma alguma. Estou aumentando minha posição diversas vezes, com acréscimos menores, a fim de reforçar o comportamento correto.

A operação tinha potencial para se transformar em uma operação espetacular. Isso não aconteceu. O Dow teve uma forte recuperação (antes de cair novamente) e, ainda que eu tenha obtido lucro, não foi o valor que você viu na captura de tela.

É muito importante que eu lhe transmita isso, porque acredito que seja importante estabelecer alguns critérios sobre quanto de seus *lucros no papel* você está disposto a abrir mão para capturar os dias verdadeiramente grandes.

Tem dias em que trabalho só para capturar de 20 a 30 pontos e pronto. Nem todo dia há centenas de pontos disponíveis.

Então, tem dias em que o mercado começa muito forte ou muito fraco, e você pensa consigo mesmo: "Esse pode ser um grande dia".

Tenho uma filosofia de trading que significa que estou disposto a sacrificar os lucros, a fim de descobrir quão grande o lucro pode ser. Se você não tiver essa filosofia, nunca descobrirá quão grande ele pode ser.

Se você sempre pensa em possíveis metas, por meio da análise técnica, provavelmente está apenas tentando escapar de uma boa operação. Você pode estar usando medidas técnicas para cronometrar sua saída, e eu não concordo com esse método. Tenho um motivo para não concordar. Quando o mercado está em tendência e eu estou em uma posição comprada, espero que ele feche naquela noite em seu ponto mais forte/mais fraco do dia.

Isso acontece em pelo menos 20% de todos os dias de negociação em índices de ações. Tive muitas decepções, mas também tive dias excelentes o suficiente para fazer disso parte de minha filosofia.

Índice DAX — Exemplo de Operação

Deixe-me mostrar outro exemplo de uma operação em que aumentei minhas posições. Porém, desta vez, mostrarei o que vi no momento da negociação. Observe a Figura 21.

Figura 21

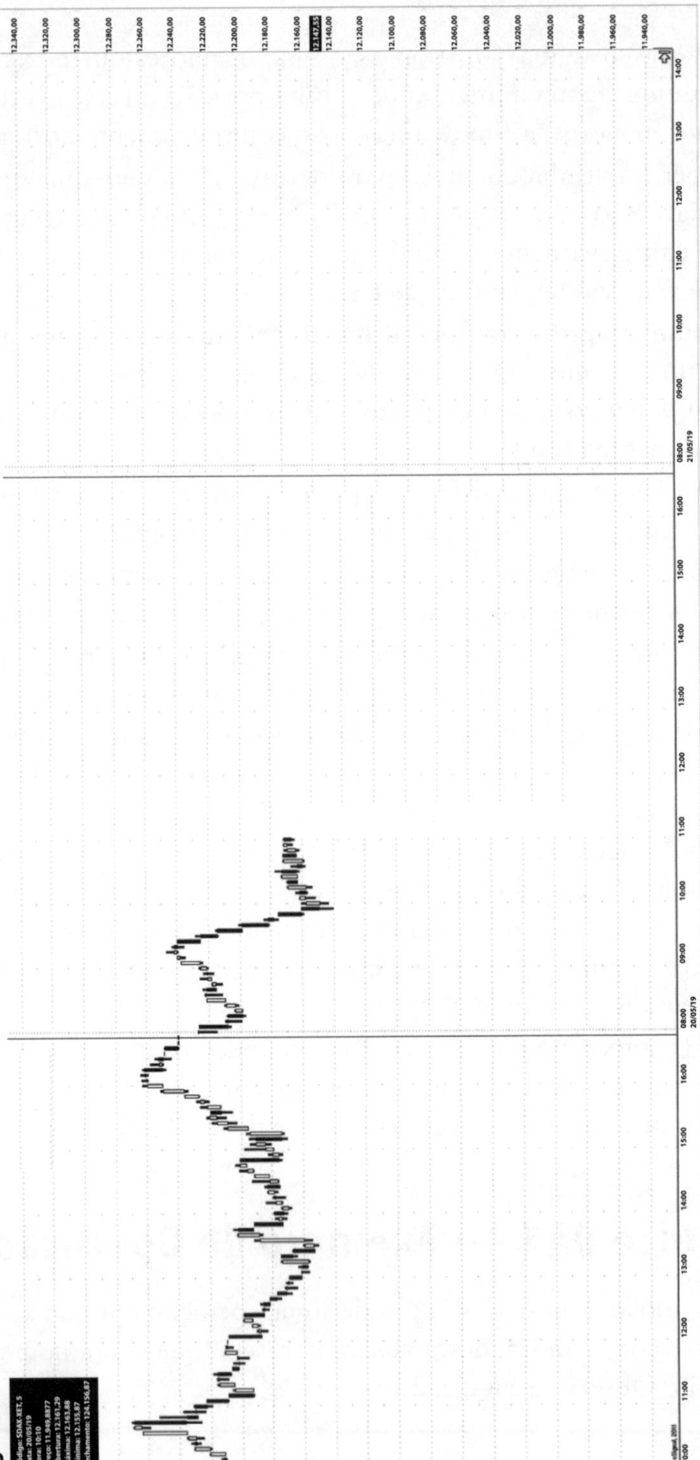

Fonte: eSignal (esignal.com)

Não estou comprado na primeira queda do mercado. Observo sua recuperação em busca de uma oportunidade de vender o índice DAX a descoberto. Você consegue observar as entradas da minha posição inicial destacadas no quadro 1 da tabela antes dos gráficos.

O DAX finalmente cede e retoma sua tendência de baixa, conforme mostrado na Figura 22. Você consegue observar minhas entradas vendidas subsequentes no quadro 2 da tabela. Há algumas coisas que eu gostaria que você percebesse aqui:

1. Não tenho medo de vender a descoberto algo que já caiu de preço. Isso é consistente com o que a maioria das pessoas não quer fazer.
2. Nesse exemplo, eu aumento a posição e acrescento algo à minha posição vendida de maneira agressiva quando ela estiver com lucro.

Peço que você reflita sobre como pode introduzir o elemento de *acréscimo às posições vencedoras* em suas operações. Não estou interessado em reescrever seu plano de negociação nem em transformá-lo em uma cópia de mim. Estou interessado em tentar fazer você entender o valor da *dor* no trading, como um barômetro para aumentar as posições.

Se for desconfortável, provavelmente é a coisa certa a se fazer.

Vou repetir algo que mencionei anteriormente. Acredito que você deveria considerar seriamente a questão de por que as pessoas em geral acham mais fácil acrescentar algo a uma posição perdedora do que a uma posição vencedora.

Produto/Operação	Quantidade			P/L Aberto
Germany 30	5.000	12.130,7	12.050,5	kr401.080,00
	500	12.164,7	12.050,5	kr57.100,00
	500	12.165,2	12.050,5	kr57.350,00
	200	12.166,8	12.050,5	kr23.260,00
1	100	12.167,5	12.050,5	kr11.700,00
	100	12.162,3	12.050,5	kr11.180,00
	100	12.163,7	12.050,5	kr11.320,00
	100	12.156,3	12.050,5	kr10.580,00
	100	12.156,0	12.050,5	kr10.550,00
	100	12.155,8	12.050,5	kr10.530,00
	200	12.146,3	12.050,5	kr19.160,00
2	1.000	12.110,8	12.050,5	kr60.300,00
	1.000	12.110,8	12.050,5	kr60.300,00
	500	12.108,0	12.050,5	kr28.750,00
	500	12.108.5	12.050.5	kr29.000,00

Jamais quero ser acusado de glorificar o trading. É uma proposta arriscada. Vinte anos atrás, a maioria dos corretores na Europa não tinha o que hoje conhecemos como proteção contra saldo negativo. Atualmente, é uma exigência legal. Isso significa que você não pode perder mais dinheiro do que está disponível em sua conta de negociação.

Você ainda pode perder muito mais do que imagina, principalmente se aumentar suas posições, como eu faço.

À medida que você se tornar melhor no trading, desejará negociar em tamanhos cada vez maiores, e o mercado em uma posição grande não precisa mudar muito de direção antes que você perca uma grande parte de seus lucros abertos.

Figura 22

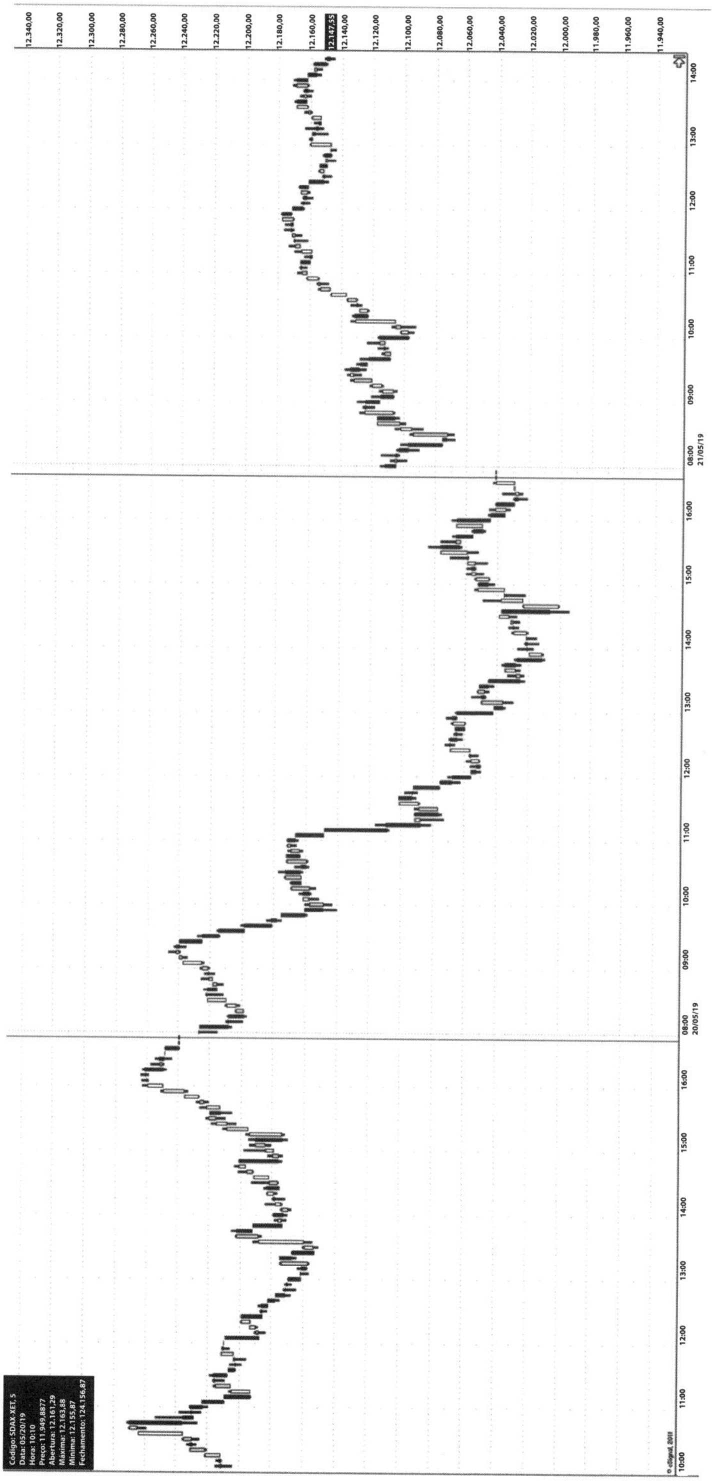

Fonte: eSignal (esignal.com)

Se você quer uma prova disso, eu lhe dou uma. Essa era uma posição no DAX perfeitamente bela que deixou de ser muito lucrativa para apresentar uma perda significativa. Ela começa bem, com uma posição vendida a 11.288 pontos. Em seguida, amplio a posição à medida que o índice DAX cai. Então o mercado se inverte e eu acrescento mais um pouco no topo antigo.

No momento da captura de tela, estou vendido a 4.500 coroas por ponto e perdendo 25 pontos. Fecho a posição logo em seguida, com prejuízo.

4.500	11.289,4	11.314	kr–110.5100,00
300	11.288,3	11.314	kr–7.710,00
350	11.286,8	11.314	kr–9.520,00
400	11.285,2	11.314	kr–11.520,00
500	11.285,0	11.314	kr–14.500,00
500	11.279,0	11.314	kr–17.500,00
500	11.274,8	11.314	kr–19.600,00
450	11.295,2	11.314	kr–8.460,00
500	11.293,2	11.314	kr–10.400,00
500	11.292,7	11.314	kr–10.650,00
500	11.312,7	11.314	kr650,00

Desconfortável

Não existem atalhos no setor de trading, assim como não existem atalhos, digamos, nos esportes profissionais. Espero ficar desconfortável durante as operações. Às vezes, parece que os minutos duram horas. Minha impaciência para fazer algo está crescendo dentro de mim. Estou lutando mais contra minhas emoções do que contra os mercados.

Por fim, se estou em uma posição, minha mente tem algo com que se ocupar. Cuidado com o que você pede! Talvez a posição esteja apresentando uma perda, assim fico lutando contra meu subconsciente, que quer que eu a deixe lá um pouco mais.

Minha mente consciente tem um stop loss definido, mas meu subconsciente quer que eu o remova. Ele não quer perder.

Pode ser que a posição esteja indo bem. Agora, meu subconsciente quer que eu realize meus lucros. Ele adora a gratificação de um bom lucro. Portanto, estou lutando contra isso, quer eu esteja ganhando ou perdendo em minhas operações.

A chave para a vitória começa com a convicção de que temos *dois cérebros* (consciente e subconsciente). A capacidade de antecipar o próximo movimento do inimigo é crucial. O subconsciente é um animal bastante simples. Ele só quer saber de evitar a dor.

Para o cérebro subconsciente, existem duas dores quando estamos operando nos mercados: a dor de ver um lucro e a dor da perda. Quando vê um lucro, o subconsciente quer que você feche a posição para realizar esse lucro; assim, ele não precisa lidar com a dor de vê-lo desaparecer. Mas, quando o cérebro subconsciente vê uma perda, ele quer que você mantenha a posição por um pouco mais de tempo. Caso contrário, ele terá que lidar com a perda. Enquanto a posição estiver aberta, sempre há esperança.

Resumindo, o que separa os 10% dos traders vencedores dos 90% dos traders perdedores é qual cérebro eles estão ouvindo. Levei muitos anos para perceber isso. Desenvolvi um sistema para minha mente, um programa de treinamento que me permitiu resistir às influências do cérebro subconsciente emocional em minhas decisões de negociação.

Durante o evento Round the Clock Trader mencionado anteriormente, um convidado me perguntou se eu não estava com medo de que o mercado voltasse a subir no momento em que eu operasse vendido.

Quem você acha que estava fazendo essa pergunta? Era a parte de seu cérebro controlada pelo medo. É claro que o mercado pode muito bem dar uma guinada. Eu estaria mentindo se dissesse que isso nunca aconteceu. Isso provavelmente acontece cinco em cada dez vezes. Então, a verdadeira pergunta a ser feita é a seguinte:

O que lhe causaria mais dor?

1. Você vender a descoberto e o mercado voltar a subir.
2. Você não fazer nada e o mercado voltar a subir.
3. Você vender a descoberto e o mercado continuar em baixa.
4. Você não fazer nada e o mercado continuar em baixa.

OPÇÃO 1

Eu vendo a descoberto e o maldito mercado se movimenta contra mim novamente. É irritante, mas o stop loss cuidará de minha saída. Pelo menos posso dizer que segui meu plano.

OPÇÃO 2

Eu não faço nada e o mercado volta a subir. Posso estar feliz, mas acabei de treinar minha mente para não seguir o plano e fui recompensado por isso.

Fui recompensado por não vender a descoberto, o que teria me feito perder dinheiro, e agora minha mente está me parabenizando por minhas excelentes habilidades de leitura de gráficos, só que pelos motivos errados.

OPÇÃO 3

Eu vendo a descoberto, como deveria, e o mercado segue negativo. Em vez de bater palmas de alegria, sou proativo e acrescento algo à minha operação vencedora. Estou fazendo absolutamente tudo o que devo fazer.

OPÇÃO 4

Decido não seguir o plano de venda a descoberto, e o mercado despenca. Eu teria recuperado todo o dinheiro perdido na primeira operação, mas não o fiz.

Não posso falar por você, mas vou lhe contar como eu me sinto em relação a isso: causa-me mais dor emocional perder uma operação porque não segui meu plano do que quando sigo o plano.

O que É Longe Demais?

Outra pergunta que surgiu após a venda a descoberto foi esta: "Você não estava preocupado com o fato de que o mercado já tivesse ido *longe demais*? Você não acha que já havia perdido a chance de ganhar?"

A pessoa que fez essa pergunta provavelmente é a mesma que optaria por não comprar o DAX porque já havia subido 1% no dia.

Essa é a analogia do supermercado. Buscamos descontos, mas evitamos comprar itens que tenham subido de preço.

É uma ilusão mental. Você não pode dizer que o DAX está muito caro só porque ele subiu 1% no dia. Não queremos comprar algo cujo preço está subindo. Preferimos esperar até que o preço caia novamente para comprar, porque, assim, estará *mais barato*.

Da mesma forma, não queremos vender a descoberto algo cujo preço já está caindo. Queremos esperar que ele volte a subir e vender quando o preço estiver mais alto (*mais caro*), pois isso nos dá um valor melhor.

Em princípio, não discordo dessas afirmações, mas aqui está o erro: é isso o que todos querem fazer, e a maioria tende a estar errada. Corrigindo: eles não tendem a estar errados; eles *estão* errados. É claro que eles estão certos em 60% das vezes, mas, quando estão errados, estão *muito* errados. Como você sabe onde fica o topo ou o fundo? Conheço muitos sistemas de trading, mas nenhum deles teve uma taxa de sucesso aceitável para prever topos ou fundos.

É por isso que digo que você deve *comprar* força e *vender* fraqueza. Compre na alta, venda na alta; venda na baixa, compre de volta na baixa. Será que vou perder os pontos exatos de inversão? Sim, vou. As pessoas que optam por comprar no topo e as que optam por comprar no fundo acabam não ganhando nada.

Quando fico angustiado com a perda dos lucros, eu me lembro da história de um grande trader norte-americano cuja reputação de fazer a coisa certa sob pressão é lendária. O nome dele é Paul Tudor Jones.

Certa vez, ele estava observando o mercado, que havia subido durante toda a manhã. Ele estava comprando de maneira consistente, por isso estava com várias centenas de contratos apresentando um bom lucro.

De repente, o mercado começou a cair sem nenhum motivo aparente. Sem pestanejar, ele vendeu todas as suas posições compradas e, como o mercado continuou a cair, começou a vender a descoberto também. Um de seus colegas, que não sabia que ele havia começado a operar vendido, comentou com ele essa queda e disse que era uma boa oportunidade de começar a comprar.

A conversa, editada para retirar os palavrões, continuou da seguinte forma:

"Você está louco?", Paul disse.

"O que você quer dizer com isso?", disse o colega.

"Você deve estar ficando louco. O mercado acabou de romper os 100 pontos em apenas 15 minutos e você está querendo *comprar*?"

"Bem, o que você faria?"

"Vamos colocar desta forma, com certeza não vou *comprar* agora."

"Bem, então você venderia a descoberto agora?"

"É claro que sim!"

"Mas neste momento o mercado está caindo."

"Exatamente, essa é a questão."

"Certo", disse o colega. "Bem, até que ponto o mercado teria que cair antes de você começar a comprar?"

"Se ele está caindo, por que eu compraria?"

"Por estar muito barato e superdescontado. Está 100 pontos mais barato do que estava há 15 minutos!"

"Esqueça esses termos, barato e caro. São apenas números em uma tela."

"Eu não estou entendendo. Se o mercado continuasse caindo, em que momento você tentaria comprar?"

"Se ele continuasse caindo, eu iria querer vender, não comprar. Se continuasse caindo, eu venderia até chegar a zero."

"E se ele estivesse subindo?"

"Se continuasse subindo, eu compraria até o infinito."

Eu simplesmente adoro essa história. Ao ver as operações de Paul Tudor Jones, você consegue sentir sua energia, intensidade, determinação e sua absoluta convicção em tudo o que ele faz. Ele não só diz:

"Venda a descoberto." Ele grita: *"Venda a descoberto!"*, batendo os pés e balançando as mãos.

Admiro a agilidade mental de Paul — estar convencido de sua posição comprada e, no momento seguinte, optar por uma posição vendida. Infelizmente, é difícil adquirir essa característica. Conheço alguns traders com décadas de experiência que são incapazes de *virar a chave* e passar de uma posição comprada para uma vendida.

Encontrando uma Baixa

Tentar encontrar a baixa de uma ação pode custar caro. Todos cometemos erros, mas quão caro sairá esse erro? Eu me lembro muito bem de assistir a um programa da CNBC chamado *Mad Money* durante a crise financeira de 2008.

No programa, Jim Cramer recebeu um e-mail de um telespectador perguntando sobre a situação do Bear Stearns. Hoje, tenho certeza de que, se Jim Cramer tivesse a oportunidade de voltar no tempo, certamente ele corrigiria o que disse durante aquela transmissão.

Ele basicamente gritou para a tela, dizendo que o Bear Stearns estava em uma situação excelente. Alguns dias depois, no entanto, o Bear Stearns quebrou por completo.

Você deve se lembrar daquele meu primeiro encontro com clientes em 2001. Eu lhes aconselhei, de uma maneira bastante direta, a se livrarem de suas ações da Marconi. Você acreditaria se eu lhe dissesse que essa história se repetiu em 2007?

É fácil ser influenciado por uma *mentalidade de supermercado* quando estamos operando nos mercados. Conforme mencionei anteriormente, quando entramos em um supermercado, somos atraídos pelas ofertas especiais. Por exemplo, em meu carrinho de compras deste fim de semana, tinha coisas que eu normalmente não compraria.

É claro que, em algum momento, eu precisei desses itens. Todos precisamos de papel higiênico, pastilhas para a lava-louças e sabonete líquido para lavar as mãos. O motivo pelo qual eu estava comprando esses produtos esta semana era porque eles estavam em oferta. Quem resiste a um desconto de 50%?

Entretanto, um desconto de 50% em um supermercado não é a mesma coisa que um desconto de 50% no mercado financeiro. Muitos clientes da City Index, corretora na qual trabalhei por mais de oito anos, se depararam com essa realidade durante a crise financeira de 2007 a 2009.

Em 2006, após ter subido muito pouco durante anos, o preço das ações de um banco britânico chamado Northern Rock disparou. Subiu 50% em alguns meses. Durante a fase de alta, não houve interesse real por parte dos clientes da City Index na compra das ações.

No entanto, quando começou a cair novamente, o interesse deles aumentou. Era como se as ações do Northern Rock tivessem o mesmo efeito sobre os investidores que o papel higiênico pela metade do preço tem sobre os compradores em um supermercado.

As ações do Northern Rock começaram a ser bastante negociadas. Quanto mais o preço caía, mais as pessoas queriam comprar. Em determinado dia, recebi um telefonema em casa, em uma manhã de sábado. Naquele momento, o preço das ações do Northern Rock havia caído de 1.200 pence para cerca de 500 pence.

Eu não conhecia aquele homem do outro lado da linha. Ele havia pegado meu cartão de visita em uma das palestras que dei sobre análise técnica. Ele se desculpou por me ligar tão cedo em uma manhã de sábado, mas é que ele e seu amigo tinham decidido investir no Northern Rock e queriam a opinião de um profissional, só para verificar se era uma boa ideia.

Além de estar bastante aborrecido por ter sido acordado às 7h da manhã de um sábado por um estranho ao telefone, também fiquei irritado com essa pergunta. Àquela altura, o preço das ações do Northern Rock estava em queda livre. Eu disse mais ou menos o seguinte para o estranho:

> Olhe, eu não sei o que está acontecendo com as ações do Northern Rock, mas há algo terrivelmente errado. Embora o mercado em geral também esteja caindo, o Northern Rock está caindo muito mais.
>
> Meu medo é que haja algo errado acontecendo que ainda não foi divulgado no mercado. Parece que alguém,

> em algum lugar, sabe que algo está terrivelmente errado e está vendendo enquanto pode.

Eu lhe disse que tinha muitos clientes que haviam dito exatamente o que ele estava dizendo agora, só que sobre as ações da Marconi cinco anos atrás. Mesmo com o preço das ações da Marconi caindo cada vez mais, os clientes continuaram comprando e acabaram perdendo fortunas, tudo porque estavam caçando oportunidades de oferta. Foi horrível ver as perdas que esses melhores clientes sofreram simplesmente porque não queriam admitir que estavam escolhendo uma ação ruim.

Eu também lhe disse: "Do ponto de vista de um trader, você está se envolvendo em uma atividade bastante perigosa. Se comprar as ações do Northern Rock agora, será muito difícil ter um stop loss significativo. Você está basicamente tentando pegar a faca que está caindo. Você fala como se o Northern Rock fosse o único banco no mundo em que vale a pena investir.

"Você fala como se o Northern Rock não pudesse ir à falência. Fala sobre o banco como se o fato de ter 200 anos significasse muito e que as coisas não pudessem piorar antes de melhorar. Você mesmo disse: o Northern Rock é grande demais para falir. Isso significa que, até certo ponto, você já está ciente do perigo que existe." Eu lhe perguntei se ele se lembrava do Barings Bank. Ele respondeu que sim.

Então continuei: "Um segundo motivo pelo qual não acho que seja uma boa ideia você comprar as ações do Northern Rock é que, digamos que você tenha a sorte de testemunhar uma reviravolta no preço dessas ações, você terá treinado sua mente para pensar que não há problema algum em investir em algo que está caindo. Isso funciona perfeitamente em um supermercado. O papel higiênico tem um uso prático; o sabonete também. Logo, quando você tiver a oportunidade de comprar esses itens com 50% de desconto, você deve comprar.

No entanto, é patético acreditar que os mercados financeiros oferecem descontos semelhantes aos que você vê em um supermercado. Os mercados financeiros não são um supermercado com ofertas especiais".

O Northern Rock acabou indo à falência. O governo britânico teve que garantir as economias dos clientes. Isso não impediu que houvesse cenas de pânico enquanto as pessoas faziam fila para sacar seu dinheiro.

Pensando da Maneira Correta

Ao ler essa história, talvez você pense que isso nunca aconteceria com você. E talvez você esteja certo. Não vou sugerir o contrário, mas gostaria de fazer uma pergunta simples.

Imagine que você tem dois investimentos, o Investimento A e o Investimento B, cada um com o mesmo valor inicial de US$100 mil.

O investimento A está indo bem. Está com 50% de lucro.

O investimento B, por outro lado, não está tendo um bom desempenho. Está com 50% de prejuízo.

Então surgiu uma questão para resolver e você precisa de US$50 mil. O que você faz?

1. Encerra um terço do investimento A para conseguir os US$50 mil?
2. Encerra o investimento B para conseguir os US$50 mil?

Quando fiz essa pergunta a um grupo de investidores em uma conferência em Copenhague recentemente, a esmagadora maioria deles escolheu a opção 1. Eles encerrariam parte do investimento A para conseguir os US$50 mil.

Por que você acha que eles escolheram essa opção? Por que você acha que as pessoas encerram o investimento que está indo bem?

Minha teoria é que tudo se resume à forma como as pessoas reagem a uma perda. Elas conseguem aceitar uma perda e seguir em frente? Ou elas definitivamente não gostam de perder porque, enquanto a posição estiver aberta, há esperança de que ela volte a se recuperar?

É impossível dizer exatamente como você reagiria a essa situação, mas não preciso me basear em exemplos fictícios para ter uma resposta. Basta você se lembrar do capítulo em que falei sobre os 43 milhões de operações realizadas por 25 mil traders. Você se lembrará de que esses traders perderam mais em suas operações perdedoras do que ganharam em suas operações vencedoras.

Do ponto de vista emocional, é muito mais difícil aceitar uma derrota do que uma vitória. Caso contrário, não haveria motivo para essa anomalia. Os seres humanos adiam a tomada de decisões que causarão dor. É o motivo pelo qual deixamos as operações perdedoras correrem.

Queremos a gratificação instantânea, mas queremos adiar a dor. A esperança é a última que morre. Enquanto a posição perdedora estiver aberta, há esperança.

O Ex-viciado e o CEO

Eu costumo usar uma analogia para ilustrar o conceito que acabei de explicar: é semelhante a demitir o CEO de uma empresa bem-sucedida da Fortune 500 e apostar seu dinheiro no ex-viciado que está tentando mudar seu estilo de vida.

Pesado? Sim. O ex-viciado pode até mudar seu estilo de vida, mas acredito que as chances de o CEO continuar sua jornada de sucesso são maiores do que as do ex-viciado dar uma guinada para melhor.

É por isso que digo que fazer trading é muito mais do que análise técnica. É por isso que digo que precisamos aprender a lidar com as perdas muito melhor do que a população em geral, porque eles lidam *muito* mal com elas e, como resultado, não conseguem ganhar dinheiro com a especulação.

Controle Sua Mente, Controle Seu Futuro

Não sou masoquista. Isso não poderia estar mais longe da verdade. Se tenho a tendência de insistir na dor, é mais um reflexo do papel dela no contexto do trading bem-sucedido. O que estou tentando fazer é um esforço difícil. Estou tentando explicar por que 90% das pessoas fracassam na realização de seus sonhos e de suas expectativas quando se trata de trading.

Quando muitas pessoas cometem os mesmos erros repetidas vezes, deve haver um significado mais profundo que ainda não foi descoberto. Naturalmente, espero que, agora, você tenha entendido bem o que está acontecendo de errado.

Meu lema é: *controle sua mente, controle seu futuro*. Fazer isso exige vigilância constante. Você precisa ter controle sobre sua vida. Se não tem, você não é o chefe. Você precisa assumir total responsabilidade por tudo o que faz.

Você deve ser o senhor de seu reino. Você não pode trilhar seu caminho na vida com os olhos semicerrados. Você precisa mantê-los totalmente abertos. Precisa saber no que está se metendo — estar preparado. Você precisa tomar posse de sua vida.

Esse é um processo de pensamento que você deve *reafirmar* todos os dias. Nossa mente tende a divagar. Existem tantas distrações, tanto ruído superficial sem conteúdo nenhum, mas que, mesmo assim, atrai nossa atenção. O cérebro prefere dar uma olhada no Facebook e no YouTube do que ficar sentado contemplando algo em silêncio.

O *cérebro que divaga* precisa ser controlado por meio da vigilância diária, seja com um mantra, meditação ou qualquer outra coisa que você decida que se encaixe melhor em seu perfil. Como um médico famoso disse certa vez, quando questionado sobre qual exercício é melhor para nós, humanos: "O melhor exercício é aquele que você faz". Não importa se você medita, escreve em um diário ou faz qualquer outra prática que escolher para se concentrar, *contanto que o faça*.

Deve haver algum horário regular em seu dia em que você se lembre de seu propósito, de quem você é. O mundo está repleto de tentações que distorcem uma autoimagem saudável. As tentações nos afastam de quem somos, dizendo que quem somos não é suficiente.

Mas você é suficiente.

Ser um bom trader, de fato, tem pouco a ver com ferramentas e gráficos e tem tudo a ver com a batalha contra as características que nos tornam seres humanos. Se você deseja operar nos mercados usando a alavancagem, envolvendo-se em fortes especulações, terá que aprender a dessensibilizar seu mecanismo de resposta emocional ao medo, à ganância e a outras reações humanas deliciosas. Você precisa lutar contra suas características humanas.

Repulsa

MUITOS ANOS ATRÁS, quando eu era apenas um jovem, eu tinha uma namorada. Ela foi minha primeira namorada de verdade, e eu fui seu primeiro namorado também. Éramos jovens e estávamos muito apaixonados.

Minha namorada estava um pouco acima do peso, o que eu achava muito atraente. Ela, porém, não estava contente com a própria imagem, então começou a fazer dieta. Ela já havia feito dieta antes, mas sempre fracassava em manter um plano de emagrecimento. Mas, agora, ela estava apaixonada e muito mais motivada a mudar sua aparência. A perda de peso se tornou uma questão bastante dramática, seguindo por um caminho sobre o qual me custa escrever e que envolveu a mim e à família dela.

A anorexia é um distúrbio psiquiátrico grave, mas (e perdoe-me por usar uma história trágica para ilustrar minha opinião sobre a mudança de comportamento) é um fenômeno motivacional interessante.

Somos programados para ingerir alimentos. Não precisamos de treinamento para isso. No entanto, de alguma forma, esse padrão arraigado é substituído por uma motivação social: o desejo de não estar acima do peso. Essa força, essa motivação, é tão forte em pacientes com transtorno alimentar que se torna imune ao tratamento médico e psicológico.

Qual é a base para essa poderosa motivação? Não é nenhuma prece ou a repetição mental de palavras positivas. Pelo que entendi, minha namorada foi motivada pelo amor, porém, mais importante do que isso, pela repulsa. Ela tinha aversão a qualquer coisa que a deixasse gorda ou que fizesse com que ela se sentisse acima do peso. Essa força era tão forte que era capaz de interromper seu padrão enraizado de ingerir qualquer alimento.

Como humanos, somos impulsionados por forças internas. Elas podem nascer de um desejo de se afastar de algo ou de um desejo de se aproximar de algo. Acontece que sou uma pessoa motivada, principalmente, a me *afastar* de algo.

Cresci em uma região rica da Dinamarca e frequentei uma escola bastante cara. Depois meus pais se divorciaram e eu me mudei da casa grande com um jardim enorme para um apartamento de um quarto, onde meu pai dormia em um sofá-cama na sala.

Eu era apenas um menino em uma época em que todos os meus amigos da escola usavam jeans Levi's e camisas polo Lacoste. Como meus pais não tinham dinheiro para sustentar esse estilo de vida, isso gerou um sentimento de inferioridade em mim.

Assim que tive idade suficiente, comecei a trabalhar depois da escola para ganhar dinheiro. Em que eu gastava? Isso mesmo. Roupas de marca.

Também me tornei um excelente acumulador de dinheiro, ou poupador, se preferir. Eu tinha muito orgulho de depositar os cheques de meu salário no banco e ver o saldo da conta aumentar. Eu tinha me afastado da pobreza.

Minha opinião e minha crença é que a definição de objetivos *orientada para longe* é uma força motivacional muito mais forte do que a definição *orientada para perto*, mas aceito que seja uma preferência individual. Você pode testar e descobrir qual é a sua, usando um cenário bastante simples. O que mais o motivaria a perder peso: uma foto sua em perfeita forma ou uma foto sua acima do peso?

Perguntei a alguns amigos de meu círculo de amizade o que eles preferiam; todos concordaram que a foto do corpo acima do peso seria um motivador muito mais forte do que a foto do corpo perfeito, embora alguns tenham comentado que, provavelmente, ainda gostariam de ter as duas lado a lado. Faz sentido.

Acredito que a repulsa é uma emoção muito mais forte do que a alegria ou a felicidade. Todos temos razões para sermos felizes todos os dias, mas tendemos a nos esquecer disso. No entanto, a repulsa não é algo que esqueceremos tão facilmente.

É difícil esquecer o leite azedo que você bebeu por engano ou o cliente com um hálito tão forte que quase o fez vomitar.

Certa vez, Ed Seykota disse que todos conseguem o que querem dos mercados. Quando li isso, não dei muita importância. Eu queria ganhar dinheiro, mas não estava conseguindo; então ficou claro que eu não estava conseguindo o que queria. Fim da história.

Isso que ele disse me deixou irritado. A ideia de nunca conseguir operar nos mercados de maneira lucrativa me consumia. Eu tinha passado tanto tempo estudando, pesquisando, testando, elaborando planejamentos, calculando índices que não sabia o que mais eu poderia fazer.

Se você olhar ao redor, provavelmente encontrará exemplos de pessoas que realizaram mudanças drásticas induzidas pela repulsa. O que leva uma pessoa a finalmente se comprometer com um objetivo é chegar ao ponto de sentir repulsa. Fiquei desgostoso com minhas operações por um longo período. O padrão era sempre o mesmo:

1. Negocie como um mago.
2. Torne-se excessivamente confiante.
3. Encha sua conta.

Eu estava farto disso. Pensamentos positivos, post-its com mantras colados no monitor e exercícios de autoajuda não têm, nem de perto, a força motivacional da repulsa física por si mesmo.

Se a repulsa é capaz de transformar o ato de se alimentar em um comportamento a ser evitado, ou de transformar o ato de beber de um alcoólatra em coisa do passado, então ela também é capaz de transformá-lo no trader que você teria orgulho de ver no espelho.

Desculpe-me se isso o deixou chocado. As pessoas que me conhecem bem provavelmente ficarão surpresas com minhas medidas extremas para garantir que meu padrão de comportamento no setor de trading seja exemplar.

Eu não voltarei para a montanha-russa em que estava quando comecei a fazer trading. Fiquei muito desgostoso com a quantidade de dinheiro que perdi. Foi constrangedor.

Estamos mais aptos a mudar um padrão quando ficamos realmente enojados ao pensar nele. Você continuaria a fazer negócios com alguém que violou sua confiança e roubou seu dinheiro? Não, você ficaria tão enojado por essa pessoa ser tão desonesta que cortaria qualquer contato com ela.

Bem, essa pessoa é você quando seus padrões violam o acordo que você faz consigo mesmo e que fazem com que você perca dinheiro consistentemente. Ao ficar desgostoso de verdade com seus padrões, você os evitará por completo.

Quando um trader está perdendo dinheiro consistentemente, é porque ele não quer mudar. A mudança dá trabalho. Comecei a traçar minhas operações em um gráfico ao final do dia. Coloquei um marcador no ponto em que fiz minha entrada e outro em minha saída do mercado. Foi horrível. Era como se eu estivesse me incriminando diversas vezes seguidas. Fiquei repugnado com minha imprudência.

Tive que encarar o fato de que, na verdade, eu era um péssimo trader. Eu era como aquele cara que decorou o programa de análise técnica para a prova Master Technician, mas não conseguia deixar de fazer isto:

1. Overtrading por tédio.
2. Overtrading por raiva e desejo de vingança.
3. Trading impaciente — agir com pressa.
4. Trading contra a tendência — tentar encontrar a mínima do dia.
5. Trading com medo — reduzir o número de operações vencedoras por medo de que o lucro desaparecesse.
6. Sempre calcular a média cada vez mais baixa — ou seja, aumentar o número de operações perdedoras.

Álcool

Quando você é um trader bem-sucedido, consegue ganhar um bom dinheiro. Meu amigo e mentor de trading, Larry Pesavento, incutiu em mim a paixão de *passar adiante*. O próprio Larry é um trader inspirador, mas sua paixão por ajudar os outros é igualmente admirável.

Um projeto que apoio é auxiliar as pessoas a lidar com problemas relacionados ao álcool. Faço isso dando um livro que me ajudou a entender de verdade a natureza da armadilha do vício a qualquer pessoa que deseje sinceramente parar de beber.

Desenvolvi um problema com a bebida alcoólica após um doloroso término de relacionamento. Eu bebia para esquecer. Eu estava apaixonado. Fui tolo. Ela me deixou, e eu comecei a beber.

O problema é que eu não consegui parar de beber. Isso durou meses. Como eu não conseguia parar de beber, procurei ajuda. Eu me lembro nitidamente de me levantar em uma reunião dos Alcoólicos Anônimos (AA) e dizer: "Meu nome é Tom Hougaard. Sou um alcoólatra".

Foi horrível, mas, ao mesmo tempo, um alívio. Eu me senti uma fraude. Senti que havia muita inconsistência em minha vida. Aparentemente, eu era uma pessoa bem-sucedida. Tinha dois carros. Um deles era um SUV de luxo, e o outro era um Audi R8. Eu morava em uma região legal da cidade, em uma casa com vista para o mar. O que me deixava infeliz? Bem, para início de conversa, eu não tinha controle sobre mim e a bebida.

Participar de uma reunião do AA é como ficar despido diante do mundo inteiro. As pessoas conseguem ver sua bunda gorda, seus testículos minúsculos, seus seios flácidos, sua celulite, suas cicatrizes, suas manchas, suas espinhas, seus inchaços, sua careca e toda e qualquer imperfeição de seu corpo. É absolutamente tudo que você não quer, mas, à sua frente, há um salão cheio de olhos observando você.

No entanto, ao final desse exercício, você percebe a verdade. Você se destrói para conseguir sobreviver, para poder renascer como a pessoa que deseja ser. É um recomeço. A vaidade é jogada no lixo. Uma tela em branco. Aqui estou. Este sou eu.

As paredes estão prontas para serem decoradas da forma como você quiser. Esse mesmo exercício é usado para treinar soldados de elite. Eles são levados além de seu ponto de ruptura. Depois, são recompostos, mais fortes, mais sábios e com uma fé inabalável na própria força, nas próprias habilidades e em sua determinação para realizar uma missão — não importa o que aconteça.

Ninguém em sã consciência gosta de se expor dessa maneira. É por isso que ficamos na defensiva. É por isso que lutamos em nosso favor. Nossa identidade está sendo questionada. Chame de ego, de identidade, do que quiser, porém ninguém gosta de ter sua inteligência questionada. É muito menos doloroso continuar no caminho que já conhecemos do que parar, avaliar e dar meia-volta.

No momento em que você opta por continuar no caminho que já conhece e consegue aliviar sua dor interior, lembrando-se de que não está sozinho, você sente apenas uma dor leve e incômoda. Os números têm poder, mesmo quando todos estão errados. Mas logo você sentirá repulsa pela própria falta de progresso, pela própria incapacidade de interromper aquele comportamento incômodo.

Comparecer às reuniões do AA foi o fundo do poço para mim. Eu avaliei. Fui honesto comigo mesmo. A dor era implacável porque tudo era novo, e eu me sentia nu, sozinho e exposto.

No entanto, esse é o poder! Há poder em ser honesto. Há poder em se levantar e dizer ao mundo e a si mesmo: "É assim que eu sou e não gosto do que vejo! Na verdade, odeio o que vejo. Estou envergonhado, mas é o que é. É uma tela em branco. Um recomeço. É como um incêndio florestal. Ele limpa os detritos para dar início a uma nova vida".

Não toco em álcool há seis anos e sei que nunca mais tocarei. Não foi o AA que finalmente me ajudou; foi o defensor da vida saudável, Jason Vale. Nunca o conheci, mas quero agradecê-lo por me colocar de volta nos trilhos. Tenho certeza de que ninguém comprou mais cópias de seu livro sobre dependência de álcool do que eu. Eu os envio para pessoas de todo o mundo.

Jason descreve melhor do que ninguém a armadilha que é o álcool. A leitura de seu livro me ajudou a entender a natureza do vício em um nível totalmente diferente, e foi fácil parar de beber desde o primeiro dia!

Você pode perguntar o que isso tem a ver com o trading. E com razão. A resposta é simples: se você tem alguma experiência em trading e não está se saindo como gostaria, você tem uma escolha. Você pode continuar nesse caminho, pensando que as coisas vão mudar. Posso afirmar que não vão, mas você provavelmente não me dará ouvidos.

Ou você pode seguir meu conselho. Afinal, você chegou até este capítulo do livro, então talvez haja espaço para melhorias. Você pode se despir (metaforicamente falando) e ser honesto consigo mesmo. Pode parar de operar e começar a analisar suas operações. Você pode começar a entender o que está repetindo e o que faz com que você não ganhe dinheiro fazendo trading.

Afaste-se, zere o processo, aceite minha orientação sobre o lado mental do trading, recomponha-se, coloque um pouco de dinheiro na conta da operadora e recomece com uma mentalidade e uma abordagem totalmente novas.

A Mente que Divaga

É FASCINANTE A FORMA como nossa mente funciona. O cérebro pode ser nosso melhor amigo ou nosso pior inimigo. Quando dou palestras em público, meu mantra para a vida está escrito em praticamente todas as páginas do PowerPoint de qualquer apresentação que faça.

Controle sua mente — controle seu futuro.

Você precisa querer fazer o que faz. Você pode viver de maneira autêntica para sua alma ou ter a vida que acha que as pessoas querem que você tenha.

Você pode ser autêntico, ser dono de sua vida e assumir a responsabilidade por tudo o que faz. Se não assumir o controle da própria vida, então não é você que manda. Você precisa assumir total responsabilidade por tudo o que faz.

Por que viver de outro modo?

Por que ser subserviente? Você deve ser o mestre em seu reino. Mas se prepare. Você será forçado a tomar muitas decisões difíceis e não poderá contar com sua mente para apoiá-lo se sua determinação se desviar um pouco do objetivo.

Você não pode simplesmente passar pela vida com os olhos semicerrados. Você precisa saber que caminho está seguindo. Precisa tomar posse de sua vida. Seria bom se você pudesse contar com amigos e familiares, mas, quando se trata de sua jornada, você está por conta própria. A responsabilidade é sua.

Parte dessa jornada, incluindo a sua como trader, é descobrir seus pontos fracos. Você precisa saber em que ponto sua mente o deixa na mão. Para a grande maioria das pessoas, isso inclui a tendência da mente de divagar.

Veja bem, todos sabemos o que fazer. Todos temos o conhecimento necessário para fazer o que precisa ser feito, mas o caminho desse conhecimento para a ação, o momento em que o implementamos é ilusório para muitas pessoas em diversas áreas da vida.

A mente divaga. Isso é lamentável, mas perfeitamente natural. A solução é banal e poderosa. Você precisa reafirmar seu propósito continuamente, seja meditando ou conversando consigo mesmo enquanto escova os dentes pela manhã. É necessário que haja algum período do dia em que você se lembre de seu objetivo. Deve haver um momento em que você se lembre de onde quer chegar e o que quer fazer.

Uma coisa em que nem sempre posso confiar é em minha capacidade de agir de acordo com meus interesses. Minha mente precisa de orientação e direção constantes. Não sei por que isso acontece, mas acontece. Suspeito que a maioria da população do planeta seja como eu. Só que as pessoas não perceberam isso ainda, então elas vagam pela vida em vez de assumir o controle. Isso não significa que elas não possam ser bem-sucedidas financeiramente, mas não seria bom ser uma pessoa realizada financeira e espiritualmente? Afinal, seu trabalho é aquilo que você mais faz na vida, além de dormir.

Sou trader profissional. Não posso me dar ao luxo de entrar no jogo de negociação sem estar 100% preparado mentalmente. Minha profissão é um jogo mental como nenhum outro. Se eu quiser vencer, preciso focar o que é importante agora. Então, para meu desgosto, Ed Seykota estava certo. Recebi o que merecia, porque eu só era bom em uma parte do jogo. Eu era bom na parte técnica.

Não gosto dessa metáfora, mas ser bom na parte técnica do trading é como ser bom em montar um rifle de precisão; de que isso adianta se, quando você entra em combate, não sabe como se comportar?

Assumo o controle de meu mundo interior de maneira ativa. Preciso ter confiança o suficiente para me assegurar de que tenho o bastante para operar e arrasar nos mercados todos os dias.

Para tornar esse desafio ainda mais real, publico minhas operações para que o mundo as veja. Nunca pensei de modo consciente por que faço isso, até que alguém me perguntou recentemente. Percebi que faço porque me mantém responsável e focado.

Já fui tão perdido quanto essas pessoas. Não digo isso para inspirar *você* a se perder, para despertar sua simpatia ou para contar uma história de alguém que foi da miséria à riqueza, mas para garantir que você entenda que expor seus pontos fracos é uma coisa boa.

Sua mente é uma ferramenta. Se você se deixar iludir, pensando que está tudo bem, não alcançará o sucesso que deseja no trading ou na vida.

Perder e fracassar pode ser um golpe para o ego, porém é o combustível para o amadurecimento. Parece que estou tentando escrever um manual de autoajuda para a procrastinação, um best-seller inspirador. Mas estou falando sobre honestidade. Quando você é honesto consigo mesmo, seja diante do espelho, em cima de um palco diante de 40 alcoólatras ou qualquer que seja o cenário, você acabou de dar um passo que 99% das pessoas nunca pensou em dar. Você já iniciou sua jornada para vencer.

É assim que a jornada começa, com a aquisição de conhecimento técnico. E ela continua indefinidamente com a evolução constante do treinamento tanto técnico quanto mental.

O treinamento técnico faz parte de meu dia a dia de trabalho, mas a parte mental precisa de um foco mais específico; caso contrário, ela se perde no barulho do mundo exterior. Preciso dedicar tempo para exercitar meu cérebro.

Quero lhe mostrar uma das imagens de aquecimento mental que utilizo antes de iniciar um dia de negociação. Ela me dá a evidência visual de que preciso para agir de maneira alinhada com o que estou tentando alcançar.

Esse exemplo aconteceu há algum tempo, mas pode acontecer em qualquer dia da semana se eu não me preparar mentalmente. A Figura 23 conta essa impressionante história.

Eu curto um topo duplo na abertura. Estou muito certo de que minha pesquisa está correta. O mercado cairá.

Não vejo problema na primeira posição vendida. O problema são as quatro posições subsequentes. Eu poderia até me perdoar pela última, pois pelo menos estou vendendo um ponto fraco a descoberto. Essa é uma operação não estruturada e indisciplinada. Não me importo com

Figura 23

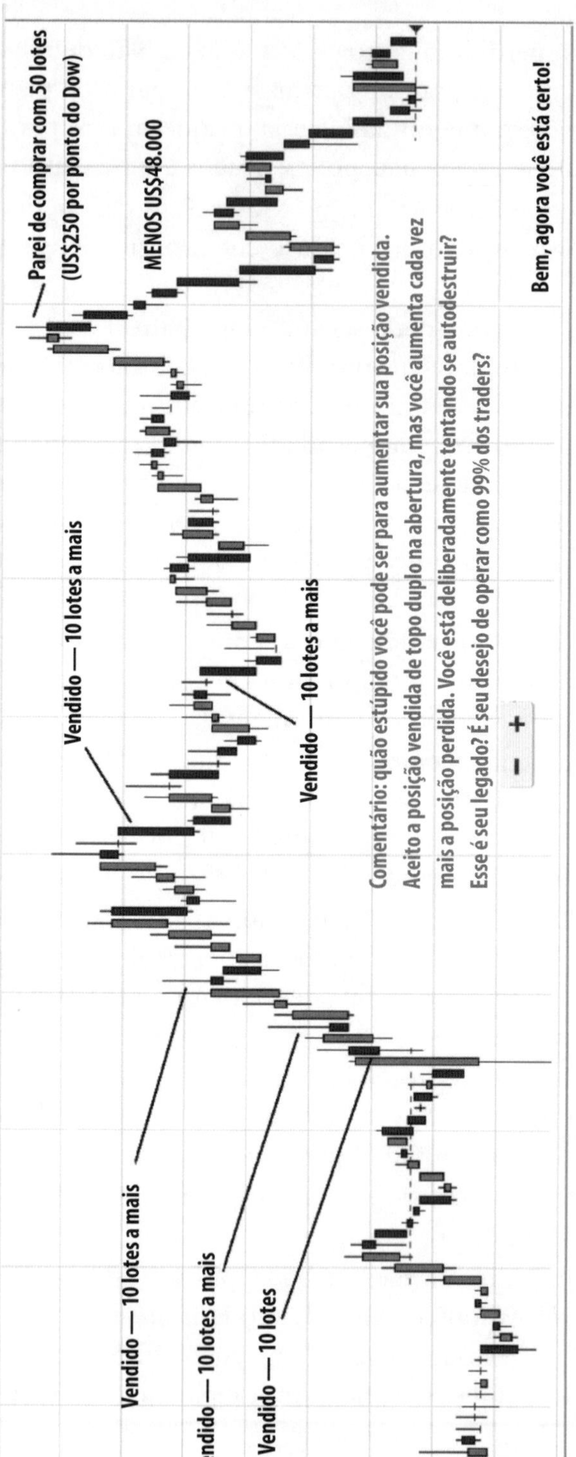
Parei de comprar com 50 lotes
(US$250 por ponto do Dow)
MENOS US$48.000
Vendido — 10 lotes a mais
Vendido — 10 lotes a mais
Vendido — 10 lotes a mais
Vendido — 10 lotes a mais
Vendido — 10 lotes
Comentário: quão estúpido você pode ser para aumentar sua posição vendida.
Aceito a posição vendida de topo duplo na abertura, mas você aumenta cada vez
mais a posição perdida. Você está deliberadamente tentando se autodestruir?
Esse é seu legado? É seu desejo de operar como 99% dos traders?
Bem, agora você está certo!

quão certo estou de que algo acontecerá. Se não estiver acontecendo, não aja como se estivesse. É muito vergonhoso querer se mostrar!

Isso faz parte de minha preparação. Essa tem sido a ferramenta mais útil para desenvolver resistência mental e disciplina. Ela me lembra de todos os meus pontos fracos; de como minha mente, caso não seja controlada e treinada, fica furiosa em busca de emoção e gratificação.

Uma das melhores maneiras de aumentar os lucros é usar a definição de objetivos e visualizações para alinhar o consciente e o subconsciente com a obtenção de lucros. Eu utilizo o medo para alcançar meus objetivos. Eu me visualizo operando uma quantia que me deixa desconfortável, mesmo que apenas mentalmente.

Eu me sento em minha cama ou em meu escritório e fico em silêncio. O mundo está quieto e, se não estiver, coloco os tampões de ouvido. Imagino que estou operando e que o mercado está se movimentando contra mim. E eu me vejo reduzindo meu prejuízo.

Imagino que comprei XYZ e vejo que, agora, o mercado está se movimentando a meu favor. Sinto minha mente me enviando sinais para fechar a posição e realizar o lucro. Eu me visualizo sem fazer nada, enquanto continuo observando o lucro aumentar e diminuir.

Observo um lucro alto se transformar em um lucro baixo. Então eu sorrio, aceito e sigo em frente, dizendo a mim mesmo que está tudo bem. Coloco meu cérebro sob o máximo de estresse possível com cenários imaginários. Estou comprado, e o mercado está se movimentando a meu favor; então, uma notícia repentina faz o mercado despencar.

Percebo meu medo disparar e meu P&L se transformar em um banho de sangue. Eu me visualizo fechando as posições e indo na direção oposta. Não estou perdendo o equilíbrio apenas porque o mercado está se movimentando contra mim.

Não posso garantir que essa abordagem funcionará para todos. Talvez você pense que ela é brilhante ou que possa ser útil se você fizer alguns ajustes de acordo com o que pensa. Funciona para mim porque aprendo visualmente. Eu *entendo a mensagem* quando a projeto visualmente. Se você me *disser* para não operar contra a tendência, isso não surtirá nenhum efeito sobre mim; será como ouvir o miado de um gato. Mas me *mostre* um gráfico com todas minhas operações traçadas, comigo operando contra a tendência (melhor ainda, mostre-me isso diversas vezes), que eu entenderei a mensagem.

Essa é minha terapia. É como consultar um psicólogo todas as manhãs. Eu fico animado. O terapeuta expande minha mente e meu horizonte. O objetivo é me lembrar do comportamento que quero adotar. Trata-se de realizar mudanças e mantê-las.

E o que me faz pensar que isso funcionará para você? O comportamento é padronizado. A maneira como pensamos, sentimos e agimos tem um padrão, e esse padrão é o que nos torna quem somos. A soma total de nossos padrões é o que constitui nossa personalidade.

Às vezes, nossos padrões interferem em nossos objetivos e sonhos. Eles nos impedem de ser quem queremos ser ou de realizar o que desejamos. Às vezes, somos nosso pior inimigo e, aparentemente, não conseguimos nos deter quando estamos em um momento como esse.

Uma pessoa pode saber muito bem que tem problemas com agressividade e, ainda assim, ser incapaz de evitar ser agressivo. Outra pessoa pode ter problemas alimentares e, ainda assim, não consegue se conter na hora de comer.

Um trader luta contra a tendência o dia todo e seu capital está derretendo, mas ele não consegue se controlar. Ele simplesmente é incapaz de mudar sua posição e operar na direção da tendência. É só depois disso que ele fica desgostoso consigo mesmo.

O objetivo de meu aquecimento não é eliminar de uma só vez tudo o que há de ruim em minha vida. O objetivo não é garantir que não farei besteira, mas focar o que quero alcançar ou quem quero me tornar, ao mesmo tempo em que estou atento às coisas que certamente sabotarão minhas metas.

A parte maravilhosa é que, ao evitar os fracassos, quase certamente terei sucesso garantido. Eu teria tal garantia com meu objetivo de perder peso se conseguisse cortar a Coca-Cola que bebia. Eu só precisava estar atento a isso, e os quilos começariam a desaparecer. Não precisaria fazer mais nada.

Não preciso ter certeza de que minha operação dará certo. Só preciso estar ciente de que minha mente quer fazer coisas que não são de meu interesse. Portanto, não acrescento nada às minhas operações perdidas. Isso, por si só, significa que somente preciso estar atento à única variável da qual tenho controle.

Minha atitude pela manhã se trata de mudar os padrões que não me servem. Comecei a fazer isso quando observei outro trader muito bem-sucedido e me perguntei o que estava me impedindo de ser como ele.

Minhas habilidades técnicas eram tão boas quanto as dele. Acho que ele não tinha uma situação financeira muito melhor do que a minha, mas, aparentemente, ele era destemido. Como eu poderia me tornar destemido no trading? Será que eu queria ser destemido?

Cheguei à conclusão de que o trader que eu queria me tornar era paciente, porém agressivo na hora certa. Era como Federer jogando na final de Wimbledon em 2007: ele foi paciente até o momento certo e, depois, jogou com foco e agressividade.

A partir disso, bastava eu me lembrar desse objetivo todos os dias — várias vezes ao dia, se necessário. É assim que os hábitos são construídos: por meio da repetição.

À medida que fico mais sábio com relação aos caminhos que a vida segue, percebo que há muita verdade nas palavras de John Lennon: "A vida é o que acontece enquanto você está ocupado fazendo outros planos". Ficamos tão envolvidos em nosso cotidiano, com responsabilidades no trabalho e em casa, que o panorama geral de nossa vida fica em segundo plano.

Dia após dia, ano após ano, nós nos ocupamos com o trabalho e a rotina, apenas para perceber, mais tarde, que as oportunidades passaram por nós. Por isso, a primeira pergunta a ser feita em um processo de mudança é: "O que você quer mudar?" Ou, dito de outra forma: "De que maneira você gostaria que sua vida fosse diferente?"

Minha resposta? Quero dedicar tempo para operar bem, combater minhas inclinações naturais que se colocam entre mim e uma operação vencedora. Quero preparar minha mente todas as manhãs por meio de uma série de meditações e exercícios visuais.

Para conseguir isso, treinarei minha mente para agir com calma, visualizando a mim mesmo em situações difíceis. Vou me concentrar em minha respiração, me colocar em situações estressantes de maneira calma, para assegurar que reagirei como gostaria se as circunstâncias fossem reais.

Realizar mudanças envolve muito mais do que simplesmente se envolver em pensamentos positivos ou visualizar imagens positivas em sua mente. Eu não queria saber de imagens positivas. Eu queria um retrato do inferno horrível em que eu viveria se não mudasse. Isso pode parecer um pouco pessimista, mas não é. É muito otimista, embora seja uma maneira bastante tensa de conseguir o que se deseja.

Como diz o ditado: "Os fins justificam os meios". Eu inverti o pensamento convencional. Fiz isso porque sei o que me atrai mais. As rosas não me estimulam. Os espinhos é que me obrigam a agir.

Considere o próprio mercado. O comportamento dele não é tão diferente do nosso (porque nós *somos* o mercado). Ele escala o muro da preocupação, mas desliza pela encosta da esperança. Pode ser um ditado de Wall Street, porém diz muito mais sobre os seres humanos do que sobre os mercados. Tudo o que fiz foi usar o medo e a repulsa como protagonistas — meus principais motivadores.

Voltando ao Jogo

Eu estava surfando em uma cidade perto de Biarritz, na França, em 1996. Era um contexto literalmente acima de minha capacidade. As ondas eram duas vezes maiores do que qualquer onda que eu já havia pegado antes. Tentei entrar nelas algumas vezes, mas elas eram muito rápidas e a borda era muito íngreme.

Até que me posicionei para pegar uma onda, porém eu estava muito longe da zona de impacto e, em vez de deslizar na onda à medida que ela se desenvolvia, ela literalmente me derrubou. Só me lembro de tudo ficar preto. Para minha sorte, alguém me viu e me tirou da água. Agora me restam seis vidas.

Voltei a cair na água naquela tarde. Eu era muito estúpido e ignorante para considerar o que havia acontecido. A ignorância é uma bênção. Só agora consigo avaliar meu comportamento. Você foi atingido, mas está tudo bem. Você quer ficar sentado na praia e se lamentar o dia todo ou quer voltar ao jogo?

Eis um exemplo que ilustra a importância disso.

Estou escrevendo isso no dia seguinte a um dia de negociação particularmente desafiador e volátil. Foi um daqueles dias que ficarão em minha memória por motivos que logo se tornarão aparentes.

Na última semana, o petróleo havia ditado o rumo dos índices de ações. Naturalmente, eu esperava ver o mesmo comportamento na sexta-feira. O Dow começou com uma alta de 200 pontos logo na abertura.

No entanto, trinta minutos após a abertura do pregão, parecia estar perdendo força. O petróleo, por outro lado, estava em pânico total. Comecei vendendo o Dow a descoberto, esperando que ele seguisse o petróleo.

Na Figura 24, o Dow está à esquerda, e o petróleo, à direita. Ambos são gráficos de cinco minutos e mostram a totalidade do dia de negociação, desde o meio-dia até o final da tarde.

Eu esperava que o Dow seguisse o petróleo, e foi o que aconteceu, mas não por muito tempo. Ele pareceu fazer uma pausa, como se, de repente, tivesse vontade própria. No meio da tarde, o petróleo havia caído quase US$2 — mais de 5% — em pouco mais de uma hora. O Dow, no entanto, não estava se movimentando para baixo junto com o petróleo. Ele se manteve. Retirei minha posição vendida no Dow com prejuízo e mudei para comprada.

Assim que fiz isso, o Dow caiu 50 pontos, e o petróleo, ainda mais. Comecei a me perguntar se não teria tido muita pressa ao reverter minha posição e decidi fechar minha posição comprada. A essa altura, eu estava convencido de que o Dow havia apenas adiado sua queda inevitável. Voltei a operar vendido. Em retrospecto, isso acabou acontecendo perto da mínima do dia (após a abertura).

Apenas quinze minutos depois, o Dow atingiu as novas máximas do dia. Fechei minha posição vendida e cocei a cabeça. Eu havia operado vendido na primeira baixa e fechado minha posição na segunda alta. Tinha entrado em uma posição comprada na segunda alta e fechado a posição na segunda baixa. Tinha entrado em uma posição vendida na segunda mínima e tinha acabado de encerrar minha operação nas novas máximas do dia.

Figura 24

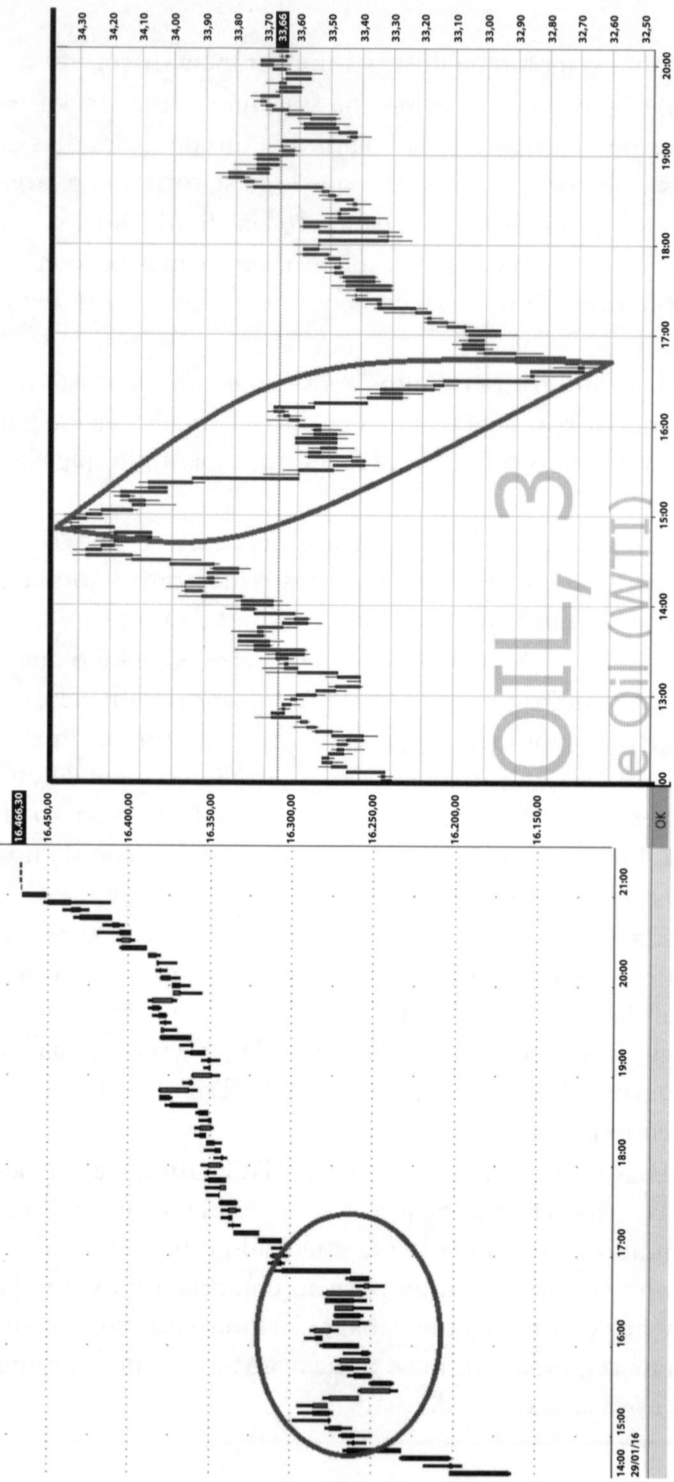
34,30
34,20
34,10
34,00
33,90
33,80
33,70
33,66
33,60
33,50
33,40
33,30
33,20
33,10
33,00
32,90
32,80
32,70
32,60
32,50
13:00
14:00
15:00
16:00
17:00
18:00
19:00
20:00
16.466,30
16.450,00
16.400,00
16.350,00
16.300,00
16.250,00
16.200,00
16.150,00
14:00
15:00
16:00
17:00
18:00
19:00
20:00
21:00
29/01/16
OK

Parei um momento para refletir. Eu estava operando com um plano? Estava apostando em uma relação entre o petróleo e o índice Dow que talvez não existisse mais?

Nesse momento, meu melhor amigo trader me ligou e conversamos brevemente. Eu disse a ele: "O que significa quando o Dow atinge novas máximas em uma noite de sexta-feira, mesmo que o preço do petróleo esteja caindo?"

O fato de eu ter dito isso em voz alta me ajudou a ter uma perspectiva. Era o último dia do mês, no qual geralmente ocorrem compras ou vendas agressivas no mercado.

Lembre-se de que também era uma sexta-feira, que tende a trazer dias de tendência. Comecei a comprar com relutância. O mercado subiu. Comprei um pouco mais, tomando cuidado para aumentar o stop loss à medida que os mercados subiam. Fiquei de olho no preço do petróleo, que estava se recuperando bem.

Faltando sessenta minutos para o fechamento (e sem jantar), o Dow atingiu a nova máxima do dia; e eu sei, por minhas estatísticas, que não se deve vender a descoberto um mercado que atinge novas máximas no dia na última hora de pregão.

A essa altura, comecei a aumentar minha posição. Agora eu estava apostando em um final de dia de tendência clássico. Nesses dias, o mercado fecha exatamente no ponto mais alto do dia.

Teria sido fácil jogar a toalha após as três tentativas fracassadas de entrar em um movimento do mercado. O efeito teria sido o mesmo que parar o jogo de moedas só porque você teve três jogadas iguais, uma seguida da outra.

Já ouvi falar de pessoas que pararam de operar porque tiveram três perdas seguidas. Essa é uma abordagem falha se você entender os mercados. Se estiver doente ou sobrecarregado por circunstâncias emocionais, pare de operar. Se for capaz de operar de outra maneira, não pare apenas porque perdeu três vezes seguidas.

Enquanto digito isso, relembro algumas das operações que realizei antes da sexta-feira. Eu tinha perdido dinheiro todos os dias naquela semana. Isso é raro, mas tive quatro dias consecutivos de fracassos. Eu nem me lembro quando foi a última vez que isso aconteceu.

No documentário *Floored*, o trader Greg Riba coloca isso de forma muito elegante, embora à sua maneira:

> Juro por Deus que 99% dos traders ainda não entenderam. Quando estão ganhando, eles começam a apostar menos. *Aposte mais.* Quero dizer, se houver uma rodada em que você pode ganhar US$100 mil, deixe rolar. Se você tirar três seis seguidos, deixe rolar. Deixe que os vencedores apostem.

Greg Riba deve saber. Ele foi considerado um dos melhores traders de futuros do S&P 500 de todos os tempos. Por que as pessoas apostam menos quando estão ganhando e apostam mais quando estão perdendo?

Por medo.

Operando Durante uma Crise

Tenho um amigo que quis se matar por causa das perdas que sofreu. Ele me ligou para dizer que estava em cima de uma ponte ferroviária. Não acredito que a intenção dele era acabar com sua vida. Acho que ele só precisava de alguém para conversar.

Algumas pessoas poderiam dizer que um capítulo que trata desse assunto não deveria fazer parte de um livro sobre trading. Mas acredito que as pessoas que perderam quantias consideráveis de dinheiro acharão reconfortante o fato de o foco não ser unilateral.

De qualquer forma, embora eu tenha muitas lembranças positivas de minha carreira como trader, também tenho recordações que só podem ser descritas como *sombrias*.

Eu tinha um amigo chamado Adam. Não sei mais do paradeiro dele. Ele me deve £20 mil — dinheiro que duvido que algum dia eu veja. Adam era um trader brilhante. Absolutamente brilhante. Até que tudo desmoronou.

Adam e seu irmão trabalhavam no chão de fábrica da empresa próspera do pai deles. Na década de 1990, Adam começou a se interessar pelo trading. Nos anos seguintes, ele desenvolveu um sistema para negociar índices de ações usando um gráfico de trinta minutos. Ele me disse que o sistema foi inspirado, em parte, no livro *The Taylor Trading Technique*, de George Taylor.

Era uma estratégia simples, porém muito eficaz. Exigia que Adam verificasse os gráficos a cada trinta minutos e, se os parâmetros estivessem corretos, ele executaria uma operação. Caso contrário, ele deixaria a operação quieta até o final do próximo período de trinta minutos, momento em que ele verificaria os gráficos novamente.

Adam se tornou tão habilidoso em operar com base no gráfico de trinta minutos que logo ganhou muito mais dinheiro no trading do que administrando a empresa de seu pai. Ele resolveu vender sua parte da empresa para o irmão e se concentrar 100% no trading. Adam se saiu bem. Muito bem mesmo.

Eu operei nos mercados junto com Adam em muitas ocasiões em minha casa ou online. Ele tinha uma paciência sobrenatural. Pessoalmente, nunca vi uma pessoa olhar para uma tela desde a abertura até o fechamento do mercado dos EUA e não realizar uma operação sequer. No entanto, essa era a regra que ele tinha se não houvesse nenhum sinal.

Uma resignação inacreditável.

Acredito que a paciência e a capacidade de leitura de padrões que Adam tinha fizeram dele o excelente trader que ele era. E, como um excelente trader, ele também teve uma vida magnífica. Mandou construir uma casa do jeito que sempre sonhou. Viajou de primeira classe para destinos de férias exóticos com sua amada esposa e seus filhos.

No entanto, todos os excelentes traders passarão por terrenos acidentados em um momento ou outro da vida. Não é uma questão de saber *se* isso vai acontecer — porque vai acontecer —, mas uma questão de quanto isso o afetará quando, inevitavelmente, acontecer.

Para Adam, o caminho acidentado o fez perder tudo. A conta de trading, a esposa e a casa. Eu intervim quando Adam estava vivendo nas ruas de Manchester, suicida e sem um tostão. Fiz o que pude, mas ele não quis minha ajuda e perdi contato com ele.

Tudo começou com uma perda ruim e se transformou em um fracasso total. Adam tinha visto um padrão em uma noite de sexta-feira e optou por ficar na máxima posição vendida no mercado. No fechamento, ele estava bem na posição e decidiu mantê-la durante o fim de semana.

Para a infelicidade de Adam, foi justo nesse fim de semana que as Forças Especiais do Exército dos Estados Unidos por fim capturaram Saddam Hussein. Os mercados financeiros vibraram com a boa notícia. Acho que, ingenuamente, eles pensaram que a situação tensa do Oriente

Médio se acalmaria assim que Saddam fosse detido. Naquela noite de domingo, os mercados dos EUA abriram no *limit up*!

Limit up é uma situação em que o mercado está em seu valor máximo e não consegue subir mais até a abertura do mercado de ações às 9h30, horário de Nova York. Adam estava em uma posição vendida, mas não conseguiu fechar sua posição porque, quando o mercado está no *limit up*, não é possível comprar, que é o que você precisa fazer para fechar uma posição vendida.

Adam estava acordado quando recebeu a ligação telefônica. Era seu corretor de futuros, que lhe informou as opções que ele tinha: depositar mais dinheiro na conta ou correr o risco de ser encerrado assim que o mercado futuro saísse do *limit up*. Adam não tinha nenhum capital disponível no momento. Foi uma noite e um dia longos até que o mercado finalmente abriu, às 2h30 da madrugada (Adam morava no Reino Unido).

O mercado abriu e as ações dispararam. O corretor liquidou a posição de Adam porque ele estava violando a exigência de margem. A conta tinha cerca de £750 mil e ficou com apenas £400 mil.

Você pode dizer que £400 mil também é um montante aceitável de dinheiro para negociar, mas algo entrou em curto-circuito na mente dele. Adam viu o mercado disparar naquele dia e sua posição ser liquidada. Infelizmente, ele também viu como o mercado voltou a seu ponto de entrada.

Veja bem, depois que as notícias boas foram digeridas pelo mercado, houve a sensação de que, muito provável, elas não eram tão boas assim. O índice Dow voltou a cair, perdendo todos os ganhos do dia.

Adam sentiu que o corretor o havia enganado. Ele sentiu como se tivesse sido forçado a liquidar sua posição. Sentiu que o corretor havia agido com pressa e tentou reclamar, mas sua reivindicação foi rejeitada.

Em seguida, ele tentou compensar sua perda por meio de novas operações, mas sua cabeça não estava no lugar. Ele começou a duvidar de seu sistema e a dobrar as operações. Além disso, o construtor exigiu o pagamento da casa. Adam havia feito um depósito, mas agora não conseguia fazer o pagamento total para quitá-la. Ele perdeu o depósito e a casa.

Adam foi incapaz de impedir a própria queda. O mesmo aconteceu com sua família. Ele começou a apresentar um comportamento padrão em que mentia e omitia informações para benefício próprio. A última vez em que tive notícias de Adam foi quando ele me enganou com uma boa quantia de dinheiro e, depois, desapareceu. Não o vejo desde então.

Infelizmente, essa não é uma história isolada. Tive que interromper uma viagem de negócios quando trabalhava em Londres porque meu chefe me chamou de volta ao escritório. Havia um cliente em nossa recepção chorando muito porque havia perdido £750 mil negociando o Forex. Ele estava com medo de ir para casa e contar para a esposa sobre isso e implorou a meu chefe que lhe emprestasse dinheiro, para que ele pudesse realizar uma nova operação e, com sorte, recuperar o dinheiro perdido.

Você pode estar pensando que essa pessoa não tem força moral para fazer trading. Você pode até pensar mal dele por causa de sua aparente falta de dignidade. E se eu lhe dissesse que ele é um renomado cirurgião em uma prestigiada clínica particular de Londres?

A formação significa muito pouco nesse setor. Não importa onde você se formou ou em que ramo trabalha. Se você não souber lidar com uma operação perdedora e, em seguida, com uma operação vencedora, não irá muito longe nesse setor.

É por esse motivo que digo às pessoas para dedicarem menos tempo à análise técnica e mais tempo à autoanálise.

Uma operação vencedora pode lhe render apenas uma vida boa. Recebi uma mensagem de um grande amigo meu. Ele opera em tempo integral e faz isso há quinze anos. Ao contrário de tantos outros aspirantes a trader, ele conseguiu ter sucesso e manter uma vida boa ao longo dos anos.

Não conheço muitos traders que gostam de falar abertamente sobre quanto ganham em suas operações. Quando conversei com meu amigo sobre isso, ele me disse que ganhava o equivalente a um funcionário administrativo bem remunerado na City Index, com a diferença de que ele não precisava se deslocar até o trabalho e tinha tempo para se dedicar aos filhos quando eles voltavam da escola.

Para mim, meu amigo é um exemplo de pessoa que fez o trading funcionar para ele. Ele não ficou rico durante o processo, mas pagou as contas, sustentou a família, tirou férias e comprou um bom carro para eles.

Parece haver uma inclinação para descrever o trading como o trabalho por meio do qual é possível obter riquezas incalculáveis. É verdade que esse potencial está sempre presente, mas, com uma recompensa maior, vem um risco maior. Não se pesca peixes grandes em águas rasas.

Todavia, meu amigo estava cansado das longas horas de negociação e me chamou para conversar. Ele me perguntou se eu já estava farto das horas intermináveis diante das telas.

Eu imediatamente respondi: "Não, mas se você estiver se sentindo assim, precisa parar de operar e dar um tempo de tudo isso". Naquela noite, conversamos um pouco ao telefone.

Ele me disse que, agora que as crianças estavam crescendo, elas preferiam sair com os amigos em vez do pai. Sua esposa também trabalhava em tempo integral, por isso ele costumava ficar sozinho em casa desde o início da manhã até o final da tarde, e isso começou a incomodá-lo.

Eu o ajudei a conseguir algumas entrevistas de emprego, e ele conseguiu um trabalho como corretor em Londres, devido ao seu excelente conhecimento dos mercados e à sua capacidade de entender o que os clientes estão passando em suas operações.

"É uma história bastante inocente", tenho certeza de que você diria. Então por que estou lhe contando sobre esse meu amigo? Bem, estou contando a história dele por diversos motivos.

O primeiro motivo é que o trading pode ser um trabalho muito solitário. Isso nunca me incomodou, mas tenho a mais profunda simpatia por aquelas pessoas que se sentem solitárias ao trabalhar como traders. Não sou muito sociável, não bebo nem fumo, não suporto a ideia de assistir a uma partida de futebol (isso me exclui de muitas atividades sociais masculinas) e prefiro minha própria companhia; mas, de vez em quando, gosto de bater um papo pelo telefone com um amigo.

Quando trabalhava na City Index, costumava ir até a sala de meu chefe, que sempre tinha um minuto para dizer "oi" e colocar o papo em dia. Se em algum momento você resolver trabalhar como trader em tempo integral, poderá sentir falta de ter essas conversas estranhas com um colega de trabalho.

Recomendo que você tire uma semana ou duas de férias e experimente operar os mercados em tempo integral antes de entregar o aviso prévio a seu chefe e começar a operar online. Servirá como um teste de como será seu dia a dia.

O segundo motivo pelo qual contei essa história sobre meu amigo é para garantir que você perceba que uma pausa nas operações não é o fim do mundo. Os mercados sempre estarão lá.

Não tenho dúvida de que meu amigo voltará a operar nos mercados em tempo integral um dia. Nesse meio-tempo, ele está desfrutando de uma nova vida em que ajuda outras pessoas a conseguirem o que querem no trading.

O terceiro motivo pelo qual estou lhe contando essa história é porque eu adoraria que você fosse bem-sucedido, mas acho importante entender que fazer trading pode não ser aquele conto de fadas que você esperava. E será que precisa ser?

Não poderia ser só mais um trabalho que lhe rende um bom dinheiro, no qual você pode trabalhar seguindo as próprias regras e, talvez, fazendo algo que considera muito interessante? Será que precisa ser um trabalho que lhe possibilitará ter uma propriedade à beira-mar em Barbados?

É claro que, se você chegar lá, ficarei feliz por você e isso será um motivo de muito orgulho. No entanto, se não chegar, mas ainda conseguir pagar as contas e guardar um dinheiro para desfrutar das coisas boas da vida como se estivesse recebendo um pagamento mensal, então, para mim, você já está fazendo o que 99% das pessoas nem ousa tentar.

Elas não ousam arriscar seus sonhos. Se conseguir ganhar a vida com isso, seja uma vida decente ou ótima, então você já se tornou um ponto fora da curva.

E acredite em mim quando digo que, a partir do momento em que você entender melhor o trading, também entenderá o que o faz trabalhar de maneira ideal no pregão; e é nesse ponto que o trabalho de trader começa a ficar divertido!

Oito meses atrás, passei por um momento difícil. Aconteceu durante o mês de maio. Iniciei bem, estava ganhando cerca de £200 mil no mês, mas, depois, as coisas começaram a desandar.

Tudo começou com uma perda de £33 mil. Muitas vezes, quando tenho um dia ruim, volto com tudo no dia seguinte, mas não foi esse o caso. Perdi mais £9 mil no outro dia. Então, o fim de semana chegou — até que enfim.

A segunda-feira começou onde a sexta-feira havia parado, apesar de toda a minha preparação e introspecção durante o fim de semana. Perdi mais £38 mil. Antes do final da semana, eu havia perdido mais de 50% dos ganhos do mês.

O mais perturbador é que me senti completamente perdido. Eu não tinha ideia de por que estava perdendo. Eu não estava cansado. Estava dormindo bem. Não estava com problemas emocionais ocupando minha mente. Eu apenas não estava conseguindo me sair bem.

Já passei por momentos difíceis antes. Esporadicamente, o progresso é lento. E os contratempos são frequentes. Eles estão sempre à espreita. Meu objetivo é permanecer no jogo até não querer mais gastar toda minha energia mental nos mercados.

Como você pode perceber, essa é uma jornada bastante pessoal para mim. Muitas vezes, é uma jornada mentalmente desgastante, na qual sinto que não estou fazendo nenhum progresso. O que piorou as coisas para mim foi o fato de que um grande amigo meu — também trader e, provavelmente, o melhor trader privado de que o mundo nunca ouviu falar — estava se saindo incrivelmente bem.

Sempre fomos totalmente honestos um com o outro. Acho que é por isso que somos tão amigos. Posso dizer a ele sem rodeios: "Tenho inveja de você e me sinto mal por estar com inveja porque você é meu amigo mais próximo e eu seria capaz de lhe dar meu último centavo, mas, neste momento, estou atirando no escuro. Meu dinheiro está se esvaindo".

Eu disse a ele que tinha uma posição enorme. Foi literalmente a maior posição que já tive. Cada ponto valia £4 mil. Isso equivale a 400 contratos futuros do FTSE. E eu tinha muita certeza de que o FTSE cairia.

Já vi esse padrão em diversas ocasiões: uma queda enorme na abertura — duas a três barras de recuperação com duração de cinco minutos — e, então, novas mínimas.

Mas isso não aconteceu. Não naquele dia. O mercado se recuperou. E ele estava comprado; e eu, vendido. Foi imensamente doloroso. Isso me levou a sentir coisas que eu detestava: inveja, ressentimento e desespero.

"Você tem sorte em conhecer, Tom." Meus pensamentos foram interrompidos por minha namorada. Era como se ela os tivesse lido. "Nem todas as pessoas conhecem alguém que é melhor do que elas e que as fazem ficar acordadas à noite, pensando em como vencer. Nem todas são como Mozart versus Salieri. Você deveria estar feliz. Então você perdeu. Mas o que ganhou? Você não entende que ele sente o mesmo que você? Ele quer desesperadamente ganhar de você — e é por isso que vocês despertam o melhor um no outro."

Ela continuou: "Sabe, meu antigo professor Peele, eu lhe contei sobre ele... um homem brilhante. Sabe o que o tornava brilhante? O colega dele, o professor Kyle. Eles eram melhores amigos e nenhum deles jamais reconheceria que tinham uma inveja louca um do outro, mas eram as duas mentes mais brilhantes com as quais alguém poderia querer aprender. Você deveria se sentir abençoado por ter alguém que quer tanto vencer. Isso não é nenhuma maldição. É uma bênção. O que você acha que aconteceria se seus ídolos parassem de operar?"

Se eles parassem, eu pensei, de quem eu tentaria vencer? Sempre adorei bater minha antiga pontuação máxima, e hoje consegui, em tamanho; mas ela estava certa. Não estou operando apenas para ganhar dinheiro; estou operando em tamanho para me esforçar a ultrapassar o ponto em que me sinto desconfortável.

Certa vez, eu estava em um restaurante em Porto Cristo, jantando com meu filho. Por acaso, olhei por cima do ombro e vi Rafa Nadal jantando com seus amigos. Foi ótimo ver um astro do tênis mundialmente conhecido apenas jogando conversa fora com alguns velhos amigos.

Alguns dias depois, visitamos sua academia de tênis. Rafa estava treinando. Estava um calor infernal naquele dia. E ele estava treinando como se sua vida dependesse disso. Ele estava ali, se dedicando ao máximo — sob um calor escaldante —, apenas para se tornar melhor.

Por que você acha que ele estava fazendo isso? É pelo mesmo motivo que alguém como Matthew McConaughey — durante seu discurso no Oscar em 2014 — disse: "Há três coisas de que preciso todos os dias: 1) preciso de algo para admirar; 2) preciso de algo por que ansiar; 3) preciso de algo para perseguir".

Estou escrevendo isso porque acho que é saudável falar abertamente sobre o que nos motiva. Chegará um momento em sua carreira como trader em que você passará por uma crise. Quando isso acontecer, talvez seja bom dar um passo para trás e refletir de maneira profunda sobre a razão pela qual você se sente tão atraído por esse jogo.

E, quando isso acontecer, espero que você consulte este livro. Espero que ele o lembre por que você está fazendo o que está fazendo.

Minha crise me ensinou a desacelerar. Se você não desacelerar e deixar o conhecimento amadurecer, sofrerá uma grande perda, o que prejudicará sua confiança.

Nem toda operação é a final da Copa do Mundo. Nem todo pregão é o trabalho final do último ano da universidade, o ponto culminante de quatro ou cinco anos de estudos incansáveis.

Todos têm contratempos. Kobe. Rafa. Federer. Você. Eu.

E todas as crises têm um fim.

As crises são inevitáveis. Você está pessimista e o mercado sobe. Você está otimista e o mercado cai. Isso acontece com todos nós. Com cada um de nós.

Se existe um segredo para escapar de uma crise? Não.

Por que eu deveria citar esses clichês velhos e desgastados? Por que eu deveria lhe dizer para manter a calma e trabalhar para superar isso? Por que não lhe digo simplesmente que é horrível passar por isso, mas vai acabar — se você persistir?

Levei muitas semanas para escrever este capítulo. Quando comecei, não estava em meio a uma crise. Então, ela chegou e eu a descrevi. Enquanto escrevo estas palavras, tive uma manhã de negociação fantástica. Será que estou saindo da crise? Quem sabe? Não sei o que estou fazendo de diferente do que fazia quando ela começou.

Apenas estou seguindo o processo que sempre sigo. Sou um trader orientado por processos. Os mercados determinam o resultado. Tenho pouco controle sobre isso. Tenho fé. Acredito que meu processo me ajudará a superar os altos e os baixos envolvidos no trabalho com o trading.

Aceitando o Fracasso

O FALECIDO MARK Douglas argumentou que realizar uma operação bem-sucedida é uma questão de aceitar os riscos e pensar de maneira diferente.

Já o trader do Market Wizard, Ed Seykota, diz o seguinte: "Um trader perdedor fará muito pouco para se transformar em um trader vencedor. Um trader perdedor não vai querer se transformar. Esse é o tipo de coisa que apenas os traders vencedores fazem".

Quando li isso pela primeira vez, eu não tinha maturidade suficiente para entender sua relevância. Passei a apreciar a profundidade e a sabedoria dessa frase somente depois que comecei a operar por conta própria.

À medida que comecei a aumentar o tamanho de minhas operações, percebi que minha jornada de um trader de baixo risco para um trader de alto risco não foi resultado de minha evolução. É claro que, quanto mais eu negociava, melhor eu ficava. Mas lembre-se de que a prática não leva à perfeição; ela apenas a torna permanente. Você só se tornará um trader melhor se adotar uma abordagem dedicada a uma prática orientada a encontrar suas falhas. Caso contrário, estará apenas consolidando seu comportamento perdedor.

Tornando-se uma Pessoa Diferente

Ficar ansioso e com medo é um reflexo de uma situação desconhecida. Por meio da exposição — repetidas vezes —, a mente aceita a nova realidade e se habitua a ela.

Você acha que existe um hack que, de repente, fará com que você deixe de operar £10 por ponto e passe a operar £100 por ponto? Acha que pode se transformar de um trader de médio risco a um trader de alto risco apenas lendo um livro, fazendo um curso ou tomando uma pílula mágica?

Não é exatamente assim que funciona. Mas, com certeza, existem meios de acelerar seu progresso. É uma questão de prioridade. Não sou um monge radical sem vida social e comprometido a viver para sempre preso dentro de uma sala gelada e escura, incerto do que estou fazendo, até que minhas emoções sejam atrofiadas e eu basicamente me torne um psicopata destemido.

Mas eu me comprometo. Procuro explorar meus pontos fracos. Mantenho-me sintonizado com minha mente e meu corpo e sei que, se for deixado por conta própria, posso rapidamente adotar um comportamento autodestrutivo.

Tive um rompimento doloroso com uma pessoa querida e recorri à comida e ao álcool. É claro que acredito que todos nós fazemos coisas assim. Até Bridget Jones (eu adoro filmes) comeu um pote de sorvete de uma só vez quando foi abandonada pelo amor de sua vida.

Mas você segue em frente. Levanta do sofá. Desliga a TV, joga o pote de sorvete no lixo e diz: "Tudo bem, cometi um erro. Aceito isso".

Seu sentimento em relação ao fracasso, em *grande* parte, definirá seu crescimento e a trajetória de praticamente todos os aspectos de sua vida. Talvez você devesse fechar este livro, para poder refletir um pouco sobre isso. A profundidade dessa frase é assustadora.

Uma parte importante de seu sucesso como trader está relacionada à forma como você se relaciona com o fracasso. Se você o considera o fim do jogo, então não terá sucesso como trader. Tenho colegas que param de operar se perderem três operações seguidas. Que tipo de atitude é essa? Você acha que Kobe Bryant — o super-homem absoluto do basquete — tinha essa atitude? Você acha que, se ele errasse três lances durante uma partida, pediria ao técnico para ser substituído?

Kobe Bryant — Seu Maior Fracasso

Já que estamos falando de Kobe Bryant, quero contar uma história sobre ele que li em um jornal — infelizmente depois que ele faleceu em um trágico acidente.

Após o acidente, a maioria dos obituários citou as incríveis conquistas e os troféus ganhos por Bryant, mas Andy Bull, do *Guardian*, escreveu sobre Kobe Bryant de um ponto de vista diferente.

A manchete do artigo resume bem: "A história de sucesso de Bryant começou com a tarefa de vencer o medo do fracasso".

Parece que Kobe Bryant sabia intuitivamente que, para ser um grande jogador, ele precisava vencer o medo de fracassar. O artigo continua contando a história de um jogo que aconteceu em maio de 1997. Era a primeira temporada de Kobe pelo LA Lakers, sua temporada de estreia. Ele cometeu quatro erros cruciais em cinco minutos, o que alguns dizem que custou o jogo para sua equipe.

Dizem que, naquela noite, Bryant ficou acordado fazendo arremessos sozinho em uma quadra particular. Ele ainda estava jogando quando amanheceu. Sei que está parecendo uma daquelas histórias romantizadas; parece uma cena de confronto entre Davi e Golias. Mas há muito mais por trás dessa narrativa.

Aparentemente, a história diz que Kobe Bryant sofreu uma derrota naquele jogo e passou a noite se punindo por isso. Para mim, ela fala de um homem que, noite após noite, enfrentou seu medo do fracasso ao tentar repetidas vezes. Ele se acostumou a fracassar temporariamente, mas continuou tentando.

Bull conclui dizendo: "Ele errou mais arremessos do que qualquer outro jogador na história. Bryant estava disposto a enfrentar o fracasso em todas as partidas que disputava".

Essa não é a primeira história sobre um grande homem, alguém que enfrentou o medo de estar errado para provar que estava certo, que leio. Babe Ruth, o jogador de beisebol norte-americano, manteve recordes de home runs por décadas. Ao mesmo tempo, foi apelidado de *Rei dos Strikeouts*. Se o termo por si só não revela o que isso significa, deixe-me explicar: um home run é algo excelente; e um strikeout é justamente o oposto.

Descobri que a história repercutiu entre os traders de todo o mundo que buscam sistemas e estratégias para eliminar operações perdidas.

Enquanto escrevo isso em um dia tranquilo de negociação, em 1º de junho de 2020, analiso as estatísticas de minhas operações do mês de maio. Ganhei um total de 1.513 pontos. No entanto, das 137 operações que executei, perdi em 66, ganhei em 53 e fiquei empatado em 18 (nas quais o stop loss foi movido para o ponto de entrada).

Se eu avaliasse meu sucesso de acordo com alguns dos vendedores de sistemas sensacionalistas na internet, que prometem uma taxa de acerto de 95% (ou mais) nas operações, eu seria um completo fracasso. Eu obtive menos de 50/50 em maio.

Porém, de alguma forma, ainda consegui obter um retorno decente no mês. Como é possível explicar isso? A resposta está na crença errônea de que quanto mais operações vencedoras você tiver, melhor trader será. Isso está claramente errado.

Um dos clichês populares no mundo do trading é que você não pode ir à falência obtendo lucro. Mas é claro que pode! Se você não conseguir deixar seus lucros correrem, nunca ganhará dinheiro fazendo trading. Embora o basquete e o trading sejam diferentes nesse ponto, se eu tivesse medo de perder, nunca teria tido um mês lucrativo.

As Estatísticas Não Fazem Sentido

Sabemos que 90% dos traders perdem. Também sabemos, com base em uma amostra de 25 mil traders de mercado Forex, que a maioria das contas de negociação tem mais operações vencedoras do que perdedoras. Isso não faz sentido. Como podemos conciliar esses dois fatos?

Ao ler as entrelinhas da história de Kobe Bryant, encontrará a resposta. Se estiver em uma posição perdedora, você simplesmente está errado. Contudo, ao contrário de um arremesso em uma partida de basquete, em que você sabe imediatamente se está certo ou errado, no trading, sempre existe a esperança de que a operação se recupere a seu favor.

A esperança é o que mantém as pessoas em uma operação muito depois de terem fechado sua posição. Como diz o ditado, a *esperança é a última que morre*. Tão verdadeiro e, ao mesmo tempo, prejudicial para os traders. Como lidar com a esperança e o medo em minhas operações?

Costumo sentir esperança apenas quando estou em uma operação. Espero que minha posição seja boa e que o mercado se movimente a meu favor.

O medo, entretanto, aparece em mais situações. Posso sentir medo quando estou em uma operação, mas também quando não estou. Essa é uma distinção sutil, porém importante, entre a esperança e o medo.

A esperança tende a ser reservada para a atividade de estar em uma operação, enquanto o medo se manifesta tanto no momento em que estou quanto quando não estou em uma operação. Posso sentir medo de que o mercado suba e eu não esteja comprado ou de ter encerrado minha posição cedo demais — o que também pode ser classificado como *arrependimento*.

Embora eu pretenda escrever com muito mais detalhes sobre meu sistema de negociação no final deste livro, descreverei minha abordagem em algumas palavras agora.

Eu lido com o medo quando estou em uma operação com uma estratégia de saída. Tenho um stop loss que define o tamanho de minha perda. Aceitei essa perda antes de começar o dia de negociação. Faz parte de meu plano de negociação.

Eu me preparo mentalmente pela manhã, antes de iniciar as operações. Para isso, sento-me em silêncio e medito sobre o que estou prestes a fazer. Submeto minha mente a imagens em que estou perdendo. Após ela experimentar essas perdas hipotéticas, acalmo a mente, de modo a contornar quaisquer sentimentos de ansiedade e arrependimento, bem como o desejo de vingança.

Lido com a esperança ao aceitar que meu stop loss definirá minha saída. Talvez eu ganhe, talvez não. Antes do início do dia de negociação, faço alguns exercícios mentais que me levam a entrar no mercado, observar o movimento dele contra mim e negociar com o medo e o impulso que meu cérebro envia à minha mente consciente.

Então, no início das operações, já terei visualizado ganhos e perdas, aumento de posições e terei esperado pacientemente pelo ajuste certo. No momento de abertura do mercado, já estou mentalmente aquecido. Estou pronto para fracassar sem perder a compostura.

Meu Filho Competitivo

Sou fascinado por livros sobre a vida dos soldados de alto desempenho. Adoro ler sobre as provações e as tribulações do SAS e dos Navy Seals. Meu filho compartilha desse mesmo interesse. Somos fascinados principalmente pela parte do treinamento que envolve o mergulho livre.

Um dos obstáculos que esses guerreiros de elite precisam ultrapassar é o mergulho livre subaquático de 50 m. Você acha que existe um atalho para mergulhar tal distância abaixo da superfície da água?

Acredite em alguém que mergulhou 46 m abaixo da superfície, não existe atalho. Pratiquei muito esse mergulho durante as férias com meu filho. Foi em uma piscina de 50 m no condomínio em que estávamos hospedados.

Como meu filho e eu temos uma personalidade bastante competitiva, ele partiu primeiro em nossa tentativa inicial. Ele mergulhou até pouco menos da metade do caminho. Assim, meu objetivo era chegar até a metade do caminho. Eu o venci por 2,5 a 5 cm.

Conversamos sobre como poderíamos melhorar e concordamos que precisávamos nos concentrar mais em nossa preparação antes do mergulho. Em seguida, sentamos na borda da piscina e nos concentramos em encher os pulmões de oxigênio para oxigenar bem o corpo.

Aos poucos, fomos ficando cada vez melhores. Logo percebemos que, se nadássemos nos movimentando menos debaixo d'água, gastaríamos menos oxigênio. Nosso foco, agora, era manter a calma e dar braçadas rítmicas.

No final do feriado de sete dias, eu tinha ficado a algumas braçadas dos 50 m. Meu filho ficou um ou dois metros atrás de mim. Passar nesse teste é um dos principais obstáculos para os aspirantes a Navy Seals. Não estou dizendo que meu filho ou eu estamos à altura de um fuzileiro naval; o que quero dizer é que não há como você mergulhar 50 m abaixo da superfície da água sem praticar incansavelmente.

Nós nos esforçamos para alcançar esse propósito. Em seguida, avaliamos nosso processo. Na verdade, não focamos o resultado. Apenas fizemos tudo o que podíamos para tornar o processo o mais eficiente possível. Isso o faz lembrar algo? Se você tem uma meta de ganhar uma quantia X de dinheiro por dia, ou determinada quantidade de pips ou pontos, pode estar sabotando suas chances de ganhar muito dinheiro. Você é orientado para resultados. Caso você mudasse seu foco para ser orientado para o processo, os benefícios seriam enormes.

O Melhor Perdedor Vence

Chegou o momento de ser mais específico. Podemos contornar a questão para sempre ou decidir colocar a mão na massa e começar a trabalhar para criar uma mentalidade de trading mais alinhada com nossos objetivos.

O que você faz de sua vida depende das decisões que toma e de como reage àquelas tomadas em seu nome.

Steve Jobs, em pé no púlpito em frente à turma de 2005 da Stanford University, no discurso de formatura dos recém-formados, deu conselhos sobre como viver a vida. O discurso foi mais ou menos assim:

> A melhor maneira que conheço para evitar a armadilha de pensar que você tem algo a perder é saber que você vai morrer. Você já está despido. Não há motivo para não seguir seu coração.

Poucas pessoas conseguem fazer o que querem da vida quando há dinheiro envolvido. O principal fator contribuinte para não ter a vida que você deseja é o medo. A maioria das pessoas vive nos limites de segurança estabelecidos durante seu crescimento — limites construídos para evitar a dor e a ansiedade.

Fui questionado diversas vezes sobre o segredo para se tornar um bom trader. Muitos novatos no setor devem achar que conheço alguns bons arranjos de elementos para trabalhar com trading. Eles não estão totalmente errados; sim, eu conheço alguns excelentes arranjos, porém eles ainda funcionam cerca de 70% do tempo — na melhor das hipóteses. Ainda estou errado em 30% das vezes.

Não cheguei a esse patamar no mundo do trading por causa do meu QI. Quero deixar isso bem claro. Estou aqui por causa da relação que tenho com a dor.

O cérebro detesta a ideia de perder algo que é valioso para nós. Ele deixará de lado todo pensamento racional e tomará algumas decisões muito ruins para tentar evitar perder algo que tem valor.

Você acha que sou um trader bem-sucedido porque tenho excelentes habilidades de leitura de gráficos? Não, é claro que não. Existem muitos analistas de gráficos brilhantes que não conseguem operar.

Você acha que é porque tenho um sistema superior? Não, há muitos sistemas excelentes, mas a maioria ainda terá uma taxa de acerto de apenas 60%.

Você acha que é porque tenho amigos em cargos importantes que me dão informações privilegiadas? Não. Você não leu os outros capítulos? Sou socialmente recluso e certamente não tenho amigos em cargos importantes.

Não tenho segredos. Não tenho nenhuma habilidade especial, exceto, talvez, por uma. Você quer saber por que sou tão bom em trading?

Acontece que sou excepcionalmente bom em perder. Ao especular nos mercados financeiros, *o melhor perdedor vence*. Não subestime essas quatro palavras.

O sucesso na especulação dos mercados financeiros não tem a ver com ser o melhor, chegar em primeiro lugar ou vencer, ainda que isso possa ir contra o condicionamento com o qual a vida e o mundo moderno o programaram.

Pelo contrário, trata-se de perder. Sua relação com o medo e a adversidade definirá, em grande parte, sua vida.

E é por isso que eu venço — porque sou muito bom em perder. Ao contrário da vida real, no trading, é o melhor perdedor que vence. Você acha que um dentista ou um médico estaria no mercado se tivesse uma taxa de acerto de 60%? É claro que não. Mas um trader pode progredir e prosperar com essa taxa de acerto — desde que esteja preparado para isso. E a maioria não está.

Muitos São Atraídos...

O trading atrai muitas pessoas que não deveriam ser traders. Elas são levadas a acreditar que é fácil operar nos mercados. Talvez elas tenham sido seduzidas por um corretor; tenho certeza de que você já viu algum anúncio de corretoras em que um ator calmo e confiante aperta algumas teclas em frente a uma deslumbrante variedade de telas e sai vitorioso, com um sorriso confiante.

Se você observar o setor de trading, somos levados a acreditar que tudo se resume às ferramentas. Espere aí — você acha que posso jogar tênis como Roger Federer só porque tenho uma raquete de tênis Wilson Pro?

Isso é uma ilusão. Como sei disso? Porque, durante anos, fui um insider, trabalhei em uma das maiores corretoras do mercado financeiro de Londres.

Por que tantas pessoas perdem? Em termos estatísticos, deveria ser impossível que tantas pessoas perdessem. Se o mercado é aleatório — e, na maioria das vezes, o movimento do mercado é, de fato, aleatório —, por que 90% dos clientes perdem consistentemente uma aposta 50/50?

A resposta é tão simples quanto complexa. Não é o mercado que está ganhando deles. São eles que estão perdendo para si mesmos. Nem sempre fui um trader bem-sucedido. Para ter sucesso, tive que romper a barreira que separa muitos de poucos, em um setor que não tem instruções claras a serem aplicadas e no qual a lição vem depois do teste.

Quando eu era corretor, não demorei muito para perceber o comportamento de negociação de nossos clientes. Como todo coletivo, os traders são previsíveis. Ou melhor, o resultado que eles colhem é previsível, pois todos estão fazendo a mesma coisa.

Já observei milhares de traders executarem milhões de operações. A conduta deles se tornou previsível, quase como se estivessem conectados por meio de uma mentalidade em comum. Semana após semana, mês após mês, ano após ano, quando estavam tendo prejuízo, eles esperavam que o mercado lhes devolvesse as perdas; no entanto, quando estavam tendo lucro, temiam que o mercado o retirasse deles.

Eles estavam com medo quando deveriam estar esperançosos. Eles estavam esperançosos quando, na verdade, deveriam estar com medo.

Essas experiências humanas ajudaram a me tornar o trader que sou hoje. Ao observar o confronto entre eles, percebi que estavam procurando no lugar errado.

A resposta que eles estavam tão desesperados para encontrar não é algo externo. Não se encontra no software ou em nenhuma das ferramentas que eles usam. Percebi, então, que a solução podia ser encontrada dentro de nós mesmos.

Ajustando a Mentalidade

No silêncio do início da manhã, estou em meu escritório me preparando para as operações do dia. É um escritório minimalista. Dependendo de onde estou, há duas ou quatro telas. E só. Não tenho nenhum monitor especial ou PCs com refrigeração a água.

Meu ingrediente secreto são alguns arquivos em meu disco rígido. Um deles é minha apresentação do PowerPoint que fica aberta em uma tela, e um documento do Microsoft Word, em outra tela.

O arquivo do PowerPoint é minha deixa. No momento de abertura do pregão, antes de começar a operar nos mercados, é quando me transformo em outra pessoa. No filme *Gladiador*, por que Maximus Decimus Meridius esfrega terra nas mãos antes do combate?

É um ritual que ele faz.

Para não sentir nada, para se tornar um instrumento de morte, indestrutível, para que possa sobreviver a mais um dia, ele precisa se imunizar antes do confronto.

Esfregar um pouco de terra nas mãos é seu ritual para deixar seu antigo eu de lado. Todos os dias, das 5 às 21h, e até tarde da noite, estou em um combate contra mim mesmo. O trading é uma batalha que se trava sozinho.

Tenho um arquivo do PowerPoint com minhas operações antigas, meus erros, acertos, minhas inspirações e alguns avisos organizados visualmente para me preparar para o dia.

Eu preciso me tornar outra coisa; caso contrário, não ganharei dinheiro. É por isso que o trading parece simples quando visto de fora, mas não é fácil, porque operar com sucesso vai contra praticamente todas as partes do DNA que estão armazenadas em seu corpo.

Na década de 1960, o neurocientista Paul MacLean propôs que o cérebro humano evoluiu com três áreas funcionais: o cérebro reptiliano, o cérebro límbico e o neocórtex.

Qual deles está no comando quando você está fazendo trading?

É o cérebro reptiliano que comanda a base. Quando você se assusta e reage, talvez detecte uma agitação no estômago e uma vibração na região lombar — é sua mente reptiliana o preparando para a sobrevivência, acionando uma resposta de luta ou fuga.

Você vai correr ou lutar? A mente reptiliana subconsciente tem apenas uma função, que é protegê-lo. Isso independentemente de você querer ou não.

É um problema, uma vez que, para ter sucesso como trader, você precisa ser muito bom em perder. Isso significa que haverá um conflito constante entre você e seu sistema de proteção subconsciente.

Esse sistema que protegeu o homem das cavernas da morte garante que você não sobreviverá como trader — a menos que aprenda a superá-lo. E a superação começa com a aceitação da dor.

Um exercício que faço todas as manhãs é fechar os olhos e visualizar uma situação. Imagino que estou perdendo uma grande quantia de dinheiro. Costumo usar uma quantia que é significativa para mim, como o valor do último carro que comprei, o custo da mensalidade da faculdade de meu filho ou o valor de uma perda memorável.

Para fins de argumentação, digamos que optei por meditar sobre a perda de £78 mil. Eu visualizo esse cenário. Deixo que ele flua em minha consciência. Deixo que ele se instale. Imagino o que não poderei comprar por causa dessa perda. Faço com que esse cenário seja o mais emocionalmente vívido possível.

Em seguida, inverto o jogo. Passo a visualizar uma situação em que estou ganhando essa mesma quantia. Imagino que estou ganhando £78 mil. O que acontece é que meu sistema de resposta emocional *não me permitirá* ter um sentimento recíproco de alegria pela tristeza que senti anteriormente.

A neurobiologia demonstrou que sentimos uma perda financeira 250% mais intensamente do que um ganho financeiro equivalente. Após realizar esse exercício de sentir dor e, depois, *não* sentir prazer, volto a sentir a perda de novo.

O propósito desse exercício é alinhar meus sentimentos de ganho e perda. Na verdade, não quero sentir nada — descobri que, se fico muito feliz com uma vitória, tendo a ficar muito triste com uma derrota. Não quero sentir isso.

Não sou um dentista que tem uma taxa de acerto de 99,99%. Sou um trader que precisa aprender a conviver com o fracasso cerca de 50% do tempo. É exaustivo sentir alegria e dor várias vezes ao dia. Prefiro não sentir nada do que passar por uma montanha-russa emocional.

Eu ganho. Sigo em frente.

Eu perco. Sigo em frente.

Ao adotar essa atitude e aquecer minha mente subconsciente, consigo entrar e sair de operações vencedoras e perdedoras dia após dia, sem que isso afete minha estratégia.

Até certo ponto na vida, o sofrimento é inevitável. Se alguém o decepciona, você sente dor. Se alguém o machuca emocional ou fisicamente, você sente dor.

Na vida real, fora do mercado de ações, uma forma de lidar com a dor é conversar com alguém. Como diz o ditado, *um problema compartilhado é um problema reduzido pela metade.*

Não sei por que uma experiência dolorosa perde a força depois que a compartilhamos com um amigo. Talvez o ato de verbalizar a decepção coloque o problema sob uma perspectiva mais saudável.

De qualquer maneira, você se sente melhor e a dor diminui.

No entanto, durante as negociações, enquanto a maioria procura fugir e se livrar da dor, eu faço o contrário. Eu corro em direção a ela. Eu a abraço. Não quero compartilhar minha dor. Quero me agarrar a ela. Eu preciso dela.

Se você é novo no trading e na especulação, ou se você tem anos de experiência, deve refletir seriamente sobre esta questão:

Caso você queira ter sucesso em um setor em que 90% das pessoas ou mais fracassam, como você acha que deveria abordar essa tarefa?

De fora, o trading parece fácil, mas, na realidade, é uma atividade muito mais desafiadora do que as pessoas esperam — porque somos programados para fazer o oposto do que deveríamos estar fazendo. É por isso que 90% das pessoas acabam fracassando.

O caminho para a consistência, o sucesso e o esclarecimento no trading começa no último lugar em que você jamais pensaria em procurar: dentro de você.

O Segredo

Então, lá vai. A seguir, apresento o segredo para alcançar o sucesso, para quebrar a barreira entre a vida que você deseja ter e a vida que está levando agora.

Se deseja ter sucesso em uma atividade na qual 90% das pessoas fracassa, você tem duas opções: observar o que o grupo perdedor, os 90%, faz e fazer o oposto; replicar o que os outros 10% fazem.

Se você não for tão bem-sucedido quanto gostaria, mais cedo ou mais tarde, precisará mudar seu comportamento. Não importa se você está operando sem sucesso há três meses ou há trinta anos, você está muito mais perto do que imagina.

Os 90% fracassam porque interpretam as mensagens de dor recebidas do cérebro reptiliano de modo automático, sem nenhuma modificação.

Quando a dor aparece, você precisa aprender a recodificar as mensagens enviadas pelo cérebro. Em vez de reagir e fugir, um pequeno grupo de traders persistentes, aqueles 10%, se mantém firme e corre em direção ao perigo — não para longe dele.

Os 10% tiveram sucesso porque aprenderam a virar a chave.

Vire a Chave

Você se sentirá muito desconfortável, mas é um incômodo que você deve aceitar e abraçar caso queira ter sucesso no jogo da especulação financeira. É o motivo pelo qual parece simples fazer trading, só que não é.

Este é o paradoxo do trading: ao fazer o que 90% dos traders não conseguem, você terá sucesso. Ou seja, espero me sentir desconfortável. Espero que minhas operações me causem ansiedade. Estou *esperando* por isso.

Posso resumir em algumas frases:

1. Presumo que estou errado — até que se prove o contrário.
2. Espero ficar desconfortável.
3. Acrescento algo a uma posição quando estou certo.
4. Nunca acrescento algo a uma posição quando estou errado.

PRESUMA QUE VOCÊ ESTEJA ERRADO

Lembre-se de que já observei milhares de traders executando milhões de operações e percebi que, conforme a maioria dos traders entra em uma posição, eles assumem que estão certos. Em um setor em que 90% das pessoas fracassam, seu processo de recodificação começa com o acionamento desse botão.

Vou presumir que precisarei me livrar rapidamente de uma operação perdida. Minha confiança nessa ação não está centrada em minha capacidade de selecionar um arranjo de elementos certos. Isso é o que 90% dos traders farão.

Em vez disso, minha confiança está centrada em crer que me livrarei de uma operação que não está dando certo. Confio em mim mesmo para saber que, se essa operação não deu certo, haverá outra nova em breve.

Você consegue perceber como virei a chave em minha mente? Estou pensando diferente dos 90%. Presumirei que estou errado até que o mercado prove que estou certo.

Vire a chave!

Quando 90% dos traders executam suas operações, eles experimentam emoções que se originam do núcleo de sua dor. É apenas uma questão de tempo até que o centro de limiar da dor, movido pelas emoções, envie um sinal falso, fazendo com que percam. É uma montanha-russa de decepção, dor e perda de dinheiro interminável.

No momento em que negocio, presumo que estou errado. Entro em uma operação e ela se movimenta a meu favor. Estou negociando o tamanho de minha conta ou o lucro disponível — estou negociando o mercado porque entendo que o tamanho de meu lucro é irrelevante para ele.

Sei que meu P&L não tem influência sobre o mercado. Sei que o receptor automático de dor em meu cérebro entrará em ação, fazendo com que um reflexo de segurança embutido registre a dor.

Estou sujeito ao mesmo receptor automático de dor embutido em todas as outras pessoas, mas a diferença está em como lido com a dor. Em vez de ceder a ela e ser governado por minhas respostas emocionais, eu viro a chave. Treinei minha mente para esperar a dor.

Estou ciente da dor. Ela está lá. Ela é real, mas eu a aceito. Eu me deparei com ela diversas vezes durante meu treinamento. Por isso, ela não atua mais como uma força debilitante em minha vida. Preparei minha mente para deixar o medo de fora de minha tomada de decisões.

ESPERE FICAR DESCONFORTÁVEL

Como você pode se divertir enquanto está desconfortável? A lógica dirá que isso não é possível. Para início de conversa, acredito que todos os humanos ganham vida quando se esforçam. Trabalhamos no jardim, malhamos, estudamos para uma prova. Acredito que *é* perfeitamente possível ficar desconfortável ao mesmo tempo em que desfruta de um processo desafiador. À medida que o lucro de uma posição de trading aumenta, em vez de ceder ao medo de que ele seja tirado de mim, eu viro a chave, usando meu aquecimento mental, meus exercícios de treinamento e de visualização dos dias de tendência em que o mercado sobe cada vez mais o dia todo.

Eu viro a chave em minha mente, afastando as imagens negativas e visualizando as mais positivas. Eu me vejo surfando nessa onda monstruosa de impulso. Eu me vejo na vanguarda de cada tick mais alto.

Os 90% se concentrarão no que querem evitar. Eu me concentro no que quero alcançar. Os 90% se entregam a seus medos. Eu espero que meus medos venham em abundância e tenho um plano para neutralizá-los. Visualizo uma imagem diferente dos 90%.

E quando estou perdendo?

Bem, eu já esperava perder de qualquer maneira, portanto não associarei o fato de o mercado discordar de mim à dor ou ao medo. Eu já esperava isso. Já havia aceitado minha perda.

Não cogito a ideia de agravar meu erro aumentando minha posição perdedora. Treinei para que essa característica saísse de minha mente. Isso nem sequer passa mais em minha cabeça. Minha mente sabe que quero ficar comprado quando estou certo e vendido quando estou errado.

As emoções matam as contas de negociação. Não é a falta de conhecimento que está impedindo você de ganhar muito dinheiro. É o jeito como você se comporta quando está em uma operação.

Passei uma década observando os traders perderem dinheiro. Eles eram pessoas inteligentes que costumavam ter ótimas taxas de acerto, mas não sabiam perder.

Ao chegar até aqui, existe apenas uma coisa da qual você sempre deve se lembrar: no trading, diferente da vida real, o melhor perdedor vence.

A Mentalidade Ideal

Existe uma maneira ideal de pensar como trader. Existe uma mentalidade ideal — que é extremamente flexível, que não se importa em vencer. Não se importa em perder. É um estado de espírito despreocupado, mas ainda atua a seu favor.

A mentalidade de negociação ideal não tem espaço para o medo. Se você ficou assustado com essa afirmação, faça uma pausa por um segundo. A mentalidade ideal pode não envolver medo, mas ela ainda está atuando a seu favor. Ela pode ser destemida, mas não é imprudente.

O medo desempenha um papel importante para explicar por que as pessoas perdem no jogo de trading. Esse medo pode se manifestar de diversas formas. Talvez seja medo de não estar no mercado e perder uma boa oportunidade. Talvez seja medo de permanecer muito tempo no mercado e ver os lucros em aberto serem tomados de volta.

Se você é capaz de adquirir uma mentalidade ideal? Sim. Sem dúvida. Talvez você tenha que se desenvolver para alcançar isso. Talvez seja necessário iniciar um período de verdadeira introspecção para *conhecer a si mesmo*. Em breve, falarei sobre como se reconhecer como trader.

A mentalidade ideal do trader existe, e é possível se treinar para conquistar esse estado mental e essa crença. Quando você atinge esse estado, significa que é capaz de perceber as informações vindas dos mercados sem se sentir ameaçado ou com medo.

Isso significa que você nunca perderá? Não. Você perderá dinheiro em operações como qualquer outra pessoa. Contudo, a mentalidade ideal do trader está em paz tanto com as operações perdedoras quanto com as vencedoras. Nenhuma delas afetará sua capacidade de perceber as informações do mercado de maneira não emocional e imparcial em um estado de espírito não ameaçador. Seu estado emocional permanecerá em equilíbrio.

Todo trader já passou por períodos em que esteve na zona de ação — em que se sentiu calmo por causa da sensação reconfortante da mentalidade ideal. Isso geralmente acontece quando há determinadas circunstâncias presentes. Eu, por exemplo, experimento essa sensação de calma sempre que estou negociando durante as férias.

Tenho uma história que serve de exemplo. Certa vez, tirei catorze dias de férias e, durante todos esses dias, operei de minha casa de férias. Eu estava totalmente relaxado, entrando em algumas operações apenas quando o mercado me chamava atenção. No restante do tempo, ficava na piscina, relaxando sob o sol.

Quando voltei ao pregão, meu chefe saiu de sua sala e disse: "Alguém está pegando fogo!", e bateu palmas. Catorze dias depois, eu havia distribuído todos os meus lucros das férias. Eu me lembro muito bem dessa história porque foi um dos catalisadores que me levaram a buscar uma compreensão mais profunda sobre mim mesmo como trader.

DNA Codificado

A mentalidade ideal existe, mas poucos traders a dominam de modo consistente. Ao não operarmos em um estado de espírito de mentalidade ideal, sentimos medo. E esse medo é uma manifestação da falta de confiança. Não confiamos em nós mesmos para fazer o que temos que fazer sem hesitação, ressalvas, conflitos internos ou discussões.

O problema é a nossa mente. O principal objetivo dela é nos manter vivos e evitar a dor. Somos automaticamente programados para pensar de uma forma que nos mantém vivos. Esse padrão de pensamento está codificado em nosso DNA. E ele até pode nos manter vivos, mas dificulta o trading.

A única coisa que nos mantém vivos é a mesma que torna o trading uma proposição dificílima, até que você aprenda a combater sua codificação.

A maioria dos problemas que enfrentamos se enquadram em duas categorias:

1. Associamos *este* momento a *outro*, quer estejamos conscientes disso ou não.
2. Temos uma mente programada para evitar a dor.

Aprendemos a *associar* para nos beneficiarmos das experiências. A associação (a conexão entre os momentos anteriores e o momento presente) e a prevenção da dor não andam lado a lado com o trading.

Por que digo isso? Por que estou dizendo que a associação e a prevenção da dor são prejudiciais para um trading bem-sucedido? Porque, no trading, cada momento é único e tudo pode acontecer. Operar nos mercados é o equivalente a jogar cara ou coroa. Como a proporção de ganhos de muitos traders profissionais — inclusive eu — não está longe de ser uma proporção 50/50, a analogia do jogo de cara ou coroa é ainda mais apropriada do que você pensa.

No jogo de cara e coroa, você não se preocupa muito com o resultado. Com o tempo, o jogo se desenrolará de maneira bastante previsível. Você ganhará em 50% das vezes e perderá em outros 50%. Se você desenvolveu um sistema em que perdeu uma unidade com suas perdas e ganhou 1,5 unidade com suas vitórias, fez um bom jogo.

Em muitos aspectos, o trading funciona exatamente assim. Você não julga seu sistema com base no mérito de uma operação. Você o julga com base em um número maior de operações. Fazemos isso porque até mesmo um jogo de cara e coroa mostrará uma distribuição desigual, mesmo que o resultado em 100 lances seja 50/50. Como meu amigo David Paul disse em uma ocasião: "Existe aleatoriedade no resultado de um lance, mas existe ordem no resultado de cem lances". Ele estava falando sobre o cenário do lançamento de moeda.

Certa vez, joguei uma moeda cem vezes e anotei o resultado em um pedaço de papel. Testemunhei quinze lances de cara seguidos. Em determinado momento, parei e olhei para a moeda, como se quisesse verificar se havia falhas óbvias nela. Não havia. Se você tivesse quinze operações perdedoras consecutivas, imagino que seu estado mental sofreria. Se tivesse quinze operações vencedoras consecutivas, talvez se sentisse invencível.

O mercado fará o que ele quiser. Ele não se importa com você ou com sua posição. Não importa se você está no mercado ou nas linhas laterais. Não importa se você teve quinze operações vencedoras consecutivas ou quinze operações perdedoras consecutivas.

Você não pode dizer que, só porque perdeu em uma operação, está mais perto de vencer. Se disser isso, estará fazendo justo o que precisamos aprender a não fazer. Cada momento é único. Só porque você obteve 15 caras consecutivas no lançamento de moedas, não significa que as chances de ter cara serão menores no 16º lance. As chances ainda são na proporção de 50/50.

Por quê? Porque existe aleatoriedade no resultado de um lance. Esse é outro modo de dizer que cada momento é único. No entanto, com o tempo, a lei das médias entrará em jogo e, em cem lançamentos, você experimentará cinquenta caras e cinquenta coroas.

No entanto, embora você possa entender isso acadêmica e, até mesmo, logicamente, existe uma boa chance de não compreender isso de maneira emocional, em especial se acabou de ganhar ou perder quinze vezes seguidas. É aí que reside a diferença entre a mente treinada e a mente não treinada. Eu o guiarei constantemente em direção à mente treinada, para que você não sucumba ao medo.

Detecção das Informações

A informação por si só não tem poder sobre nós. É nosso sistema de crenças e a energia que damos às informações que decidem sua potência. Caso você receba um e-mail de uma pessoa desconhecida dizendo: "Você é um homem morto", é muito provável que sua reação emocional seja muito diferente do que se recebesse um e-mail dizendo: "*Du er en død mand*".

A mensagem é a mesma. Uma é em português e a outra, em dinamarquês. A frase por si só é apenas uma construção de letras colocadas juntas. Uma vez decodificada pelo cérebro, ela recebe uma carga emocional. A frase não tem sentido. É a forma como a interpretamos que causa a resposta emocional.

Então, imagine uma mentalidade em que você seja capaz de detectar as informações do mercado de um ponto de vista *puramente* oportunista. Você não se sente ameaçado pelas informações. Você não está pensando: "Ah, Deus, por que não aproveitei esse movimento do mercado?"; ou "Por que entrei nesse mercado?" Você apenas observa e decide a partir de um estado de espírito que enxerga oportunidades, não ameaças.

O mercado passa o dia movimentando *ticks* para cima e para baixo, formando padrões, com base nos quais operamos. Esses ticks se movimentando para cima e para baixo são apenas ticks. Entretanto, se você tiver uma posição aberta, esses ticks ganham vida e significado próprios. Eles o validam ou o diminuem. Não é assim que você quer operar. Essa não é a mentalidade ideal.

Focar e Atrair

Nós atraímos aquilo que focamos. Acredito nisso, portanto é verdade para mim. O medo que sentimos faz com que foquemos o objeto de nosso medo, de modo que acabamos criando a experiência que estamos tentando evitar.

Quero apresentar um exemplo simples da maneira como a mente busca informações em função de seu foco. Você comprou um carro novo, um New Beetle amarelo. Enquanto o dirige, você começa a notar outros New Beetles. Você nunca havia feito isso antes. Sua mente abriu um filtro, permitindo que informações sobre esses modelos de carro entrassem em sua consciência.

Nós atraímos aquilo que focamos. O trader que está com uma posição aberta no mercado se concentrará nos movimentos de preço (nos ticks) que estão a seu favor, pois eles aliviam a dor e dão prazer. Os movimentos contra a posição dele geram dor.

Você pode estar pensando que estou dizendo o óbvio. E você está certo. Meu objetivo não era dizer o óbvio, mas ressaltar que esse estado de espírito não está aberto a outras possibilidades. Quanto mais tivermos medo, menor será o foco da mente nas informações. Seu foco será restringido, e isso o impedirá de detectar opções alternativas.

Administro um canal de trading, no qual negocio em tempo real. Quando negocio publicamente, um tipo de cenário do qual mais me orgulho é aquele em que aceito que interpretei mal o mercado e mudo minha posição. Por exemplo, talvez eu tenha assumido uma posição vendida no índice Dow Jones e o mercado está se movimentando contra mim. Aceito que estou errado. Fecho minha posição e abro outra na direção oposta.

É preciso ter muita autoconfiança para fazer isso quando você está operando em grandes volumes. O que me ajuda em situações como essa é recitar um mantra que elaborei: "Foque o processo. Concentre-se no que você pode controlar". Desenvolvi um sistema de crenças que me permite encorajar esse tipo de flexibilidade.

Você também pode ter esse tipo de mentalidade. Quando comecei a trabalhar, queria criar uma mentalidade que me permitisse detectar as informações sem medo. Essa é a mentalidade ideal. Leva tempo para criá-la, mas suas recompensas estão diretamente relacionadas a seu esforço. Não espere pelo momento "certo". Espere melhorar um pouco de cada vez.

Crenças

Nossas crenças determinam como reagimos às informações. Nascemos com a mente limpa, zerada, e nossas crenças são ensinadas e adotadas. Fomos ensinados sobre o que pensar. Também tivemos experiências que moldaram nossas crenças.

Vou tornar isso um pouco pessoal por um segundo. Senti que minha mãe e meu pai me abandonaram quando eu era jovem. Eles se divorciaram e eu me tornei o motivo de suas brigas. Agora vejo como isso moldou minhas crenças, o que, por sua vez, influenciou minhas escolhas na vida e as decisões que tomei. No momento em que tive idade suficiente para assumir o controle de meu destino, economizei o máximo de dinheiro possível para sair daquele ambiente tóxico e deixar meu país de origem.

De que forma isso está relacionado com o trading? O trading nos dá um potencial ilimitado para nos expressarmos. Podemos abrir uma conta de negociação e começar a trabalhar. Você é seu chefe agora. Não há regras. Não há limites. Faça o que você quiser. Você não é mais influenciado ou orientado por seus pais. O mundo é seu. Você tem total liberdade para fazer o que quiser, quando quiser.

Tendemos a não querer operar sob regras. Afinal, grande parte da juventude é gasta nos rebelando contra os pais que as impõem. O trading é um ambiente livre de regras. Infelizmente, o resultado é bastante surpreendente. Os traders têm livre-arbítrio e 90% deles inclinam-se a um sistema de crenças que os levará ao fracasso.

Para prosperar no trading, precisamos de uma combinação de poder operar de acordo com as regras de negociação e não sentir que estamos sendo impedidos, porque, em última análise, queremos experimentar liberdade total. Basicamente, tudo se resume a criar uma mentalidade que sempre age a seu favor. É uma mentalidade que permite que você enxergue oportunidades. Ela conhece seus pontos fracos e o que deve ser levado em conta, permitindo que você receba informações sem se sentir ameaçado por elas.

Você pode operar em um estado de espírito despreocupado. Elaborei um projeto para uma mentalidade de trader despreocupada. Mudei minhas crenças sobre o trading. Essa é a mensagem central deste livro — mudar a maneira como pensamos, principalmente sobre perder. O objetivo é explicar minha mentalidade e ensiná-la a você.

A antiga maneira de pensar ainda está dentro de você. E sempre estará. Ela faz parte de sua personalidade. Mas a antiga crença não tem mais energia. Ela está desbotada, dispersa. O fato de você ter se livrado de uma crença antiga não significa que a esqueceu para sempre.

Vou dar um exemplo bobo. Costumávamos acreditar em Papai Noel. Acreditávamos que, se fôssemos bons, ele viria nos visitar e nos deixaria alguns presentes. Você se incomoda com o fato de ele não ser real? É claro que não. Você dissipou a carga emocional de ter sido enganado. Sua vida não está pior. Tenho o mesmo sentimento em relação às minhas antigas crenças sobre o trading. Não estou perdendo nada. Estou prosperando com uma nova mentalidade. Antes, eu achava que não conseguiria viver sem um cigarro após uma refeição. Agora não consigo me imaginar colocando um cigarro na boca. Eu como todos os dias e nunca tenho vontade de fumar. No passado, não conseguia imaginar uma vida sem cigarro. Hoje, não consigo acreditar que já fui viciado nisso. Levei pouco mais de uma semana para reprogramar minha mente. O mesmo acontecerá com você ao aplicar meu modelo para a mentalidade ideal de negociação.

A maior crença com relação ao trading que tive que superar foram as associações que fiz quando fui confrontado com as perdas. Tive que aprender a separar as perdas dos sentimentos de fracasso ou de querer me vingar do mercado para criar um estado de equilíbrio mental. Conseguir isso foi um salto importante para meu desempenho no trading.

O *Livro das Verdades*

Quero voltar a narrativa em direção ao elemento prático de criar a mentalidade certa. Só é possível dançar ao redor do fogo por determinado tempo. Vamos ao que interessa. Vamos direto ao ponto.

Certa vez, vi uma placa que dizia: "As melhores vistas ficam atrás das montanhas mais íngremes". Os provérbios têm a capacidade de simplificar mensagens complexas, mas cuja natureza é serem curtas e diretas. Eles não dizem a você *como* fazer isso.

Como faço para escalar a montanha? Você pode ser intencional ao dizer "Just Do It" [Apenas Faça — slogan da Nike, em tradução livre], mas fica muito aquém de uma boa explicação sobre como escalar a maldita montanha. Da mesma forma, quando nos dizem para apenas "administrar seus lucros" e "reduzir as perdas", ficamos muito aquém de fornecer um guia para alcançar esses nobres objetivos no trading.

Quando comecei a fazer trading, eu tinha as credenciais certas. No papel, eu estava academicamente destinado a me sair bem. Emocionalmente, porém, era como qualquer outra pessoa. Eu não estava ganhando dinheiro. Devo dizer que não estava ganhando dinheiro de maneira significativa. Perdi mais nos dias ruins do que ganhei nos dias bons. Tudo bem, eu tinha mais dias bons do que ruins, mas os dias ruins me atrasavam tanto que era melhor eu procurar um emprego. Teria pagado melhor do que minhas operações.

Não questionei o que trouxe para o jogo além dos gráficos prontos. Eu apareci. Negociei. Estudei os gráficos. Era isso. Achei que era só isso. Se não desse certo, então eu tinha que fazer mais.

No entanto, nunca olhei para dentro de mim. Então, algo aconteceu. Eu li a pesquisa (descrita anteriormente) sobre os 25 mil traders executando 43 milhões de operações e pensei comigo mesmo: *sou igual a eles*. Todos acreditavam que seriam bem-sucedidos. Praticamente nenhum deles foi.

Isso me levou a começar a pensar em operar de maneira holística. Eu era obcecado por técnicas. E, quando se trata de análise técnica, acreditava que *mais é melhor*. No entanto, eu não estava vendo os resultados que gostaria.

Isso me fez refletir sobre o *pensamento* e sobre o que eu acreditava. Mais importante ainda, comecei a me perguntar se as crenças que eu tinha estavam me ajudando a me tornar um trader melhor. Até agora não estavam.

Suas crenças moldam seu mundo. A forma como você o enxerga é resultado daquilo em que você acredita. Algumas crenças são fáceis de identificar. Acredito que devemos cuidar do meio ambiente, por isso faço questão de reciclar. Esse é um exemplo de crença. É um exemplo fácil. Como suas crenças estão moldando seu desempenho no trading? Você tem consciência de quais são suas crenças no trading?

Seu desempenho no trading é uma função de seu sistema de crenças e, somente ao esmiuçá-lo, é possível descobrir qual é seu sistema de crenças. Há uma maneira fácil de descobrir quais são suas crenças em relação ao trading. Embora eu diga que é fácil, também é um trabalho árduo.

Um amigo meu surfava e queria melhorar sua prática, então contratou outro amigo para filmá-lo por algumas horas no mar. Ao se observar surfando, ele conseguiu identificar seus problemas. Ele precisava fortalecer seus músculos abdominais e confiar na escolha da onda, em vez de se comprometer pela metade, como fazia com frequência em muitas ondas.

Do mesmo modo, decidi que precisava reviver minhas operações para descobrir qual era meu problema. Então baixei os resultados de minhas operações em uma planilha Excel e comecei a trabalhar. Analisei meticulosamente todas elas. Eu as separei em diferentes categorias, sendo que muitas apareciam em mais de uma.

Havia operações que mantive por dias. Outras que mantive por segundos. Havia operações que eu executava pela manhã. Outras que eu executava à tarde e à noite.

Recomendo que você leia minha avaliação de minhas operações e que faça isso com as suas. Essa é uma etapa muito importante para entender quem você é e como interage com os mercados. Depois de fazer isso, você elaborará o que chamo de *Livro das Verdades*.

Acima de tudo, seja honesto consigo mesmo, assim como eu fui. Se você não fizer isso, não será recompensado com consistência no trading. A coragem de ser honesto consigo mesmo é a própria recompensa.

Aqui vai:

1. Em alguns períodos, minha taxa de acertos ultrapassou 85%.
2. A média de minhas operações vencedoras foi menor do que a média de minhas operações perdedoras.
3. Eu era um trader vencedor, mas minhas grandes perdas estavam prejudicando seriamente meu P&L geral.
4. Operava bem na primeira metade do dia.
5. Operava bem nos primeiros três a quatro dias da semana.
6. Muitas vezes, perdi grande parte de meu lucro das operações da manhã quando operei à tarde.
7. Constantemente, distribuía grande parte de meu lucro semanal às sextas-feiras.
8. Eu me saía muito bem em dias de intervalo.
9. Eu quase sempre perdia os dias de tendência e, várias vezes, lutava contra eles.
10. Minhas maiores perdas vieram da luta contra movimentos de tendência.

O colapso de meu desempenho foi incrivelmente catártico. Senti um enorme prazer em rever meus erros, porque parecia que eu estava realmente avançando de maneira significativa em direção a uma versão melhor de mim mesmo.

Tomei uma decisão muito demorada para colocar todas as minhas operações nos gráficos relevantes. Elaborei um arquivo de PowerPoint com todas as operações para me dar uma imagem visual de meu desempenho. Esse é o *Livro das Verdades.*

O fato é que esse processo se destacou como o exercício prático mais benéfico para melhorar meu desempenho. Fui, e sou, confrontado diariamente com todas as minhas deficiências e tenho uma representação visual delas. Parece que o ato de retratar uma perda em uma representação visual é uma ferramenta muito mais poderosa para a mudança do que simplesmente escrever "Não negocie sem um stop loss" em um post-it e colá-lo na tela do computador.

Eu uso o arquivo PowerPoint para me aquecer todas as manhãs antes de começar a negociar. Eu me lembro das coisas em que sou bom e das coisas que tendem a ser minha ruína. Isso se tornou parte integrante de meu processo, para garantir que estou agindo a meu favor.

Quando iniciei o processo de relembrar visualmente minhas antigas operações, minhas mágoas e meus antigos sucessos, senti uma onda de fortalecimento para replicar o que eu fazia bem e evitar o que eu fazia mal. Imediatamente, comecei a negociar de maneira diferente. E percebi melhorias mensuráveis em minhas operações. Os resultados foram imediatos, mesmo que eu tivesse que me acostumar com a nova forma de pensar. Ganhei mais dinheiro.

Passei a operar nos mercados muito mais confiante. Eu confiava que teria a oportunidade de ganhar dinheiro todos os dias. Por mais estranho que pareça, comecei a negociar menos e a ganhar mais dinheiro. É claro que eu não fiz isso com perfeição desde o primeiro dia. Até hoje não faço isso. Na verdade, uma de minhas crenças é *não insistir na perfeição no trading.*

Eu me deparei com o fato de que *menos é mais.* Havia uma relação clara entre a hora do dia e minha lucratividade. Eu não era nem de longe tão lucrativo à tarde quanto era pela manhã. Será que eu ganharia mais dinheiro se operasse apenas pela manhã? As estatísticas diziam que sim. Meu coração dizia que não. Eu queria operar e achava (ou melhor, minha crença ditava) que precisava operar à tarde. De que outro jeito eu poderia me considerar um trader se eu operasse apenas meio período? Foi um processo de tentativa e erro.

Esse foi o benefício imediato do *Livro das Verdades*, mas não parei por aí. Comecei a questionar seriamente minha motivação para operar. Eu digo que, em um setor como o trading, em que 90% das pessoas não conseguem obter um retorno positivo em sua conta de negociação, a única maneira de se destacar da maioria é reconhecer que a mente é sua melhor amiga ou sua pior inimiga.

Se você não preparar a mente antes do jogo e enfrentar adversidades durante ele, ela provavelmente trabalhará contra seu principal objetivo. E seu principal objetivo *não* é ganhar dinheiro; é seguir a estratégia que você desenvolveu. Mais importante ainda, é seguir o *processo* que você elaborou para si mesmo. Se você seguir esse processo, o resultado se encarregará do restante.

Não estabeleço metas. Apenas me concentro em meu processo. Sou um trader orientado para o processo. Não acho que ser abertamente orientado para metas o ajudará a atingir seus objetivos. É claro que o intuito é vencer. Mas uma mente sujeita à adversidade é uma mente estressada. E uma mente estressada precisa de estrutura e processo. Caso contrário, ela sucumbirá a sentimentos de medo, vingança e desespero, e as decisões que tomar serão originadas desses sentimentos. Quem quer tomar decisões sobre o bem-estar de sua saúde financeira com base no medo ou no estresse?

A mente precisa de orientação. Li sobre um técnico de futebol americano que, durante o intervalo da partida, deu instruções específicas para despertar a imaginação dos jogadores de seu time. Certa vez, o time havia levado uma surra no primeiro tempo do jogo. Durante o intervalo no vestiário, o técnico exibiu um vídeo especial que ele havia preparado. O vídeo mostrava algumas das maiores reviravoltas da história do futebol.

O objetivo era dar aos jogadores um caminho para sair do estado de estresse em que se encontravam. O vídeo apresentava imagens mentais do que era possível. Com o tipo certo de motivação, incentivando os jogadores a se concentrarem no processo, mantendo-se presentes no momento, esperando a oportunidade certa e confiando no processo, a mente deles passou de um estado de estresse para disposto.

Quero lembrá-lo de que passei a primeira parte de minha vida como trader em um pregão, observando o cotidiano dos traders — de milhares deles. Sou inflexível ao afirmar que aqueles que estavam perdendo não tinham ferramentas mentais para ajudar a si mesmos e, como resultado, tendiam a cavar o buraco em que estavam cada vez mais fundo à medida que o dia avançava.

Abandonando o Antigo Eu

Lembra-se do ritual de Maximus no filme *Gladiador*? De esfregar a terra nas mãos antes do combate. Como, por meio desse símbolo de preparação mental, ele estava deixando seu antigo eu para trás? Bem, eu também tenho que deixar meu antigo eu para trás. Também preciso me tornar outra pessoa por um dia. Charlie DiFrancesca, o lendário trader de títulos nos pregões de Chicago, disse que uma boa negociação vai contra o instinto humano normal. Para ter sucesso, é preciso se acostumar a se sentir desconfortável.

Operar nos mercados é uma batalha contra si mesmo. Todas as manhãs, preciso trocar de pele e me tornar outra pessoa. O *Livro das Verdades* é a chave para minha transformação. Desperta o desejo de fazer melhor do que o antigo padrão de comportamento. Tenho certeza de que, se eu não tivesse tomado as medidas para focar meu jogo mental e me confrontar diariamente com meu antigo comportamento, não estaria onde estou hoje.

Eu digo isso com base em minhas anotações nos diários. Um dos catalisadores de minha transformação no trading veio da arrumação dos armários de meu antigo escritório. Encontrei diários de operações nos quais descrevia meticulosamente meu dia de negociação. Ao ler aqueles diários, com uma década de conteúdo, percebi como eu estava desesperado para fazer com que as operações funcionassem para mim.

Percebi como, dia após dia, eu prometia a mim mesmo não acrescentar nada às operações perdidas, assim como prometia a mim mesmo não repetir o comportamento de operar bem de segunda a quinta e perder tudo na sexta, manter um arranjo de elementos, e assim por diante.

Após ler todos os diários, com páginas e mais páginas de provações e tribulações (mas, principalmente, provações), percebi que o Tom cujas palavras eu estava lendo estava sofrendo muito, mas não estava se transformando. Ele estava repetindo os mesmos erros dia após dia. Ele pode ter ficado cada vez mais competente tecnicamente, à medida que seus estudos o levaram a uma melhor compreensão do território especializado da análise técnica, mas continuava cometendo os mesmos erros quando sua mente ficava estressada.

Como eu disse antes, não foi uma epifania. Minha mudança ocorreu lentamente. Foi uma percepção gradual de que todos os meus estudos sobre os gráficos não me levaram muito em direção aos objetivos que eu queria alcançar. Ao contrário, eles apenas me distraíram do verdadeiro problema, que era meu comportamento quando as coisas não saíam conforme o planejado. Em vez de me concentrar no processo e ter ferramentas que me permitissem operar com uma mente livre de estresse, sucumbi a operações tolas com a intenção de recuperar o que tinha perdido. Minha mente queria desesperadamente se livrar da dor de ter perdido dinheiro, e a solução que ela encontrou foi perseguir cada movimento do mercado de maneira imprudente. E tudo o que fiz foi cavar o buraco cada vez mais fundo.

O *Livro das Verdades* o ajudará a ter um contato direto com suas deficiências. Isso me fez perceber quais eram meus defeitos. Também comecei a planejar minhas operações boas. Senti que era necessário não só me lembrar do comportamento que queria evitar, mas também daquele que eu queria buscar.

Os gráficos que uso para me preparar para cada dia de negociação, como aquecimento, são minhas antigas operações traçadas em um gráfico. Assim, posso reviver emocionalmente as operações e reforçar o comportamento que é bom para mim, além de me lembrar de quais são meus pontos fracos.

Um Exemplo

A sexta-feira, dia 4 de março de 2022, foi um dia de negociação extremamente volátil. Um colega me chamou a atenção para o fato de que o petróleo Brent estava subindo muito. Olhei para o gráfico, mostrado na Figura 25, e pensei: "Nossa, é mesmo."

Comprei a primeira retração nesse gráfico de dez minutos. Não há nada de errado com essa entrada. Estou operando *com a tendência*, mas, quando me lembro desse dia, reconheço que, naquele exato momento, eu não estava negociando de um ponto de vista emocionalmente estável. Eu estava ansioso para embarcar em um movimento baseado somente na opinião de outro trader.

Eu apenas comprei sem pensar muito. E não tinha um stop loss em mente. Coloquei um stop loss arbitrário, por segurança. Observe a Figura 26.

Por isso o *Livro das Verdades* é tão poderoso. Quero me lembrar de coisas assim. Quero me lembrar, pela manhã, antes do início do dia de negociação, que Tom Hougaard opera melhor quando está calmo e não está preso em um redemoinho emocional de entusiasmo e com o cérebro inundado de adrenalina e dopamina.

Olhei para meu monitor e vi que minha posição estava me fazendo perder dinheiro. Lembrei a mim mesmo que, embora tenha me envolvido nas emoções de outro trader (um que respeito), eu não sou ele. Eu sou eu. Fechei a operação e esperei. Eu tinha realizado uma operação impulsiva — uma operação emocional sem um plano ou um arranjo de elementos reais. Eu não estava tão irritado com a perda da operação quanto estava com o fato de ser precipitado e agir sem pensar. Eu poderia ter passado trinta segundos pensando no assunto, e o resultado teria sido muito diferente.

Eu me acalmei, analisei minuciosamente o gráfico e decidi colocar um ponto de entrada melhor. Usei meu *processo* — as ferramentas que funcionam para mim. Então, apareceu o padrão mostrado na Figura 27. Já era tarde e eu estava preparado para uma noite tranquila após uma longa semana de negociações. Comprei o Brent e o mantive.

O arranjo de elementos necessários é sobretudo uma retração harmônica. A primeira e a segunda retrações são idênticas. Proporciona entradas extremamente precisas, nas quais é fácil controlar o risco.

Quero me lembrar das coisas que faço bem. Quero me lembrar das coisas a que posso estar sujeito quando não estou calmo. Quero fazer isso antes da abertura do mercado. Aceito que nunca serei perfeito. Às vezes, ainda realizo operações estúpidas como o petróleo Brent

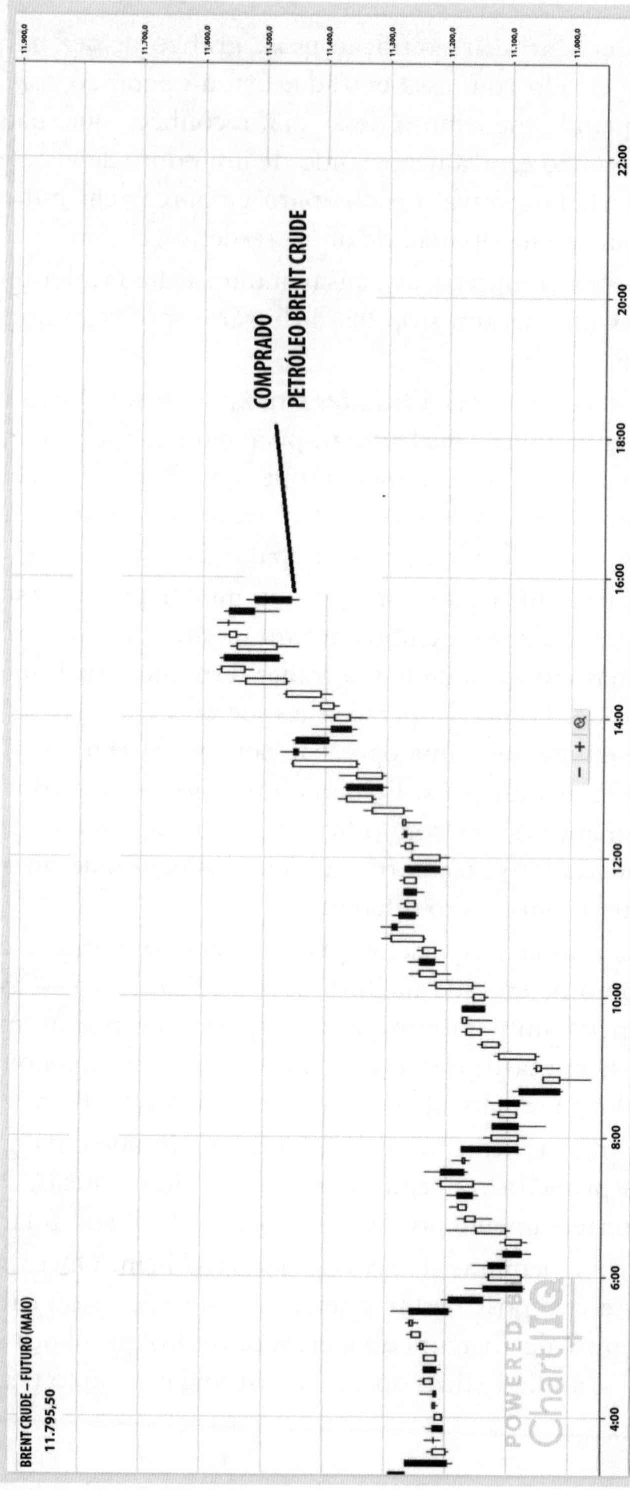
BRENT CRUDE – FUTURO (MAIO)
11.795,50
COMPRADO
PETRÓLEO BRENT CRUDE
4:00
6:00
8:00
10:00
12:00
14:00
16:00
18:00
20:00
22:00

Figura 25

Figura 26

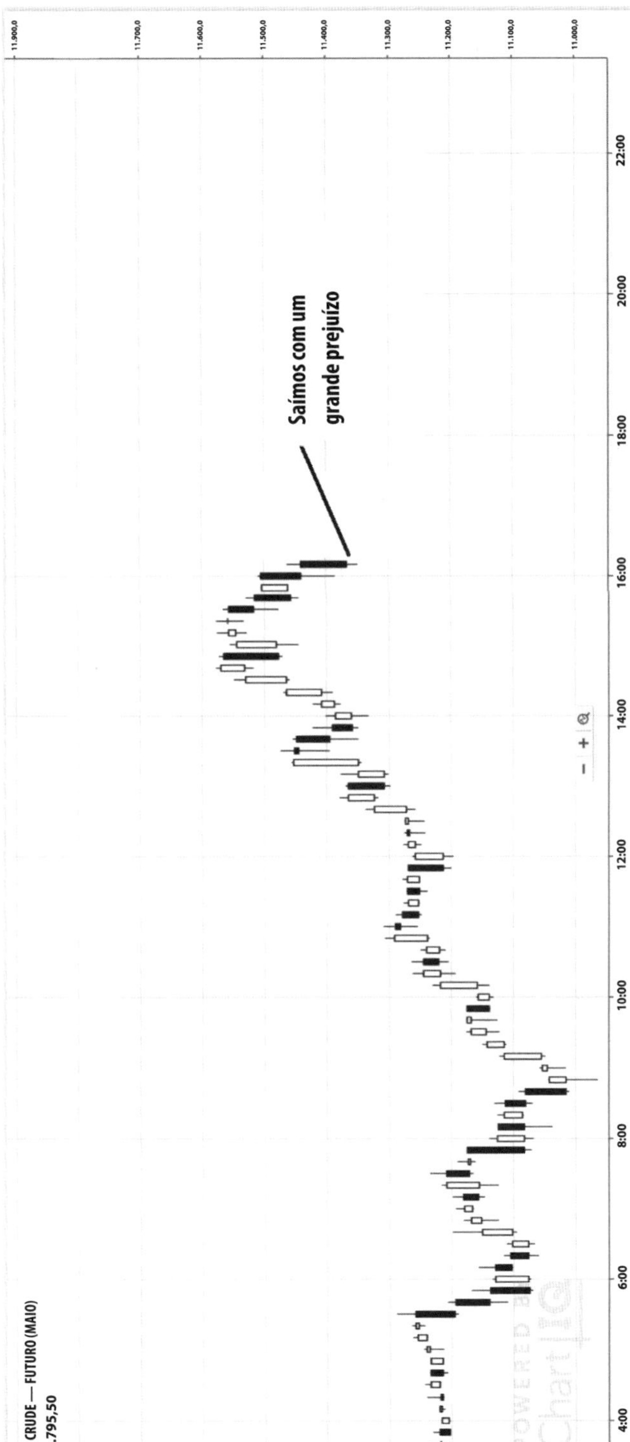
BRENT CRUDE — FUTURO (MAIO)
11.795,50
Saímos com um grande prejuízo
11.900,0
11.700,0
11.600,0
11.500,0
11.400,0
11.300,0
11.200,0
11.100,0
11.000,0
4:00
6:00
8:00
10:00
12:00
14:00
16:00
18:00
20:00
22:00

Figura 27

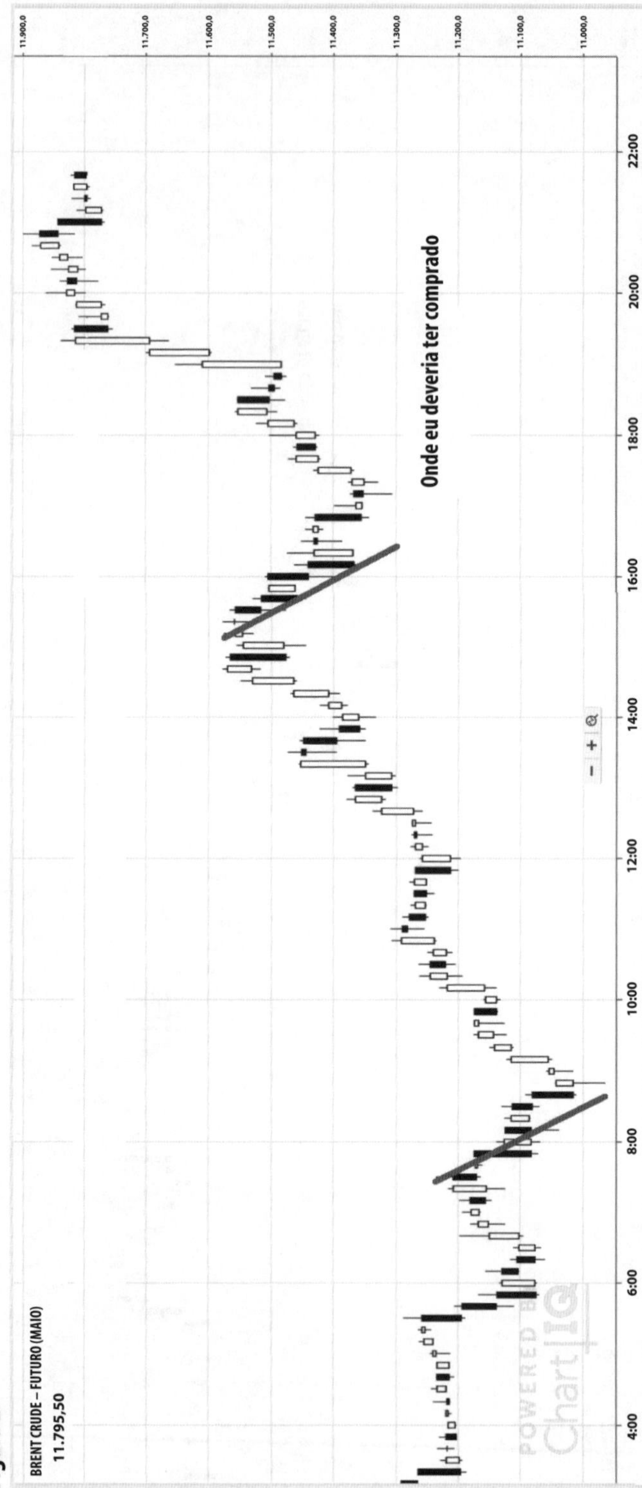
BRENT CRUDE – FUTURO (MAIO)
11.795,50
Onde eu deveria ter comprado
11.900,0
11.700,0
11.600,0
11.500,0
11.400,0
11.300,0
11.200,0
11.100,0
11.000,0
4:00
6:00
8:00
10:00
12:00
14:00
16:00
18:00
20:00
22:00

em uma tarde de sexta-feira porque um amigo meu está dizendo que teve sucesso em sua operação; mas gosto de pensar que, assim como um míssil, eu coordenarei a mim mesmo à medida que novos dados se tornam aparentes, e gosto de pensar que minha preparação mental faz com que meus erros tenham vida curta.

Confiança

Ao revisar minhas operações, percebi que eu não confiava em mim ou nos mercados. Para ser bem-sucedido no trading, é preciso ter confiança. Se você não acredita que isso pode acontecer, nem deveria começar. Se você não tiver confiança, não ganhará dinheiro. Portanto, antes de começar a operar novamente, trabalhe em suas crenças sobre você e os mercados.

A meu ver, a confiança se enquadra em duas categorias:

CONFIE EM SI MESMO

Você precisa confiar que já tem todas as ferramentas necessárias para ganhar a vida com o trading. Sim, você precisa adquirir certo nível de competência na área de análise técnica (ou qualquer vantagem que use para tomar decisões relacionadas ao trading).

Continuo estudando análise técnica, pois quero melhorar minha compreensão da natureza em constante mudança dos mercados em que opero, mas não é ela que me fará ganhar dinheiro. É a confiança de que já tenho todas as habilidades necessárias para ganhar dinheiro de maneira consistente.

O motivo pelo qual não tive mais sucesso em minhas operações iniciais não foi porque eu não sabia o suficiente sobre análise técnica. Foi porque pensei que a única coisa que precisava saber era análise técnica. No entanto, isso não era — e ainda não é — verdade.

Eu não concentrava meu tempo e minha atenção em assuntos que não estivessem relacionados à análise técnica. Meu foco não estava nas coisas certas. Meu conhecimento técnico não era acompanhado de maturidade emocional, porque eu não havia dedicado tempo para trabalhar esse meu aspecto.

Você precisa confiar que já tem tudo de que precisa. Caso contrário, não conseguirá preencher a lacuna entre o que sabe que pode alcançar e o que está alcançando. Você precisa acreditar. Mas isso também requer prática. Falarei sobre isso em breve.

CONFIE NOS MERCADOS

A segunda categoria é a confiança nos mercados. Quando começo a trabalhar pela manhã, seria ótimo se já estivesse com o arranjo de elementos perfeitamente ajustado assim que eu abrisse os olhos. No entanto, raramente isso acontece.

Eu utilizo um gráfico de cinco minutos e um de dez minutos em meu principal período de negociação. Normalmente, em um dia, opero nos mercados durante mais de dez horas. Isso significa que enfrentarei um total de 120 candles/barras de 5 minutos de duração.

A conclusão a que cheguei após analisar meu desempenho nas negociações foi de que eu não confiava que o mercado me daria as oportunidades de que precisava para ganhar dinheiro. Era uma crença debilitante.

Decidi provar que estava errado ao formar essa crença e revisei dez anos de dados dos poucos produtos que negociei com mais frequência, todos anotados em um diário. Agora eu não estava apenas estudando para identificar padrões. Estava estudando para provar que as configurações de análise técnica que me serviram bem se repetiriam todos os dias.

Cheguei a um novo conjunto de crenças. Passei a acreditar que posso confiar que o mercado me dará uma oportunidade de ganhar dinheiro todos os dias e, também, no fato de que pelo menos duas ou três dessas candles de cinco minutos produziriam uma ótima entrada para uma operação.

Comecei a confiar que o mercado me daria um ponto de entrada perfeito, como um topo duplo em uma tendência de baixa com prazo maior ou um sinal de continuação. Enfim, formulei uma nova crença em torno das evidências que colhi por meio de minha pesquisa. Aceitei que posso ter uma vida muito boa fazendo trading, esperando pelo arranjo de elementos ideal.

No entanto, ele não necessariamente se materializa quando quero, no período que tenho à disposição para operar. Preciso de algo além da confiança.

A confiança é uma parte importante na jornada para transformar os mercados em seu playground, mas não é o único elemento. Eu precisava trabalhar outra área de meu comportamento. Muitas vezes, eu já estava cansado antes mesmo de iniciar as operações do período da tarde; em outras, me cansava à medida que a semana avançava. Isso me levava a tomar decisões ruins, que podiam ser atribuídas diretamente ao tédio e à impaciência.

Paciência

Percebi que meu ponto fraco era a falta de paciência. Todavia, há mais de um tipo de paciência. Por exemplo, uma mãe que está ensinando o filho pequeno a ler pode sentir impaciência, mas ela se lembrará de que, uma hora ou outra, todas as crianças aprendem a ler.

A impaciência que um pai ou uma mãe sente é atenuada pelo horizonte de tempo percebido para atingir o objetivo final. Sabemos que nossos filhos aprenderão habilidades básicas de leitura, desde que persistamos. Basta mantermos a calma e termos paciência enquanto eles desenvolvem a habilidade desejada.

A paciência não é uma qualidade diretamente transferível da criação dos filhos para o trading. Como pais, podemos dizer que teremos paciência ao ensinar os filhos a ler. Porém, não podemos dizer que seremos pacientes com o mercado até que ele atinja o ponto de entrada desejado, porque talvez ele *não* atinja esse ponto.

Um pai não sentirá esse tipo de emoção. Esse é um sentimento de medo de que o mercado se movimente sem você, de que ele não lhe dê a oportunidade de entrar. Sem o tipo certo de condicionamento, você agirá de acordo com os impulsos gerados pelo medo.

Se eu não tivesse revisado todos os dados que tinha anotado, não teria ficado tão seguro em minha decisão de esperar pelo arranjo de elementos ideal. Entendo que meu processo é minucioso, mas, quando faço essa preparação, recebo uma recompensa financeira considerável.

Sem dúvida, um dos maiores erros que vi traders cometerem durante os dez anos em que trabalhei em um pregão de Londres foi a ideia de que é *tarde demais* para aderir à tendência. Era comum, durante os dias de tendência, ver os clientes tentarem, insistentemente, encontrar a mínima do dia.

Nesses dias, nossos clientes eram os que mais perdiam. Se o mercado estivesse subindo, eles não faziam nada ou tentavam encontrar o momento certo para vender a descoberto. Se o mercado estivesse caindo, eles não faziam nada; porém é mais provável que tentassem encontrar a mínima do dia para comprar.

Considerando que a ação era tão comum em um grupo tão grande de pessoas, concluo que há uma falha de negociação inerente em nosso pensamento que nos faz querer ir contra a tendência. Já falei anteriormente sobre essa *mentalidade de supermercado*, que nos obriga a buscar *valor*.

Outro motivo pelo qual esse comportamento é comum é devido ao uso prolífico de indicadores gráficos que exibem o que é tecnicamente conhecido como níveis de indicadores de sobrecompra e sobrevenda, que tem um péssimo histórico nos mercados de tendência.

Em minha opinião, a paciência é um conjunto de habilidades mentais que diferencia um miserável de um mago. Usei a palavra *conjunto de habilidades* porque acredito que a paciência possa ser desenvolvida.

Aprimorei a paciência para negociar por meio de dois métodos. Ambos são de natureza prática, mas são muito diferentes em sua aplicação. Um deles é um exercício proativo; o outro é reflexivo.

Ampliando Meu Campo de Informação

O exercício proativo evoluiu em torno do conceito de ampliação do campo de informação. Todas as noites, eu imprimo os gráficos dos mercados de minha preferência enquanto as operações do dia ainda estão frescas em minha mente. Por exemplo, vou imprimir o gráfico do índice DAX e o do índice FTSE em um gráfico de cinco minutos e em um gráfico de dez minutos.

Imprimo dois períodos para ter uma perspectiva. Descobri que, ao usar o gráfico de cinco minutos, acabei fazendo overtrading. Ao considerar o gráfico de dez minutos, forço-me a desacelerar minha tomada de decisão. Essa atitude de desacelerar minha perspectiva de tempo também fortalece minha paciência. Em um gráfico de dez minutos, enxergo coisas que me dão uma clareza maior do que se eu estivesse olhando apenas para um gráfico de cinco minutos.

A paciência, no entanto, não é uma qualidade fácil de adquirir. Sou um homem na casa dos 50 anos. Ao longo da vida, o mundo se curvou para os impacientes. Quando eu era criança, se minha família ficasse sem leite em um domingo à tarde, eu teria que esperar até a manhã de segunda-feira para comprar outro litro. Nada abria no domingo.

Perdoe-me por parecer velho. Não sou tanto assim. Adoro os avanços tecnológicos. Muitas coisas maravilhosas decorrem de nosso progresso; por outro lado, nossa espécie também se tornou impaciente.

Quando você inicia o trabalho com o trading, é importante se lembrar disso. Não faz muito tempo, li sobre um senhor chamado Navinder Sarao, um trader que se tornou sinônimo do infame flash crash de 2010. No livro *Flash Crash*, de Liam Vaughan, fica claro que algumas das principais habilidades que Navinder possuía eram foco e paciência. De acordo com o livro, Navinder Sarao se escondia dos outros traders com quem trabalhava para não ser incomodado. Para exercitar o foco e a paciência, ele precisava de silêncio ao seu redor.

O exercício de imprimir os gráficos específicos todos os dias me faz acreditar que o mercado me dará a oportunidade de fazer boas operações todos os dias. Esse exercício também é uma oportunidade para descobrir novos comportamentos no mercado e treinar a mente e os olhos para identificar padrões. Acredito que só é possível enxergar coisas para as quais você treinou seus olhos para ver.

Imagens Mentais e Respiração

O segundo exercício é difícil no início. Alguns o chamam de meditação. Outros o chamam de visualização de imagens mentais. Não tenho um nome para esse exercício, mas sei o que quero alcançar. Quero acalmar minha mente. Dependendo de meu estado de espírito, utilizo uma das ferramentas a seguir para manter a mente treinada para a tarefa de ser um day trader de alto risco.

Eu me sento em um lugar calmo, silencioso, em uma posição confortável e observo minha respiração. Inspiro por sete segundos e expiro por onze. Repito. Faço o quanto for necessário para sentir a calma tomando conta de mim. Às vezes, isso leva cinco minutos. Às vezes, leva quinze.

O propósito desse exercício é basicamente acalmar minha mente. Com o uso de exercícios de respiração, consegui aumentar significativamente minha capacidade de atenção. No início, eu estava hesitante. Estava com receio até mesmo de escrever sobre isso. Tem aquele gosto de modismo da nova era. A realidade é que acalmar a mente por meio de exercícios de respiração é muito utilizado por atletas de alto desempenho. Li bastante sobre o tema meditação entre pilotos de Fórmula 1. Foi uma surpresa e um alívio saber que esportistas ultracompetitivos, pessoas que admiro e nas quais me inspiro, estão voltando a atenção para dentro de si, a fim de melhorar seu desempenho.

Quero ser franco com você. Não tenho treinamento formal em meditação ou visualização de imagens mentais. Eu simplesmente confio e me deixo guiar pelo que entra em minha mente. As imagens mentais são projetadas para me colocar em situações fisicamente perigosas. Posso ficar cara a cara com um jacaré; escalar uma montanha íngreme; ou surfar um swell monstruoso. O exercício é simples. Quero elevar meus batimentos cardíacos por meio dessas imagens. Em seguida, quero me concentrar em minha respiração e aceitar a situação como ela é. O objetivo é confrontar as imagens e permanecer calmo.

Uma vez que estou calmo, eu me visualizo operando o maior valor de aposta que minha corretora me permite. Visualizo o mercado se movimentar contra mim e meu P&L ficar totalmente no negativo. Sinto meus batimentos se acelerarem e me concentro em manter a calma. Repito esse exercício diversas vezes.

Eu me imagino seguindo uma tendência cada vez mais alta. Idealizo meu P&L aumentar aos poucos. Espero que minha mente me diga para obter lucro. Então, *eu congelo a imagem e viro a chave.*

Acalmo minha mente e me vejo olhando para meu P&L sem sentir nada. Acalmo minha respiração até que eu seja capaz de simplesmente observar meu lucro aumentar cada vez mais, conforme eu acompanho a tendência do mercado aumentando cada vez mais. O objetivo é *ser* um observador impassível do mercado; é agir sem medo, sem esperança, nada além de uma avaliação objetiva do Price Action.

Peça Ajuda

Acredito que as crenças moldam nossa vida. Acredito que nem todas as minhas crenças são benéficas para a vida que desejo ter. Aceito que elas existem e, à medida que desenvolvo o autoconhecimento, eu as abordo da melhor maneira possível. Tive essa ideia de como abordar minhas crenças de trás para a frente.

Ela evoluiu em torno do velho ditado: "Acreditarei quando vir". Que tal inverter o ditado e dizer: "Verei quando acreditar"? Isso quer dizer que você deve *acreditar* antes de conseguir *ver*. Muitas de nossas crenças fazem parte de nossa formação. Elas não vão embora sem que nos esforcemos. É claro que você pode decidir não lutar contra elas e apenas aceitá-las.

Chamo esse processo de *Peça Ajuda*. Eu me sento, pego um pedaço de papel em branco e escrevo nele uma pergunta, que pode ser: "Por que tenho medo de aderir a uma tendência de baixa depois que ela já começou?" Anoto tudo o que vem à mente. Depois fecho os olhos e observo meus pensamentos, sem censurar nenhum. Apenas me questiono, ouço minha mente e os escrevo no papel.

Posso escrever de dez a vinte minutos. Muitas vezes, o que anoto no papel são pensamentos saídos diretamente da ala psiquiátrica. Eventualmente, fico assustado com as respostas, com quanto elas podem ser brutalmente diretas e honestas. Pode ser muito assustador ler as coisas que a mente subconsciente traz à tona. Eu não julgo. Apenas aceito.

Quando estou trabalhando com minhas crenças, lutar contra elas não funciona. Acredito que dar energia negativa a uma crença só fará com que ela fique mais forte. A única coisa que funciona é aceitá-la completamente. Aceito que ela existe. Eu a entendo. Isso me permite aposentá-la. Eu a dissipo. Se eu abordar a questão a partir de uma perspectiva de "odeio essa crença", ela pode se fortalecer.

Digamos que eu tenha uma crença sobre o trading que sugere que preciso ganhar dinheiro rapidamente. Preciso começar a operar logo pela manhã. Se eu quiser dissipar essa crença, dado que tenho fortes evidências que sugerem que ela é destrutiva para minha conta de negociação, pedirei ajuda. Aceitarei a crença. Dissiparei sua energia negativa e substituirei por energia positiva. Reforçarei uma nova crença, como: "Esperarei a conclusão da primeira barra de dez minutos antes de tomar uma decisão sobre uma operação".

Infelizmente, as crenças não têm o poder de se desmantelar sozinhas. Todas exigem expressão. O desejo e a vontade de fazer perguntas de um espaço sincero, com uma mentalidade sincera, lhe darão as respostas.

Quando utilizo o processo Pedir Ajuda, sei que está completo quando consigo provocar minha pergunta com uma resposta curta, de apenas uma frase. Assim, sei que condensei o exercício em seu menor denominador comum e dissipei qualquer crença que eu tinha e que não me servia. A memória antiga sempre estará lá, mas o contexto mudou de negativo para positivo.

É importante lembrá-lo de que o dinheiro é um subproduto da mentalidade ideal de negociação. Você está criando um processo que garantirá uma mentalidade ideal para sua vida como trader. A essência de uma boa negociação está diretamente relacionada à forma como pensamos e percebemos as informações sobre os mercados. Tem tudo a ver com a maneira como pensamos e vivemos a vida.

Conversei com um amigo que fazia tempo que não via. Eu o considero um amigo muito próximo e foi uma alegria reencontrá-lo. Enquanto ele falava, eu o ouvia atentamente. Você tem duas orelhas e uma boca. Use-as nessa proporção. Ele estava bastante animado, contando sobre suas operações e sobre como ele estava indo bem no trading. Em meio ao fluxo de frases, esta me chamou a atenção: "Ainda estou me esforçando para aumentar o tamanho de minhas operações".

Pensei muito sobre essa frase, pois sabia que seria o dia em que escreveria este capítulo final. Meu amigo falou comigo pela primeira vez sobre aumentar o tamanho de suas operações em 2015. Estamos em 2023. Ele passou sete anos falando sobre aumentar o tamanho de suas operações. O que isso lhe diz sobre seu desejo de aumentar o tamanho das operações? Você acha que pode haver um desalinhamento entre o que ele diz que quer e o que ele realmente está fazendo para conseguir o que quer?

Costumo dizer isto a meus filhos: faça o que é preciso, para que você possa fazer o que quer. Eu digo a eles para decidirem o que querem fazer, mas peço que pensem muito sobre o assunto primeiro. Se você diz que quer algo e não faz nada a respeito para conseguir, pode ter certeza de que seu consciente e seu subconsciente estão desalinhados. Quando me deparo com uma situação como essa, utilizo o exercício Peça Ajuda e sempre recebo uma resposta brutalmente honesta. A resposta que mais recebo é: "Você diz que quer, mas, na verdade, não quer!"

A ideia de decidir o que você quer pode ajudá-lo a reformular uma vida inteira de energia negativa em torno de suas crenças e de seu sistema de crenças. O poder de sua decisão removerá a energia negativa que envolve seu sistema de crenças. Mas eu aceito o fato de que muitas pessoas não querem fazer isso. Nós gostamos muito do drama. Nós nos apegamos ao drama porque ele nos valida e nos dá atenção.

Quando estou indisposto, irritado, frustrado, eu me questiono e começo o trabalho de trás para a frente. Eu busco enxergar a origem do problema, porque a raiva costuma ser um mecanismo de autodefesa. Se estou com raiva, preciso saber qual é a crença por trás desse sentimento. Então eu me questiono sobre isso.

Sempre ouço as pessoas me dizerem que sou muito disciplinado. Isso não é verdade. A própria palavra é um oxímoro. A disciplina implica o uso da força e da vontade. Minha ação flui do amor pelo que faço. Não preciso aplicar vontade para fazer o que eu faço. As pessoas autodisciplinadas não se consideram assim. É apenas a maneira como elas se expressam — em harmonia com seus sonhos, objetivos e desejos.

Quando você assiste a filmes espiritualizados como *O Segredo* e ouve áudios de autoajuda, tem a sensação de que o universo é um menu e você pode se servir do que quiser. Acho que esse é um dos aspectos mais angustiantes do setor de autoajuda, seja a programação neurolinguística, a Lei da Atração ou qualquer outro nome que esteja na moda.

Estive em um auditório e ouvi palestrantes motivacionais fazerem o público verbalizar em voz alta quaisquer queixas que os impedem de progredir e, em seguida, carregar esse público para um retiro em uma ilha particular em troca de uma quantia absurda de dinheiro. Nunca acreditei nesse tipo de coisa. Não acredito que alguém conseguiu algo espetacular sem ter feito um grande esforço. Sei que me esforcei. Sei que tudo o que faço no dia a dia é fruto de muita garra e determinação. Não sou talentoso. Eu me esforço. Não sou superdotado. Tenho determinação. Não sou afortunado. Tenho persistência.

Vinte Operações

Meu amigo, Dr. David Paul, me passou um exercício cujo principal objetivo é fortalecer o processo de negociação. É tão simples quanto difícil. O objetivo é executar vinte operações conforme os sinais aparecem.

Um por um, você aceita todos os sinais de negociação à medida que eles se manifestam. O objetivo desse exercício não é ganhar dinheiro. Você provavelmente não terá lucro, e tudo bem. O objetivo é *extinguir* os conflitos internos e as emoções não resolvidas.

A ideia central é que, se você for capaz de executar vinte operações sem nenhum tipo de conflito, estará operando com um estado de espírito despreocupado e destemido. Isso significa que você está operando sob a perspectiva de que:

1. Tudo pode acontecer — e você está emocionalmente desapegado do resultado.
2. Cada momento é único — e você não está mais fazendo associações entre este momento e outro. Você está livre da dor.
3. Existe uma distribuição aleatória de vitórias e derrotas — você aceita o resultado como se fosse um jogo de cara ou coroa.
4. Você não precisa saber o que acontecerá em seguida para ganhar dinheiro — portanto, confia no processo e se concentra

em controlar a única variável que pode de fato controlar, que é quanto você quer arriscar nessa operação.

O objetivo desse exercício é adicionar energia às suas crenças. Até que você consiga fazer isso sem conflitos, pensamentos não resolvidos e questões energéticas conflitantes, a carga negativa não se dissipará.

Como você sabe quando é bem-sucedido? Quando você consegue operar sem pensamentos conflitantes ou concorrentes. Durante o exercício, o resultado não importa. Ele é parte de um processo. Talvez seja necessário repetir as vinte operações diversas vezes até chegar a um ponto em que você descobre que está realizando uma operação atrás da outra sem medo, sem hesitação, sem conectar o momento presente a um momento passado e aceitando o resultado de maneira imparcial. Quando você chega a esse ponto, quer dizer que você chegou lá!

Desassociação

Uma amiga me telefonou. Ela havia feito uma publicação em uma rede social que não foi muito bem aceita. Ela sofreu uma enxurrada de abusos por causa de uma publicação bem-intencionada. Então ela me ligou pedindo ajuda. Eu li o que ela havia publicado e a série de comentários abusivos. Para mim, no entanto, eram apenas palavras. Eram palavras sem energia.

Eu li a publicação sem me envolver emocionalmente e, então, expliquei a ela o que fazer. Como traders, precisamos nos esforçar para sermos imparciais, para não deixar com que nossas emoções tomem conta de nossas operações, então fiz a mesma coisa em relação à publicação dela nas redes sociais. Quanto mais trabalharmos nisso, melhores serão nossas operações. Algumas pessoas discordarão de mim. Lembre-se de que estou escrevendo isso de minha perspectiva — do que funciona para mim.

Como você opera de modo imparcial? Como se dissociar de qualquer sentimento quando está negociando? É disso que meus exercícios tratam. Se você quer ser capaz de receber informações do mercado sem se sentir ameaçado, isso não acontecerá sem algum esforço. Acredito que aprender a lidar com *o que você pensa e como responde e avalia suas respostas* ajudará a melhorar suas operações de uma maneira que você teria dificuldade de valorizar nesse momento.

Uma vez, eu acelerei o carro em uma autoestrada federal na Alemanha, alcançando 300km/h. Sim, fui imprudente. Enquanto fazia isso, não me perguntava se havia leite na geladeira ou se eu havia me lembrado de passar fio dental ao escovar os dentes pela manhã. Eu estava presente no momento. Focado. Isso é o que eu quero trazer para minhas operações todos os dias.

Cada momento é único. Isso não significa que temos que agir como se estivéssemos em uma bolha, sem lembranças do passado. Sempre haverá algum grau de correspondência entre os acontecimentos. No entanto, só porque fui rejeitado por uma garota na primeira vez que a convidei para um baile, não significa que serei rejeitado na próxima vez. Mas minha mente pode pensar isso, então posso ter um conflito entre minha mente consciente e as crenças de minha mente subconsciente.

Minha mente racional pode dizer: "A próxima garota vai dizer sim para uma dança". Meu subconsciente, sem que eu saiba, pode dizer: "De jeito nenhum, amigo, desista, ela nunca dançará com você". Se você tiver um momento de dúvida antes de se aventurar a perguntar à sortuda, sabe que não está alinhado. Quando eu experimentar isso em minhas operações, pedirei ajuda ou usarei imagens mentais para resolver o que estiver se passando em minha cabeça.

Ciclo Mental

Meu treinamento envolve aceitar a dor e torná-la parte de minha existência por meio do hábito e da repetição, para que meu grau de tolerância a ela seja amplificado. Também preciso treinar minha mente sobre expectativas e como lidar com expectativas que não se realizaram.

Isso requer um enorme esforço, por meio de anotações no diário, imagens mentais e pedidos de ajuda. Você pode perguntar, com toda razão: "Isso funciona?" Acredito que sim. Esse treinamento revolucionou a maneira como opero. Enquanto escrevo este capítulo, em março de 2022, não tive um dia de perda desde setembro de 2021. São quase sete meses sem um único dia de prejuízo.

Não acho que isso deveria ser comemorado. Não estou escrevendo isso para me exibir de forma nenhuma. Minha intenção é inspirá-lo a levar a parte mental do trading quase tão a sério quanto a parte técnica. Se eu fosse descrever as crenças que configuram a base de minhas operações, seria como um fluxograma, no qual todo o ecossistema da mentalidade modela um ciclo.

Minha confiança (nos mercados e em mim mesmo) é o que sustenta minha paciência. Minha paciência (de que um arranjo de elementos se materializará) alimenta minha confiança. Minha confiança (de que vou vencer) dita meu diálogo interno. Meu diálogo interno (o que digo a mim mesmo enquanto estou operando) sustenta minha mentalidade orientada para o processo. Esse processo me permite manter o foco no momento presente. E eu dou suporte a esse ciclo por meio de exercícios mentais. Eles alimentam, nutrem e sustentam o ciclo.

Sou um trader orientado para o processo. Não acredito no estabelecimento de metas. Não tenho nenhum post-it com anotações colado em meu monitor, me lembrando de quanto eu quero ganhar hoje, este mês ou este ano. Não tenho metas monetárias ou metas de pips/pontos. Aproveito o que o mercado me oferece. Eu *nunca* opero com metas.

Por focar totalmente o processo, em vez de os resultados, garanto que estou *presente*. Quando você está presente no momento, não conecta momentos passados ao momento atual ou aos futuros. Você está bem aqui, agora.

Estar presente no momento é o que alguns chamam de atenção plena. Chamo isso de foco. Chamo de concentração. Chamo de *saber o que quero*. Eu quero vencer. Esse é meu principal objetivo ao negociar — vencer. Quero vencer, mas não me importo em perder.

No entanto, sei que, se eu me esquecer de meu objetivo de vencer e de me concentrar no processo, eu vencerei. É um enigma idiossincrático no qual, durante muito tempo, eu simplesmente não conseguia acreditar e ao qual não conseguia ceder. Como posso vencer se não estiver focado no objetivo o tempo todo?

Levei quase uma década para descobrir que o *processo é tudo*. Não foque no objetivo. Saiba qual é o objetivo, mas se concentre no processo. Confie no processo. Construí minha vida como trader em torno desse ciclo mental. E como funciona esse ciclo?

Eu confio. A pesquisa sustenta a confiança. A confiança sustenta a paciência. A paciência é sustentada pelos exercícios mentais e alimenta a confiança. Meu diálogo interno é conduzido por uma mentalidade orientada para o processo, a qual é alimentada por minha confiança. Eu me concentro no que posso controlar — a mentalidade, a abordagem de risco — e deixo que o mercado faça o que ele quiser. Faça o que fizer, ele não alimenta o lado temeroso de minha mente. Isso já foi treinado. Não tenho medo do mercado. A única coisa de que tenho medo é de fazer alguma besteira no mercado. E, como confio em mim mesmo, isso não acontece.

Eu confio que tenho as habilidades necessárias para ganhar dinheiro e confio que o mercado me dará oportunidades para isso. Essa confiança foi cultivada e fortalecida por meu intenso estudo dos gráficos de mercado para o período em que quero operar. A confiança é ainda mais fortalecida por meio de minha dedicação ao meu conjunto de habilidades profissionais.

Minha paciência flui de minha confiança no mercado e em mim mesmo. Criei uma conexão emocional entre confiança e paciência. Acredito que, se eu for paciente, os arranjos de elementos surgirão. Se eu for paciente, eu vencerei. Vencer significa mais do que qualquer outra coisa para mim. Se eu não for paciente, eu não vencerei. Farei qualquer coisa para vencer. Portanto, a confiança supera qualquer impaciência emocional que possa surgir em minha mente, porque confio que, se eu perder esse sinal, haverá outro.

Minha confiança vem de trabalhar continuamente em meu processo. Não estudei sobre análise técnica apenas uma vez. Estou aprendendo o tempo todo. Alguns mercados se movimentam. Outros estão parados. Alguns mercados exigem stops maiores. Outros exigem que você opere com ordens, porque eles se movimentam muito rapidamente. Os mercados estão sempre mudando, e eu mudo com eles.

Meu diálogo interno decorre da confiança, da paciência e da segurança. É claro que *eu também* tenho dias ruins de negociação. Apenas não deixo que isso me incomode. Estou presente no momento. Eu me concentro no processo. Isso é tudo que posso fazer. Não posso ditar ao mercado o que ele deve fazer. Devo ser como a água, e deixar *fluir*. E devo fluir junto com o mercado, e não lutar contra ele. Eu fluo com o mercado. "Apenas deixe fluir", digo a mim mesmo.

É isso que está por trás do processo. Nunca espero estar confortável quando estou negociando. Se estou confortável, sei que não estou ultrapassando os limites de minha capacidade. Sei que, para obter o melhor de mim, preciso me sentir um pouco incomodado. Vou lhe dar um exemplo.

Vendi o índice Dow a descoberto ao vivo em meu canal do Telegram (com registro de data e hora para autenticidade e verificação). Marquei minha entrada na Figura 28. Inicialmente, o mercado se movimentou contra mim. Em seguida, ele inverteu, com tendência de baixa. À medida que a tendência é de baixa, percebi minha mente dizendo: "Realize o lucro". Essa voz costumava ser muito mais alta. Mas eu estava tão focado no processo que não consegui mais ouvir a voz. Eu me concentrei no processo, não no resultado.

Entretanto, em determinado momento, eu estava com 200 pontos de lucro e o mercado estava em uma baixa antiga. Tive que aceitar que existia uma possibilidade real de o mercado se recuperar a partir desse ponto e de grande parte do meu lucro de 200 pontos desaparecer. *Isso* é ficar desconfortável. Eu aceito e decido deixar a posição correr.

Você sabe por que eu deixei correr? Porque me conheço bem o suficiente para aceitar que, caso eu tivesse realizado o lucro e o mercado continuasse em baixa, eu teria me sentido péssimo. A dor de ver um mercado dando ainda mais lucro quando você não está comprado é muito maior do que a dor de ver parte de seu lucro no papel desaparecer — pelo menos para mim!

Dessa vez, meu processo funcionou. Outro dia pode não funcionar. Preciso confiar que o processo me ajudará a longo prazo e me preocupar menos com o resultado de um único evento. Lembre-se de que o resultado de um evento é completamente aleatório, mas, ao longo de centenas de observações, não existe aleatoriedade.

Uma vida como trader não é definida por aquilo que fazemos de vez em quando, mas pelo que fazemos repetidas vezes. Você nunca será capaz de operar sem perder de vez em quando. Todo o propósito

Figura 28

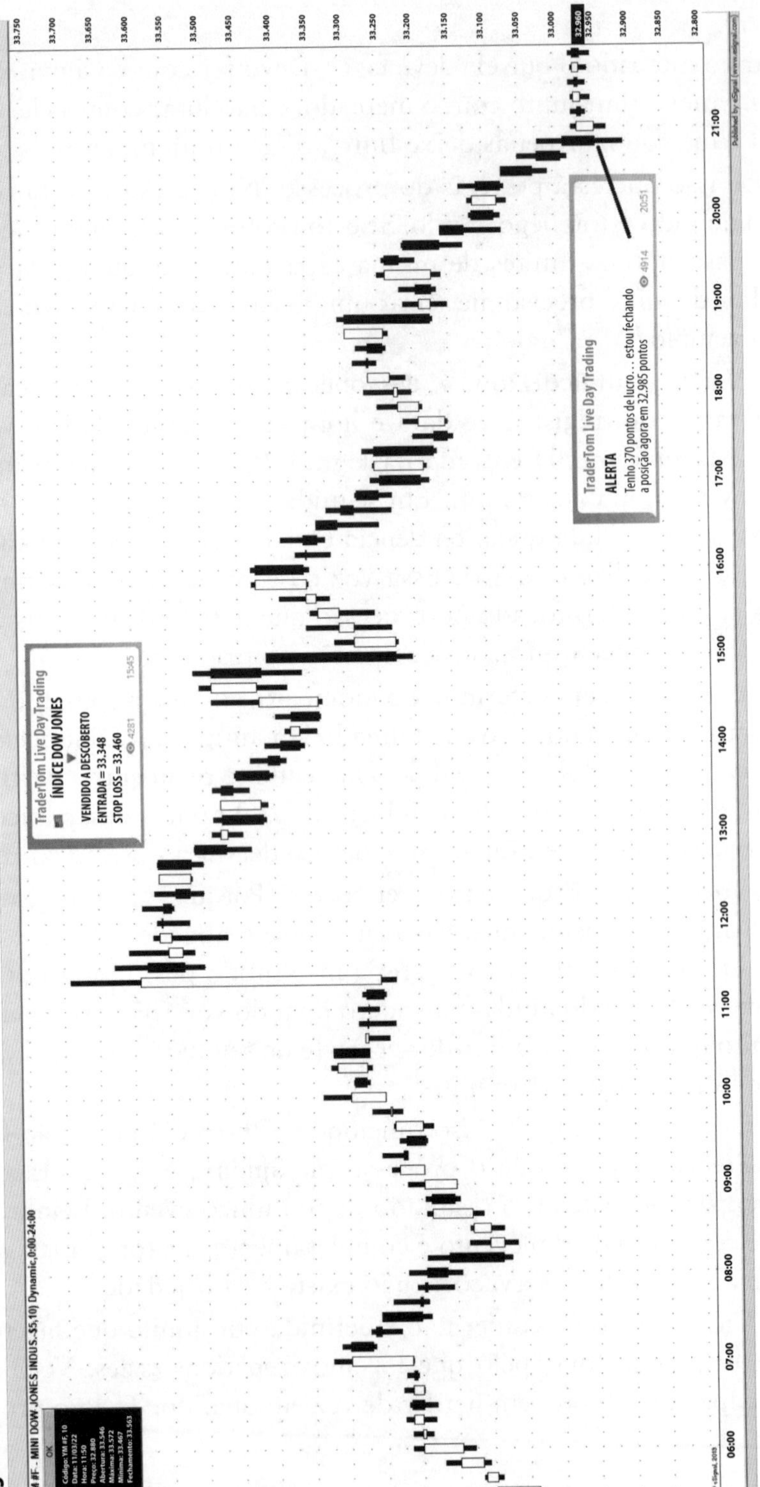
TraderTom Live Day Trading
ÍNDICE DOW JONES
VENDIDO A DESCOBERTO
ENTRADA = 33.348
STOP LOSS = 33.460
TraderTom Live Day Trading
ALERTA
Tenho 370 pontos de lucro… estou fechando a posição agora em 32.985 pontos

de dar a este livro o título de *O Melhor Perdedor Vence* é ilustrar esse ponto desde o início. A pessoa que tiver mais chances de perder vencerá o jogo de trading.

A pesquisa com os 25 mil traders que executaram 43 milhões de operações Forex em um período de 15 meses ilustra perfeitamente esse ponto. No geral, eles tiveram mais operações vencedoras do que perdedoras. Desses 43 milhões de operações, até 61% delas foram vencedoras, dependendo do par de moedas que eles negociaram.

O que isso lhe diz?

Que esses 25 mil traders têm uma boa compreensão dos mercados e de onde colocar suas operações. Que, se, de alguma forma, eles conseguissem operar com uma relação entre risco e recompensa de 1:1, eles venceriam 61 em 100 operações e perderiam 39 em 100 operações. Essa é uma fórmula vencedora; gera um fluxo de negociação líquido positivo de 22. É um modelo de negócio com uma fundação holística.

O problema é que a pesquisa mostra que, quando eles vencem, ganham, em média, 43 pips. Quando perdem, perdem, em média, 83 pips. Ou seja, eles perdem duas vezes mais (ou quase isso) nas operações perdedoras do que ganharam nas operações vencedoras.

Digamos que sejam executadas 100 operações.

61 vencedoras em 43 pips = 2.623 pips

39 perdedoras em 83 pips = 3.237 pips

O que isso lhe diz?

Que eles são bons em escolher operações vencedoras, mas, quando se deparam com operações perdedoras, eles não têm disciplina mental para reduzir a perda.

E o que *isso* lhe diz?

Que eles precisam trabalhar em seu jogo mental para que estejam mais bem preparados para lidar com as perdas. A mente deles provavelmente está programada para associar uma perda à dor. A mente tem, em sua essência, a obrigação de protegê-lo contra a dor — tanto a física quanto a mental, a percebida e a dor real.

Palavras Finais

O caminho para se tornar um trader bem-sucedido não é entender melhor os mercados, mas entender melhor como sua mente funciona. A forma como sua mente funciona e como você a opera ditarão o nível de sucesso que você terá como trader.

Vou arriscar e contar algo sobre *você*. As pessoas que estão lendo este livro poderiam se enquadrar em uma das duas categorias, mas duvido. Duvido que traders iniciantes, que nunca negociaram antes, se interessem por um livro como este.

Eles estão mais propensos a comprar livros com títulos como *Dominando o Trading* ou *Negocie seu Caminho para a Independência Financeira*. Esse tipo de livro terá 300 páginas sobre análise técnica e, provavelmente, não conterá uma única menção sobre operações perdedoras. Ele conterá diversas páginas com exemplos de gráficos perfeitos.

Eu imagino que este livro será lido por pessoas que já compraram o tipo de livro mencionado anteriormente, mas que chegaram à conclusão de que a lacuna entre a situação em que estão agora e a situação à qual sabem que podem chegar só pode ser preenchida por uma mentalidade melhor.

A vantagem que tenho ao escrever este livro é que não preciso confirmar minhas credenciais. Tenho um histórico público de quatro anos, com registro de data e hora e disponível para qualquer pessoa acessar. Publico minhas operações de corretagem em formato Excel em meu site e em meu canal do Telegram diariamente. Garanto que existem muitas operações ruins nesse histórico, mas, de alguma forma, ainda consigo ganhar uma quantia significativa de dinheiro.

Portanto, o foco precisa estar no processo que escolhi seguir — e ainda sigo —, para garantir que eu permaneça no topo de meu jogo. É para lá que você está indo agora.

Quero terminar o livro com uma observação que é importante para mim. Eu descrevi um processo que funciona para mim. Ele é baseado em minhas crenças individuais, que são o resultado das circunstâncias particulares da minha vida.

Acredito que essas crenças são definidas por nossos desejos e nossas necessidades. Como resultado de meu desejo de ser um trader bem-sucedido e de minha necessidade de ter estabilidade financeira na vida, adquiri crenças que são consistentes com esse objetivo.

Dito isso, sei que meu processo não é único. Não descrevo *o* processo. Descrevo *meu* processo. O que quer que você decida ser certo para você, é certo para você. Confie nisso.

Periodicamente, escrevo sobre minhas reflexões a respeito do aspecto mental do trading e as publico no site www.bestloserwins.com, bem como no site www.tradertom.com [conteúdo em inglês].

Tenha uma jornada maravilhosa!

Com amor,

Tom Hougaard

Sobre o Autor

Tom Hougaard estudou Economia e Finanças em duas universidades do Reino Unido, trabalhou no JPMorgan Chase no início da carreira e, depois, foi estrategista-chefe de mercado de uma corretora de CFDs em Londres durante dez anos. Ele já concedeu milhares de entrevistas à TV e à rádio sobre a situação do mercado e orientou dezenas de milhares de clientes sobre suas estratégias de negociação. Ele opera por conta própria desde 2009.

Tom publicou diversos livros sobre psicologia de negociação, Price Action e conhecimento de produtos.

Você consegue acompanhar as operações que ele faz por meio de seus canais no Telegram e no YouTube. E pode ver os resultados de suas negociações no site www.tradertom.com [conteúdo em inglês].

Este livro foi impresso nas oficinas gráficas da Editora Vozes Ltda.,
Rua Frei Luís, 100 – Petrópolis, RJ.